Darstellungsästhetiken in Games

Nadine Trautzsch

Darstellungsästhetiken in Games

Analyse, Gestaltung und Produktion – von Pixelträumen zu spielbaren Welten

Springer Vieweg

Nadine Trautzsch
Game Design, Architektur, Bau, Informatik
IU Internationale Hochschule
Regensburg, Deutschland

ISBN 978-3-658-53101-0 ISBN 978-3-658-53102-7 (eBook)
https://doi.org/10.1007/978-3-658-53102-7

Die Deutsche Nationalbibliothek verzeichnet diese Publikation in der Deutschen Nationalbibliografie; detaillierte bibliografische Daten sind im Internet über https://portal.dnb.de abrufbar.

Springer Vieweg ist ein Imprint der eingetragenen Gesellschaft Springer Fachmedien Wiesbaden GmbH und ist ein Teil von Springer Nature.
Die Anschrift der Gesellschaft ist: Abraham-Lincoln-Str. 46, 65189 Wiesbaden, Germany

Interessenkonflikt Der/die Autor*in hat keine relevanten Interessenskonflikte im Zusammenhang mit dieser Publikation.

Inhaltsverzeichnis

Teil IV Vorproduktion und visuelle Konzeption

Teil V Produktion und Integration in die Game Engine

Teil I
Visuelle Darstellung und Darstellungsästhetik

Teil I führt in die grundlegende Bedeutung visueller Gestaltung für digitale Spiele ein. Im Mittelpunkt steht die Frage, wie Spielwelten durch visuelle Mittel wahrnehmbar, verständlich und erfahrbar werden. Formen, Farben, Licht, Perspektive und Komposition prägen nicht nur das Erscheinungsbild eines Spiels, sondern auch Orientierung, Atmosphäre, emotionale Wirkung, narrative Lesbarkeit und damit das gesamte Spielgefühl.

Visuelle Darstellung wird dabei nicht als nur schöne Oberfläche verstanden, sie entsteht im Zusammenspiel von künstlerischer Gestaltung, funktionalem Design, technischer Umsetzung und medialer Inszenierung. Spieler betrachten Spielwelten nicht nur, sondern bewegen sich durch sie, lesen visuelle Hinweise, erkennen Handlungsmöglichkeiten und treffen auf dieser Grundlage Entscheidungen. Gestaltung beeinflusst somit unmittelbar, wie Räume erschlossen, Situationen interpretiert und Emotionen erlebt werden.

Ein historischer Überblick zeigt, wie eng die Bildsprachen digitaler Spiele mit ihren jeweiligen technischen Bedingungen verbunden sind. Von frühen funktionalen Anzeigen über Pixelgrafik und dreidimensionale Räume bis zu heutigen stilisierten oder hybriden Darstellungsformen wird deutlich, dass die Entwicklung visueller Gestaltung nicht als geradliniger Fortschritt zum Realismus verstanden werden kann. Technische Begrenzungen brachten vielmehr eigene ästhetische Lösungen und visuelle Konventionen hervor, die das Medium bis heute prägen und teilweise bewusst aufgegriffen werden. Um diese Zusammenhänge präziser zu beschreiben, führt Teil I den Begriff der Darstellungsästhetik ein. Er bezeichnet nicht nur, wie ein Spiel aussieht, sondern wie seine visuelle Darstellung Wahrnehmung, Bedeutung und Verhalten formt: wie sie Spielwelten glaubhaft macht, Atmosphäre erzeugt, Gameplay vermittelt und nachhaltige Eindrücke hervorbringt. Zugleich wird untersucht, weshalb es im Game Design, in der Game Art und in der Lehre bislang an einer einheitlichen Terminologie für diese Zusammenhänge fehlt.

Teil I schafft damit einen begrifflichen und historischen Ausgangspunkt für das Buch. Er bildet die Grundlage, um visuelle Gestaltungsentscheidungen in den folgenden Teilen differenzierter zu beschreiben, zu analysieren und im Produktionsprozess gezielt zu kommunizieren.

1 Die Macht visueller Ausdrucksformen im digitalen Spiel

Link erwacht in einem Wasserbecken, er treibt bewusstlos im Wasser, das Plätschern des Wassers hallt von den Höhlenwänden, an denen sich Lichtreflexe des Wasser kräuseln, wider. Die Umgebung ist gedämpft, beinahe zeitlos – nur vereinzelte blaue Lichtreflexe der Maschine über dem Becken brechen sich auf der Oberfläche, bewegen sich mit jeder kleinen Welle. Staubpartikel treiben durch die Luft und erwecken einen Eindruck wie in einer jahrhundertelang ungeöffneten Grabkammer. Ein mechanisches Pulsieren ist in der Stille fast spürbar und eine Stimme aus dem Off scheint zu uns zu sprechen, erst leise, undeutlich, dann dringlicher. Link öffnet schwerfällig die Augen, er erhebt sich und steigt aus dem Becken. Die Perspektive wechselt hinter Link und zu sehen sind eingeblendete Steuerungsbefehle, laufe los, steuere ihn zu dem orangen pulsierenden mechanisch wirkenden Pult. Es ist still, aber nicht leer in der Höhle– gespannt, als würde sich etwas ankündigen. Link erhält den „Shiekah Stein", ein Gerät das er an seinem Gurt um die Hüfte befestigt und der an ein Steam-Punk Handy oder Navigationsgerät erinnert. Die Tür öffnet sich schwerfällig, Link – ich – betrete den nächsten Raum, durchstöbere zwei Truhen und werfe, auf der Suche nach weiteren nützlichen Dingen, alte Fässer gegen die Höhlenwände, die in einem Krachen zersplittern. Ich gehe schließlich den Tunnel weiter entlang, schwimme durch einen Wassertümpel und erklimme die letzte felsige Hürde. Mit jedem Schritt wird das Licht stärker. Die Dunkelheit weicht, Konturen werden klarer, bis ich schließlich ins Freie trete. In diesem Moment setzt orchestrale, lyrische Ambient-Klavier Musik ein, der Raum öffnet sich weit vor mir: unter mir liegt eine weite Landschaft, in warmes Licht getaucht, Berge in der Ferne, ein Fluss, in dem sich der Himmel und vorbeiziehende Vögel spiegeln. Der Horizont scheint sich auszudehnen, als gäbe es keine Begrenzung mehr. Es erinnert mich an ein sehnsuchtsvolles, melancholisches Kunstwerk der Romantik: „Der Mönch am Meer" von Caspar David Friedrich.

N. Trautzsch, *Darstellungsästhetiken in Games*,
https://doi.org/10.1007/978-3-658-53102-7_1

Was hier geschieht, ist nicht nur ein visuelles Ereignis. Es ist eine Komposition, die die Klaviatur unserer Sinne spielt: Farben, Formen, Bewegung, Licht und Klang strukturieren den ersten Eindruck. Das Gesehene wird nicht isoliert verarbeitet, sondern mit Erinnerungen, Referenzen und kulturellen sowie persönlichen Bildmustern verknüpft. Darauf folgt eine Einordnung dieser Eindrücke – als Weite, als Sehnsucht und Möglichkeit, als Versprechen. Schließlich entsteht eine Bestimmung: der Impuls, sich durch den Raum zu bewegen, dieses Land zu erkunden, Wege zu finden, zu laufen, zu schwimmen, zu fliegen und ein Abenteuer zu beginnen.

Eine gelungene Darstellungsästhetik zeigt sich genau in solchen Spielerlebnissen, wie diese Eingangssequenz in *The Legend of Zelda – Breath of the Wild* (Nintendo 2017), nämlich in der Art und Weise, wie die Darstellung der Spielwelt Wahrnehmung organisiert, wie es Atmosphäre erzeugt, uns eintauchen lässt in eine Geschichte und unsere Erwartungen formt. Sie bestimmt nicht nur, was sichtbar ist, sondern wie es erlebt wird – als Raum, als Stimmung, als Versprechen eines Abenteuers. Darstellungsästhetik beschreibt damit die Weise, in der ein Spiel seine Welt sichtbar, hörbar und erfahrbar macht. Sie organisiert nicht nur, was gezeigt wird, sondern wie es erscheint – und beeinflusst so, wie Spielende Räume lesen, Situationen einschätzen und sich innerhalb der Spielwelt verorten.

Digitale Spiele begegnen uns als audiovisuelle Erfahrungsräume, in denen Bildsprache, Interaktion und Erzählung untrennbar miteinander verflochten sind. Noch bevor wir Mechaniken verstehen oder narrativen Strukturen folgen, treten wir in einen visuellen Raum ein, der Erwartungen weckt, Emotionen anspricht und unsere Wahrnehmung auf bestimmte Bahnen lenkt. Dieser erste Eindruck – ob eine Welt uns einladend oder geheimnisvoll, distanziert oder bedrohlich erscheint – entsteht nicht zufällig: er ist das Ergebnis gezielter gestalterischer Entscheidungen für die Gesamtkomposition der Darstellung und Ästhetik eines Spiels .

Der Begriff Darstellungsästhetik einer Spielwelt umfasst also mehr als eine schöne Grafik eines Spiels: Sie umfasst die Gesamtheit aller visuellen und inszenatorischen Entscheidungen, aus denen sich ein Spielraum überhaupt erst formt: Figuren, Umgebungen, Lichtstimmungen, Farben, Materialwirkungen und Bewegungsqualitäten bilden gemeinsam das visuelle Fundament einer Spielerfahrung. Als Schnittstelle zwischen Kunst, Design, Technologie und Erzählkunst prägt die Darstellungsästhetik nicht nur die visuelle Qualität eines Spiels, sondern hebt die gesamte Spielerfahrung auf eine erzählerische und emotionale Ebene (Trautzsch 2026a).

Anders als statische visuelle Medien oder Film ist die Spielästhetik unlösbar mit Interaktivität verbunden. Jede zeichnerische oder modellierte Form, jede Perspektive, Lichtführung und Komposition hat eine Funktion im virtuellen, dynamischen, navigierbaren Raum. Digitale Spiele stehen ästhetisch und inszenatorisch in einem medienhistorischen Verhältnis zu Architektur, Bühnenbild und Film und greifen auf deren Verfahren der Raumorganisation, Blickführung und atmosphärischen Verdichtung zurück (Jenkins 2004). Doch unter den Bedingungen von Interaktivität werden diese jedoch grundlegend transformiert, da Spielräume nicht statisch angelegt, sondern dynamisch, responsiv und durch die Handlungen der Spielenden mitkonstituiert werden (Aarseth 2001; Murray

2017). Um zurückzukommen zur rein schönen Grafik: für die Darstellungsästhetik digitaler Spiele bedeutet das, dass ihre visuelle Gestaltung nicht als bloße Oberfläche zu verstehen ist, sondern als fortlaufender Aushandlungsprozess zwischen Bild, Raum, Atmosphäre und Handlung (Feige 2015). Die Arbeit der Designer und Artists erfordert einen fortwährenden Dialog zwischen künstlerischem Feingefühl und technischer Expertise: Sie müssen sowohl die Möglichkeiten von Game Engines und Produktionspipelines verstehen als auch die visuelle Grammatik aus Linien, Formen, Farben, Texturen und Volumen gezielt einsetzen, um komplexe Emotionen hervorzurufen (Solarski 2012, S. 14). Durch die Komposition dieser Elemente erzeugen sie Stimmungen, erzählen Geschichten und wecken Emotionen.

Game Designer vereinen ein breites Wissen aus Bereichen wie Popkultur, Literatur, Technik, Naturwissenschaften und Psychologie, um glaubwürdige Welten und Charaktere zu entwickeln. Sie schöpfen aus ihrem Repertoire (Burbach und Trautzsch 2024, S. 17). Dabei greifen sie auf grundlegende Prinzipien der menschlichen Wahrnehmung zurück. Gestaltgesetze, wie das der Kontinuität oder der Figur-Grund-Beziehung helfen, klare visuelle Hierarchien zu schaffen und Spielende durch gezielte visuelle Führung zu leiten. Wie Chris Solarski in seinen Analysen zur Formensprache in Spielen hervorhebt, transportieren Linienführung, Volumenverhältnisse, Kompositionsachsen und Bewegungsqualitäten Stimmungen und Charakter. Die Inszenierung eines Spiels nutzt Inszenierungsmethoden und Komposition aus Film und Illustration und bleibt doch eigenständig, weil sie in Echtzeit auf die Handlung, die „players agency" der Spieler:innen reagiert und andersherum: mitgestaltet (Murray 2017; Brazie 2024). Fundamentale gestalterische Prinzipien aus der bildenden Kunst und dem Film können auf die interaktive Natur digitaler Spiele übertragen werden können und ihre Wirkkraft der Erzählung und Immersion der Spieler:innen verstärken.

Auch die Frage nach Stil ist in diesem Kontext hoch relevant. Scott McCloud (2015) hebt in seinem Modell der Realismusgrade hervor (2015, S. 51), dass ein Darstellungsstil nie neutral ist: Jede visuelle Vereinfachung oder Genauigkeit trägt Bedeutung und lenkt Aufmerksamkeit. Ein abstrahiertes, illustratives Design erzeugt andere Erwartungen als hyperrealistische Darstellungen; es öffnet andere imaginative Leerstellen, betont andere Aspekte der Spielwelt und verändert die Art, wie wir uns emotional mit ihr verbinden. (Burbach und Trautzsch 2025) Viele Spiele gewinnen ihre emotionale Kraft nicht durch technische Komplexität, sondern durch die Art und Weise, wie visuelle Entscheidungen Atmosphäre erzeugen. Ob minimalistisches 2D oder opulentes 3D: Es geht um Ausdruck, nicht um Technologie. Um Wirkung, nicht um Realismus.

Visuelle Gestaltung steht nicht neben Narration und Gameplay, sondern ermöglicht diese überhaupt erst. Sie beeinflusst, wie Figuren wahrgenommen und Welten interpretiert werden, wie stark ein Spiel uns anzieht und zum Weiterspielen bewegt, wie verständlich Mechaniken sind und wie intuitiv wir Entscheidungen treffen, und wie tief wir in eine Welt eintauchen und wie lange sie in unserer Erinnerung bleibt.

Spiele, deren visuelle Ausrichtung in sich stimmig wirkt, erzeugen jene besondere Form der Bindung, die man als ästhetische Kohärenz beschreiben könnte: ein Gefühl, dass alles zusammenpasst – Mechaniken, Story Fragmente, Bewegungsabläufe, Sound, Farben, Formen. Dieses Gefühl ist es, das einen Großteil des Wiedererkennungswerts und der kulturellen Identität eines Spiels ausmacht und die Frage beantwortet, welche visuelle Form eine Welt benötigt, um glaubwürdig zu werden – und welche Spuren diese Welt in unserer Vorstellungskraft hinterlässt.

Dieses Buch untersucht, wie visuelle Darstellungsästhetiken das Erleben digitaler Spiele prägen. Es richtet sich an Game Designer:innen, Narrative Designer:innen, Developer:innen, Hochschullehrende und Studierende ebenso wie an alle, die Game Art nicht nur als praktische Umsetzung einzelner Assets verstehen möchten, sondern als gestalterisches Zusammenspiel von Wahrnehmung, Spielgefühl, Atmosphäre und Bedeutung. Im Mittelpunkt steht die Frage, wie Darstellungsästhetik Erfahrungsräume formt: wie sie Orientierung ermöglicht, Spielfreude unterstützt, Emotionen erzeugt und dazu beiträgt, dass Spielwelten glaubhaft, lesbar und wirksam werden. Die einzelnen Abschnitte des Buches vermitteln grundlegende Prinzipien, Konzepte und praktische Einstiegspunkte. Ergänzende Übungs- und Reflexionsblätter können als Arbeitsmaterialien genutzt werden, um erste gestalterische Entscheidungen zu prüfen, Ideen zu strukturieren und eigene Projekte weiterzuentwickeln. Das Buch versteht sich dabei nicht als Schritt-für-Schritt-Anleitung zur Erstellung einzelner Game Assets. Für konkrete Software-Workflows, etwa in Blender, Unity, Photoshop oder anderen Programmen, existieren zahlreiche Tutorials und Praxisressourcen, die technische Umsetzungen detailliert nachvollziehbar machen.

Stattdessen stellt dieses Buch den Gesamtzusammenhang der Elemente heraus, die zu einer gelungenen Darstellungsästhetik beitragen. Es zeigt, wie Stil, Form, Technik, Gameplay, Narration, Perspektive, Bewegung, Sound und Interaktion zusammenspielen und wie daraus ein befriedigendes Spielgefühl entstehen kann. Behandelt werden grundlegende Darstellungsmethoden, gestalterische Prinzipien und Produktionstechniken, die helfen, ästhetische Entscheidungen bewusster zu treffen und ihre Wirkung im Spielkontext besser zu verstehen.

Für die Entwicklung eigener Assets und visueller Konzepte ist nicht immer eine hochqualitative zeichnerische Ausführung erforderlich. Es gibt viele Wege, Ideen sichtbar zu machen: Skizzen, Scribbles, Moodboards, Diagramme, Prototypen, Referenzsammlungen oder einfache visuelle Notationen. Gerade für Game Designer:innen, Narrative Designer:innen und Developer:innen ist es hilfreich, Ideen, Zusammenhänge und Spielsysteme visuell darstellen zu können. Entscheidend ist dabei nicht die perfekte Illustration oder eine hochrealistische Ästhetik, sondern die Verbildlichung einer Idee, der Ausdruck einer gestalterischen Absicht und die Glaubhaftigkeit der Welt, die durch Form, Stil und Darstellung vermittelt wird.

Gestalterische Kompetenz entsteht durch Praxis. Sie entwickelt sich durch Beobachten, Skizzieren, Ausprobieren, Verwerfen, Überarbeiten und erneutes Beginnen. Ein Skizzenbuch kann dabei als offener Denkraum dienen, in dem Ideen ohne unmittelbaren Anspruch auf Perfektion gesammelt werden. Zeichnen, Scribbeln und visuelles Denken sind weniger als abgeschlossene Fertigkeiten zu verstehen, sondern als Werkzeuge der Wahrnehmung und Gestaltung. Wer regelmäßig übt, im Alltag beobachtet und Eindrücke in einfache

Formen übersetzt, entwickelt nach und nach ein Repertoire, um Welten zu entwerfen, Geschichten sichtbar zu machen und ästhetische Entscheidungen bewusster zu treffen.

1.1 Der Aufbau dieses Buches

Die folgenden Kapitel sind so angelegt, dass sie schrittweise von theoretischen Grundlagen hin zu immer praktischeren und produktionstechnischen Möglichkeiten führen. Das Buch gliedert sich in sechs Teile, die jeweils einen eigenen Schwerpunkt setzen und zugleich eine durchgehende Struktur verfolgen: Darstellungsästhetiken in Games als eine Einheit aus konzeptionellen Grundlagen, als gestalterische Praxis und ihre Produktionskontexte zu verstehen (s. Abb. 1.1).

Teil I behandelt die Grundlagen der visuellen Gestaltung in digitalen Spielen. Er führt in den Begriffe der Darstellung und Game Art als Berufsfeld ein, zeichnet ihre historische Entwicklung nach und beschreibt sie als Designpraxis, die künstlerisches, technisches und kommunikatives Wissen vereint. Abschließend wird der Begriff der Darstellungsästhetik entwickelt – als zentrale Kategorie, um zu beschreiben, wie Spiele durch visuelle Mittel begehbare Räume formen, Bedeutung erzeugen und Erfahrung ermöglichen.

Teil II behandelt Game Art als professionelle Praxis. Er beschreibt das Berufsfeld mit seinen Rollen und Spezialisierungen, untersucht den iterativen Designprozess – geprägt durch *Reflection in Action* (Schön 1983), *implizites Wissen* (Polanyi), *wissensgetriebene, methodische Gestaltung* (Jonas und Chow 2008) und *systemische Produktionslogik* (Rehfeld 2020) – von der Idee über Systematisierung und Abstimmung bis zur technischen Umsetzung game-ready Assets, und definiert die fachlichen, kommunikativen und reflexiven Kompetenzen, die für erfolgreiche Arbeit in der Game Art erforderlich sind.

Teil III führt zunächst in die theoretischen und gestalterischen Grundlagen ein, die für eine präzise Analyse wie auch für die professionelle Praxis der Game Art unverzichtbar sind. Kap. 7 dieses Teils behandelt die Terminologie und zentralen Konzepte visueller Darstellung und vermittelt ein Verständnis für Hierarchie, Formpsychologie, Komposition und grundlegende Gestaltungselemente – unter anderem basierend auf den Ansätzen von

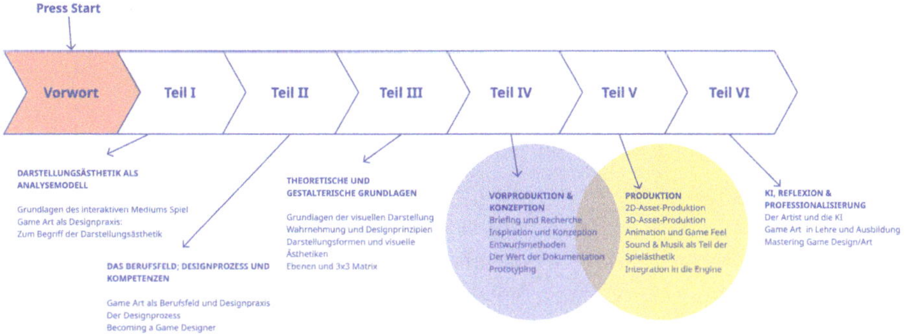

Abb. 1.1 Übersicht über alle sechs Teile (I-VI) dieses Buches. (Quelle: Trautzsch 2026)

Solarski (2012) und McCloud (2015). Kap. 8 fokussiert Wahrnehmungsprozesse, gestützt durch Erkenntnisse der Wahrnehmungspsychologie und der Animationstheorie, und zeigt, wie Bewegung, Rhythmus und „Game Feel" ästhetische Wirkung erzeugen. Kap. 9 widmet sich schließlich verschiedenen Darstellungsformen und ästhetischen Ausprägungen, vom minimalistischen 2D-Stil über Low Poly bis hin zu realistischen 3D-Renderings. Dabei werden sowohl stilistische als auch technische und kulturelle Rahmenbedingungen analysiert. Kap. 10 stellt einen analytischen Rahmen für die Analyse und Produktion von Spielen und deren Darstellungsästhetiken bereit,

Teil IV verschiebt den Schwerpunkt dann stärker auf die Vorproduktion: Ausgehend von Briefing, Recherche und Zieldefinition (Kap. 11) werden die Phasen der Inspiration und Konzeptentwicklung (Kap. 12) bis hin zu konkreten Entwurfsmethoden (Kap. 13) nachvollziehbar und mit praktischen Methoden dargestellt.

Teil V widmet sich der Produktion selbst: Die Erstellung von 2D-Assets (Kap. 16) und 3D-Modellen (Kap. 17) wird mit Methoden, Umsetzungstechniken und softwarebezogenen Überlegungen verbunden. Kap. 20 führt schließlich in die Integration der entwickelten Assets in Game Engines ein und behandelt Fragen der Lichtsetzung, des Farb- und Post-Processings sowie der Verbindung von Gameplay und visueller Lesbarkeit. In zwei ergänzenden Kapitel gehen wir auf die Ästhetiken für das Spielgefühl ein: Animation und Bewegungsqualitäten (Kap. 18). Im Kap. 19 widmen wir uns Klangatmosphäre, Dramaturgie und Sound -Inszenierung.

Teil VI öffnet den Blick auf die aktuellen und zukünftigen Herausforderungen des Berufsfeldes. Kap. 21 thematisiert das Verhältnis von Game Artists und KI-basierten Werkzeugen, diskutiert deren Möglichkeiten, Risiken, ethische Implikationen und ihren Stellenwert innerhalb von Prototyping- und Gestaltungsprozessen in Lehre und Praxis. Kap. 22 widmet sich der Professionalisierung: dem beruflichen Selbstverständnis, zentralen Kompetenzen, Portfolio-Aufbau, kommunikativen Fähigkeiten und der Idee des lebenslangen Lernens in einer dynamischen und kollaborativen Produktionslandschaft.

Durch diese Struktur verknüpft das Buch theoretische Reflexion, gestalterische Prinzipien und praktische Methoden zu einem integrierten Verständnis visueller Gestaltung in digitalen Spielen. Der Anspruch besteht darin, Leser:innen nicht nur analytische Werkzeuge an die Hand zu geben, sondern sie zugleich in die Lage zu versetzen, die besprochenen Konzepte in eigenen Projekten anzuwenden und weiterzuentwickeln.

1.2 Die Macht der Ästhetik

Die Darstellung eines Spiels zu gestalten ist zugleich künstlerische Praxis, funktionales Design, mediale Vermittlung und technisches Handwerk. Der Begriff wirkt auf den ersten Blick eindeutig, doch seine Komplexität zeigt sich erst, wenn man untersucht, welche Rollen visuelle Gestaltung in digitalen Spielen tatsächlich übernimmt. Game Art umfasst nicht nur das Herstellen von grafischen Darstellungen, sondern das Scouten der Locations in der die Geschichte spielt, des Castings der „Schauspieler", also den Charakteren der

Geschichte. Sie formt die Ästhetik eines Spiels, die Regeln seiner Wahrnehmung und jene Atmosphäre, in der Spieler:innen handeln, entscheiden und erleben.

► „Darstellungsästhetik bezeichnet damit die Weise, in der visuelle Darstellung sinnlich erfahrbar wird und wie sie Wahrnehmung, Verhalten und Bedeutung im Spiel prägt. Der Begriff zielt nicht primär auf Wiedererkennbarkeit im Sinne eines Stils, sondern auf das Zusammenspiel von Form, Oberfläche, Bildorganisation und medialer Inszenierung, durch das Spielwelten sichtbar, lesbar und erfahrbar werden." (Trautzsch 2026a, S. 7).

Im professionellen Produktionskontext meint Game Art die Summe aller visuellen Elemente – Charakterdesign, Environment Art, Props, Texturen, Oberflächen, Effekte, Animation und Benutzeroberflächen. Diese Elemente entstehen jedoch nicht isoliert, sondern in einem systemischen Zusammenspiel. Jeder Beitrag baut an einer gemeinsam abgestimmten Vision der Bildwelt, die intern kohärent sein muss, um für Spieler:innen verständlich und stimmungstragend zu wirken.

Die Bedeutung visueller Gestaltung ergibt sich daraus, dass Games keine statischen Bilder, sondern navigierbare, interaktive Welten sind. Über den Player Character manipulieren wir die virtuelle Spielwelt und sie gibt ein Feedback zurück (Swink 2008, S. 61–68). Donald Norman versteht nutzerzentriertes Design als Gestaltung aus der Perspektive der Nutzer:innen: Produkte sollen verständlich, intuitiv und angenehm nutzbar sein. Das lässt sich direkt auf Game Design übertragen, da Spiele gezielt auf Motivation, Bedienbarkeit und Spielererlebnis hin gestaltet werden.

„Emotion is about interpreting meaning; it is about the creation and maintenance of value."
(Norman 2004, S. 213)

Patrick W. Jordan erweitert diesen Ansatz um vier Ebenen der Freude: körperlich-sinnliche, soziale, psychische und wertebezogene Freude (Jordan 2000, S. 13–14). Mit seinen vier Ebenen der *pleasure* zeigt er, dass Produkte nicht nur funktionieren, sondern auch sinnlich, sozial, emotional und wertbezogen befriedigend gestaltet werden sollten, um gern genutzt zu werden. Und somit in diesem Sinne als Produkt erfolgreich zu werden.

Nutzen wir diese Erkenntnisse für das Game Design verbinden wir damit intuitive Nutzbarkeit mit emotionaler Spielerfahrung. Dic Art und Weise der Darstellung, Anordnung, Hierarchie erzeugt die räumliche Lesbarkeit: Sie strukturiert, wo wir hingehen, was wir beachten, was uns bedroht oder anzieht. Formen, Farben und Kompositionen erfüllen damit – ähnlich wie in der Architektur oder im Film – eine orientierende Funktion. Doch anders als dort reagiert die Welt in Games dynamisch auf unser Tun. Game Artists gestalten daher stets für den Moment des Spiels: für Bewegung, für Feedback, für Interaktion.

Jesse Schell (2020, S. 97–99) beschreibt in seiner Tetrade die Struktur von Games als Zusammenspiel aus Mechanik, Story und Ästhetik und dem weniger sichtbaren Element

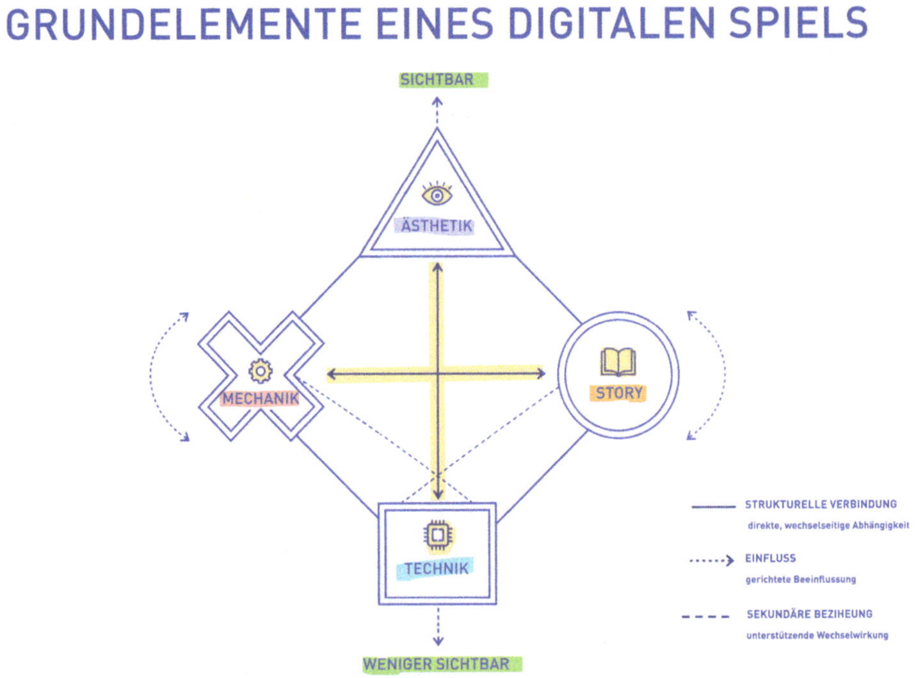

Abb. 1.2 Ästhetik, Story, Technik und Mechanik als relationale Grundelemente eines Spiels. (Quelle: Trautzsch 2026, in Anlehnung an Schell 2020, S. 97–99)

Technologie. Abb. 1.2 zeigt diese vier Elemente und ihre Sichtbarkeit mit erweiterten Wechselbeziehungen und farblich codiert.

In diesem Modell wird sichtbar, dass die visuelle Dimension nicht als Beiwerk neben Mechanik und Erzählung steht, sondern in einem wechselseitigen Verhältnis zu ihnen wirkt. Bilder formen Erwartungen, ermöglichen Lesbarkeit, erleichtern Entscheidungen und strukturieren narrative Plausibilität. Ästhetik schafft die Bedingungen dafür, dass andere Systeme „greifen" können. Gleichzeitig zeigt die Einbeziehung von Technologie, dass visuelle Gestaltung immer auch von performativen und technischen Bedingungen geprägt ist: Räume müssen in Echtzeit berechnet, modular aufgebaut und interaktiv lesbar bleiben.

Vergleicht man Games mit anderen visuellen Medien, fällt auf, dass Game Art zugleich expressiv und restriktiv ist. Sie hat die Freiheit, imaginäre Welten zu erschaffen, doch diese Welten müssen technisch stabil, performativ tragfähig und spielmechanisch sinnvoll sein. Ein Design, das rein künstlerisch überzeugt, aber ludisch nicht funktioniert, ist im Game Development nicht ausreichend. Game Artists arbeiten damit stets an der Balance zwischen Ausdruck und Funktion – ein Spannungsfeld, das ihr Handeln prägt.

1.3 Eine kurze Geschichte der visuellen Darstellung in Computerspielen

Die Geschichte der visuellen Darstellung in Computerspielen ist sehr stark mit den technischen Bedingungen ihrer jeweiligen Zeit verknüpft. Sie folgt keiner linearen Entwicklung hin zu immer ausgeprägterem Realismus, sondern ist das Ergebnis fortlaufender Aushandlungen zwischen Hardware, Rechenleistung und gestalterischem Anspruch. In ihren frühen Phasen ist sie weniger Bildgeschichte als Interfacegeschichte (Burbach und Trautzsch 2024)

Eines der frühesten Beispiele ist *Bertie the Brain* (1950), das Tic-Tac-Toe gegen menschliche Gegner:innen spielte und zur Darstellung des Spielzustands eine Matrix aus Glühbirnen nutzte. Diese Anzeige war kein Bild im repräsentativen Sinn, sondern eine direkte physische Manifestation der Spielregeln. Es gab keine Trennung zwischen Spielmechanik und Darstellung auf einem Bildschirm: Was sichtbar war, war das Spiel. Ähnlich funktional sind frühe Experimente wie *Tennis for Two* (Higinbotham 1958) oder *Spacewar!* (Russell 1962)– bewegte Darstellungen als Liniengrafik auf Oszilloskopen oder Vektordisplays. Die Wahl dieser Darstellungsform war keine ästhetische Präferenz, sondern eine Konsequenz der verfügbaren Technik. Mit *Pong* (Atari 1972)erreicht diese Logik ein breites Publikum. Zwei vertikale Balken, ein Punkt und ein rechteckiges Spielfeld genügen, um ein funktionales Spiel zu ermöglichen. Die visuelle Darstellung verzichtet vollständig auf narrative oder dekorative Elemente und markiert zugleich den Übergang zur Rastergrafik.

In den späten 1970er- und 1980er-Jahren etablieren sich mit Arcade-Automaten und Heimkonsolen Pixelgrafiken als Standard. Begrenzte Auflösungen, kleine Farbpaletten und restriktive Sprite-Limits prägen das Erscheinungsbild. Spiele wie *Space Invaders* (Taito 1978) oder *Pac-Man* (Namco 1980) setzen auf stark stilisierte, ikonische Figuren. Die visuelle Gestaltung folgt der technischen Limitation: Jede grafische Entscheidung muss sowohl technisch effizient als auch semantisch eindeutig sein. Wenige Pixel müssen ausreichen einen Charakter, Bilder einer Spielewelt und Atmosphäre zu erzeugen.

Mit den 1990er-Jahren verschiebt sich die Entwicklung auf Raum und Tiefe. Durch neue Grafikchips werden dreidimensionale Illusionen möglich. Titel wie *Wolfenstein 3D* (id Software 1992) oder *Doom* (id Software 1993) nutzen technische Tricks, um räumliche Umgebungen mit 2D Grafiken zu simulieren. Spiele erobern die dritten Dimension und machen virtuelle Darstellungen begehbar. Spätestens mit *Super Mario 64* (Nintendo 1996) wird 3D zur neuen Norm für Bewegung, Kamera und Weltgestaltung.

Ab den 2000er-Jahren erlauben leistungsfähige Hardware und spezialisierte Grafikprozessoren zunehmend realistische Darstellungen. Hochauflösende Texturen, komplexe Lichtmodelle und detaillierte Animationen nähern Spiele visuell dem Film an, *Final Fantasy VII* (Square 1997) markiert auch hier einen Meilenstein. Gleichzeitig verliert technische Limitierung ihre Rolle als primärer Gestaltungszwang. An ihre Stelle tritt bewusste stilistische Entscheidung. Indie-Spiele wie *Hyper Light Drifter* (Heart Machine 2016) oder *Sable* (Shedworks 2021) greifen gezielt auf Retro-Ästhetiken, Comic-Ästhetik und

Reduktion, Abstraktion zurück – nicht aus Mangel, sondern als bewusste Gestaltungsentscheidung für eine Ästhetik.

In der Rückschau zeigt sich, dass die visuelle Geschichte der Computerspiele weniger eine Erfolgsgeschichte technologischen Fortschritts ist als eine Geschichte der zeitgenössischen Möglichkeiten zur Darstellung von Welten und Bildern. Von Glühbirnen über Linien und Pixel bis hin zu komplexen 3D-Welten war visuelle Darstellung stets an Spielregeln, Interfaces und technische Rahmenbedingungen gebunden. Limitierungen erzeugten Formen – und diese Formen prägen bis heute, wie Spiele gestaltet, gelesen und erinnert werden. (Burbach und Trautzsch 2024, S. 17)

Literatur

Aarseth, E. (2001). *Allegories of space: The question of spatiality in computer games. In M. Eskelinen & R. Koskimaa (Eds.), CyberText yearbook 2000 (pp. 152–171).* University of Jyväskylä Press.

Brazie, A. (2024, 8. Oktober) *Designing Player Agency: A Beginner's Guide.* Gamedesignskills. https://gamedesignskills.com/game-design/player-agency/.

Burbach, J. & Trautzsch, N. (2024, 12. Januar). *Gaming History – Potenziale der Spielgeschichte für innovative Spielentwicklung.* https://doi.org/10.56250/4054.

Burbach, J. & Trautzsch, N. (2025). *Das kreative Volumen: Wie Designer kreativen Freiraum für Rezipienten interaktiver Produkte schaffen.* Springer-Verlag. https://doi.org/10.1007/978-3-658-47252-8_5.

Feige, D. M. (2015). *Computerspiele: Eine Ästhetik.* Suhrkamp.

Jenkins, H. (2004). *Game design as narrative architecture. In N. Wardrip-Fruin & P. Harrigan (Eds.), First person: New media as story, performance, and game* (S. 118–130). MIT Press.

Jonas, W., & Chow, R. (2008). *Beyond dualisms in methodology: An integrative design research medium 'MAPS' and some reflections.* Paper presented at the Design Research Society Conference 2008, Sheffield. https://shura.shu.ac.uk/477/1/fulltext.pdf.

Jordan, P. W. (2000). *Designing pleasurable products: An introduction to the new human factors.* Taylor & Francis.

McCloud, S. (2015). *Understanding comics: The invisible art.* New York, NY: HarperCollins.

Murray, J. H. (2017). *Hamlet on the holodeck: The future of narrative in cyberspace (Updated ed.)* MIT Press.

Norman, D. A. (2004). *Emotional design: Why we love (or hate) everyday things.* Basic Books.

Rehfeld, G. (2020). *Game Design und Produktion: Grundlagen, Anwendungen und Beispiele.* Carl Hanser Verlag GmbH & Co. KG.

Schön, D. A. (1983). *The reflective practitioner: How professionals think in action.* Basic Books.

Schell, J. (2020). *Die Kunst des Game Designs: Bessere Games konzipieren und entwickeln.* MITP-Verlags GmbH & Co. KG.

Solarski, C. (2012). Drawing basics and video game art: Classic to cutting-edge art techniques for winning video game design. New York, NY: Watson-Guptill.

Swink, S. (2008). *Game Feel: A Game Designer's Guide to Virtual Sensation*, Morgan Kaufmann.

Trautzsch, N. (2026). *Darstellungsästhetik als Analyse- und Gestaltungsmodell digitaler Spiele: Skizzierung einer Taxonomie.* https://doi.org/10.56250/4117.

Trautzsch, N. (2026a). Aspekte holistischer Game-Design-Forschung Hermeneutik, Semiotik und Empathie als methodische Grundlagen des Game Designs. In: Simond, S., Burbach, J., Inderst,

R., Plank, M., Schüler, B., Trautzsch, N. & Zimprich, T. GAMEPATHY #2: Fachtagung für Gamedesign & Digitalspielforschung 2024 https://doi.org/10.56250/4107.

Ludographie

Atari. (1972) Pong. Atari.
Heart Machine. (2016). Hyper Light Drifter. [Video game]. Heart Machine.
Higinbotham, W. (1958). Tennis for Two. [Video game]. Brookhaven National Laboratory.
id Software. (1992). Wolfenstein 3D. [Video game]. Apogee Software.
id Software. (1993). Doom. [Video game]. id Software.
Namco. (1980). Pac-Man. [Video game]. Namco.
Nintendo EAD. (1996). Super Mario 64. [Video game]. Nintendo.
Nintendo. (2017). The Legend of Zelda: Breath of the Wild. [Video game]. Nintendo.
Russell, S. (1962). Spacewar! [Video game]. Massachusetts Institute of Technology.
Shedworks. (2021). Sable. [Video game]. Raw Fury.
Square. (1997). Final Fantasy VII. [Video game]. Sony Computer Entertainment.
Taito. (1978). Space Invaders. [Video game]. Taito.

Das digitale Spiel: Darstellung, Raum und Welt 2

Bevor Darstellungsästhetiken in 2D- und 3D-Spielen genauer analysiert werden können, stellt sich zunächst die grundsätzliche Frage, wodurch ein digitales Spiel definiert wird und wie es beschrieben werden kann. Spiele sind keine rein visuellen gestaltete Artefakte auch keine Produkte, sondern regelbasierte, interaktive Systeme, in denen Spieler:innen handeln, Entscheidungen treffen und Rückmeldungen erhalten. Jochen Koubek widmet sich in Computerspielanalyse den Ontologien des Computerspiels als Formen der Wissensordnung, die Begriffe, Analyseebenen und Gegenstandsbereiche der Game Studies und des Game Designs systematisch strukturieren. Ontologien erscheinen dabei nicht als endgültige Definitionen dessen, was ein Spiel „ist", sondern als heuristische Modelle, die bestimmte Aspekte digitaler Spiele sichtbar machen und andere ausblenden (Koubek 2025, S. 29–54).

Kurz gefasst: Es gibt nicht die eine Definition des Spiels, sondern verschiedene Modelle, die jeweils andere Aspekte sichtbar machen. Für dieses Buch lässt sich ein digitales Spiel am sinnvollsten als regelbasiertes, interaktives, audiovisuell dargestelltes und performativ hervorgebrachtes Erfahrungssystem verstehen.

Juul beschreibt den klassischen Spielbegriff über Regeln, variable und bewertbare Ergebnisse, den Einsatz der Spieler:innen, ihre Bindung an Ergebnisse sowie verhandelbare Konsequenzen; für Computerspiele ergänzt sich diese Regelstruktur durch Fiktion, die in Grafik, Sound, Text, Werbung, Handbuch und Regeln angelegt ist (Juul 2005, nach Koubek 2025, S. 32).

Salen und Zimmerman ordnen Spiele breiter über Rules, Play und Culture: Regeln erzeugen Spielsysteme, Play umfasst Erfahrung, Bedeutung, Narration, Simulation und Gemeinschaft, Culture verweist auf kulturelle Aushandlungen (Salen und Zimmerman 2003, nach Koubek 2025, S. 32). Mit Aarseth lässt sich betonen, dass Darstellung in Games nicht nur betrachtet, sondern durch Spieler:innen performativ erschlossen wird: Spielräume,

N. Trautzsch, *Darstellungsästhetiken in Games*,
https://doi.org/10.1007/978-3-658-53102-7_2

Bilder und Zeichen entfalten ihre Bedeutung erst im Zusammenspiel von Regelstruktur, Interface und Handlung (Aarseth 1997, nach Koubek 2025, S. 32–33).

Andere Modelle betonen andere Schwerpunkte: Kirsten Zierold fasst Spiele als performative Erzählräume, wodurch Raum, Narration und Performanz sichtbar werden, während Regelstrukturen weniger stark hervortreten. Callejas Player-Involvement-Modell beschreibt Spiele über kinästhetische, räumliche, soziale, narrative, affektive und ludische Dimensionen (Zierold 2011, nach Koubek 2025, S. 35). Mersch wiederum hebt Bild- und Raumstruktur, Perspektive, Narrativität, Interaktivität, Performativität und Entscheidungslogik hervor (Mersch 2015 nach Koubek 2025, S. 35).

Entscheidend ist die Perspektive: Jedes Modell setzt einen anderen analytischen Fokus. Wird ein Spiel als Erzählraum beschrieben, treten Narration, Raum und Performanz hervor, wird es als System aus Core Mechanics, Interactivity und Storytelling verstanden, werden Regeln und Erzählstrukturen betont, die audiovisuelle Präsentation kann jedoch in den Hintergrund geraten. Koubek macht deshalb deutlich, dass Ontologien keine endgültigen Wahrheiten liefern, sondern nützliche Werkzeuge sind: Sie ordnen Begriffe, machen bestimmte Phänomene analysierbar und blenden andere eher aus. Für die Analyse von Darstellungsästhetiken ist daraus vor allem mitzunehmen: Ein Spiel ist weder nur Regelwerk, noch nur Erzählung, noch nur Bildraum. Es entsteht als Zusammenspiel von Regeln, Darstellung, Klang, Handlung, Bedeutung, Technik und Spieler:innenperformanz.

Ein Spielraum ist daher nicht einfach ein dargestellter Raum. Er ist ein handlungsbezogener Raum, in dem Sichtbarkeit, Orientierung, Bewegungsmöglichkeiten, Grenzen, Objekte und Ereignisse durch Gestaltung erfahrbar werden. Eine 2D-Plattform, ein isometrisches Areal, ein First-Person-Level oder eine offene 3D-Welt unterscheiden sich nicht nur durch ihre grafische Form, sondern durch unterschiedliche Weisen, Raum, Handlung und Wahrnehmung miteinander zu organisieren. Darstellung erzeugt hier nicht nur die Atmosphäre, sondern strukturiert, was Spieler:innen wahrnehmen, verstehen, erwarten, interpretieren und tun können. Für die Analyse von Darstellungsästhetiken ist daran besonders wichtig: Darstellung ist im Spiel nie nur Abbildung, sondern immer mit Regel, Handlung und Feedback verbunden.

Koubeks Computerspielanalyse bietet mit der sogenannten Bayreuther Ontologie ein Ordnungsmodell, das Computerspiele entlang mehrerer Grunddimensionen beschreibt (Koubek 2025, S. 49–52). Dazu gehören unter anderem Grafik, Sound, Narration, Ludition, Kommunikation und Performanz. Das Modell versteht sich als produktorientierter Ansatz zwischen technischen Ontologien der Informatik und medienkulturwissenschaftlichen Perspektiven der Game Studies und eignet sich besonders für die formästhetische Beschreibung von Computerspielen.

Das in Teil III vorgestellte Modell zur Analyse der Darstellungsästhetiken im digitalen Spiel schließt hier an, da die visuelle Gestaltung nicht isoliert aus dem visuellen Stil heraus verstanden werden können. Koubek beschreibt etwa, dass der Raum eines Spiels grafisch durch Modelle, Texturen und Shader dargestellt, akustisch durch Geräusche und Soundeffekte hörbar, narrativ konstruiert, ludisch reglementiert und performativ durch das Handeln der Spielenden hervorgebracht wird. Genau an dieser Schnittstelle setzt die

Analyse von Darstellungsästhetiken an: Sie fragt, wie 2D- und 3D-Darstellungen, Perspektive, Genre, Stil, Bewegung, Interface und audiovisuelle Inszenierung zusammenwirken, um Spielwelten wahrnehmbar, lesbar und erfahrbar zu machen.

Während Koubeks Ontologie ein breiteres Analysemodell für Computerspiele bereitstellt, konzentriert sich dieses Buch stärker auf die ästhetische, gestalterische und produktionsbezogene Dimension von Darstellung. Überschneidungen entstehen insbesondere dort, wo die Bayreuther Ontologie Grafik, Animation, virtuelle Kamera, 2D-, 2.5D- und 3D-Darstellungen sowie Sound als formästhetische Dimensionen beschreibt. Auch Fragen des Realismus lassen sich in beiden Ansätzen mehrdimensional betrachten: nicht nur als visueller Fotorealismus, sondern ebenso als akustischer, narrativer, ludischer oder performativer Realismus.

Die Bayreuther Ontologie (Koubek, S. 49–52) kann daher als erweiterter Referenzrahmen verstanden werden. Darstellungsästhetiken in Games können so wiederum als Teil eines komplexeren Gefüges aus Regel, Bild, Klang, Erzählung, Interface und Handlung begreifbarer werden.

Jenseits struktureller theoretischer Modelle und Ontologien lässt sich die Bedeutung von Darstellung erst dann vollständig erfassen, wenn man sie als Raumproduktion versteht. Games erzeugen virtuelle Umgebungen, die nicht passiv betrachtet, sondern aktiv begangen werden. Diese Welten besitzen eine visuelle Logik, die vorgibt, wo man gehen kann, worauf man achten sollte, wie Bedrohung inszeniert wird oder wo sich narrative Informationen verdichten. Farben lenken Blickrichtungen, Größenverhältnisse bestimmen Wichtigkeit, Licht führt durch Pfade, und architektonische Formen erzeugen Erwartungen. So entsteht ein Geflecht aus visuellen Signalen, das Spieler:innen ständig interpretieren, mentale Modelle der Spielwelt erstellen, oft unbewusst, aber mit weitreichender Wirkung auf das Spielgefühl. In dieser Hinsicht teilen Spiele mit Film und Architektur grundlegende Prinzipien wie Komposition, Perspektive oder Raumdramaturgie, unterscheiden sich jedoch durch ihre Interaktivität. Während ein Theaterstück oder ein linear ablaufender Film den Blick des Publikums lenkt, reagiert ein Spiel auf die Handlungen des Spielers. Raum ist hier nicht nur Kulisse, sondern auch Handlungsmotor. Auch in rein flach dargestellten Spielräumen wird meist ein Raum abgebildet und inszeniert. Diese Tradition begann mit dem einfachsten Spiel Pong (1972) und der Darstellungslogik eines Tennisplatzes, *Tetris* (Pajitnov 1984) kann als Ordnungslogik einer Architektur in einem begrenztem Raum verstanden werden.

Spiele schaffen also Welten, die über eine die mimetische Abbildung hinausgehen, denn viele Werke nutzen darüber hinaus Stilmittel, die Realität abstrahieren, überzeichnen oder transformieren, um bestimmte Atmosphären oder Bedeutungsfelder zu erzeugen. Ein minimalistischer 2D-Raum kommuniziert anders als eine hyperrealistisch gerenderte 3D-Umgebung – nicht nur hinsichtlich des visuellen Eindrucks, sondern hinsichtlich der Art, wie wir uns darin bewegen, orientieren und emotional lokalisieren. Räume werden durch ihre Gestaltung bestimmt und bestimmen dadurch wiederum, wie Nutzer:innen sie navigieren und nutzen. (Burbach 2026). Jede stilistische Wahl ist damit auch eine strukturelle Entscheidung über die Form des Raums und über die mögliche Erfahrung in ihm.

Diese Verschränkung von Darstellung, Raum und Welt ist einer der Gründe, warum visuelle Gestaltung so stark und umfassend in narrative Prozesse eingreift. Die Welt eines Spiels erzählt bereits, bevor die erste Zeile Dialog gesprochen wurde. Farbtemperaturen können emotionale Felder markieren, architektonische Formen können sozialen oder historischen Kontext implizieren, und Kompositionen können Machtverhältnisse visualisieren. Weltgestaltung wird damit zu einem aktiven Träger narrativer Bedeutung – zu einem Medium des Erzählens, das ohne Worte auskommt.

Gleichzeitig wirkt Darstellung auf das Gameplay zurück. Orientierung, Lesbarkeit, Bewegungsfluss und Entscheidungsdynamik hängen zu einem großen Teil von der Klarheit visueller Organisation ab. Wenn Spieler:innen intuitiv verstehen, wo es weitergeht, welche Objekte interaktionsrelevant sind oder welche Gefahren drohen, liegt das selten allein im Regelwerk – es ist eine Leistung der visuellen Gestaltung. Das Zusammenspiel von Raumform, Farbe, Kontrast, Bewegung und Licht steuert die Aufmerksamkeit und erzeugt die Voraussetzungen für ein flüssiges und freudvolles *Spielgefühl* (Swink 2008).

Ganz entscheidend prägt die Art und Weise der Darstellung und die implizite Ästhetik vor allem die emotionale Qualität einer Spielwelt. Sie entscheidet darüber, ob ein Raum als bedrohlich oder einladend, fremd oder vertraut empfunden wird. Die Art, wie Linien, Formen und Farbklänge eingesetzt werden, kann Stimmungen erzeugen, die das Verhalten und die Wahrnehmung der Spieler:innen nachhaltig beeinflussen. Spielräume sind damit nicht nur funktionale Orte, sondern atmosphärische Felder. Sie wirken, bevor sie verstanden werden, und sie ermöglichen, bevor sie interpretiert werden. Darstellung, Raum und Welt bilden im digitalen Spiel eine untrennbare Einheit. Sie sind kein nachträglicher ästhetischer Überzug, sondern die Grundlage dafür, dass ein Spiel als kohärente Erfahrung funktionieren kann.

Literatur

Atari. (1972) Pong. Atari.

Aarseth, E. J. (1997). *Cybertext: Perspectives on ergodic literature.* Johns Hopkins University Press.

Burbach, J. (2026, 8. April). *Spatial Close Playing: Eine räumliche Methode zur Analyse digitaler und virtueller Räume.* https://repository.iu.org/items/d942ddc1-2569-472f-9f0e-4f1247c4d729.

Juul, J. (2005). *Half-Real. Video Games between Real Rules and Fictional Worlds.* MIT Press.

Koubek, J. (2025). *Computerspielanalyse: Einführung in die Formästhetik des Computerspiels.* Springer VS. https://doi.org/10.1007/978-3-658-48284-8.

Mersch, D. (2015*). Logik Und Medialität Des Computerspiels. Eine Medientheoretische Analyse.* In: Distelmeyer; Hanke; Mersch: Game over!?: Perspektiven des Computerspiels, S. 19–42. transcript Verlag.

Salen, K. T., Zimmerman, E.(2003). *Rules of Play. Game Design Fundamentals.* MIT Press.

Swink, S. (2008). *Game Feel: A Game Designer's Guide to Virtual Sensation,* Morgan Kaufmann.

Zierold, K. (2011). *Computerspielanalyse. Perspektivenstrukturen, Handlungsspielräume, moralische Implikationen.* Trier: WVT Wiss. Verl. Trier.

Ludographie

Pajitnov, A. (1984). Tetris. [Video game]. Academy of Sciences of the Soviet Union.

Zum Begriff der Darstellungsästhetik 3

Für zeitgenössische Spiele besitzen visuelle Stile, Bildsprachen und mediale Ästhetiken einen entscheidenden Wert für die Spielerfahrung und Rezeption der Spielergemeinschaft. Andererseits fehlt bisher eine konsistente, etablierte Terminologie zur Beschreibung des Darstellungsstils, da man dazu Kenntnis der technischen Herstellung benötigt. Stilbeschreibungen, wie „realistisch“, „comichaft“ oder „stilisiert“ werden im Spielejournalismus, Plattformen, Game Designern und von Autoren genutzt, ohne analytisch, technisch oder praktisch zu unterscheiden. Die Beschreibung der Art Stile sind häufig von individuellen Stilen oder technischen Umsetzungsmöglichkeiten geprägt, die wiederrum keinen eigenen Begriff erhalten, sodass nur einzelne Stilmerkmale, wie beispielsweise Outline oder Comic-Stil ohne genauere Abgrenzung in Intensität und Wirkkraft zu transportieren, benutzt werden.

3.1 Das praktische Problem: Kommunikation im Entwicklungsprozess

Diese begriffliche Unschärfe zeigt sich besonders deutlich in der Praxis der Spieleentwicklung. Bei der Erstellung des Visual Concept im Rahmen des Game Design Documents (GDD) ist die Kommunikation der grafischen Umsetzung, des angestrebten Art Stils, der visuellen Ästhetik maßgeblich für die gemeinsame Verständigung und Vision eines Spiels. Die Wahrnehmung des Spiels, das angestrebte Spielgefühl, der Stil und Art und Weise der Erzählung und Entfaltung der Story oder Game Play des Spiels sind Bauteile des „Look & Feel“ (Schell 2020, S. 527–536). Ein Dokument zur Beschreibung enthält die Auswahl eines Kunststils, der sowohl zum Genre, Thema, Setting und der Narration des Spiels passt, als auch die Erwartungen der Zielgruppe erfüllt und der technisch innerhalb der Rahmenbedingungen umsetzbar ist.

N. Trautzsch, *Darstellungsästhetiken in Games*,
https://doi.org/10.1007/978-3-658-53102-7_3

Das Visual Concept als Kommunikationsdokument (Schell 2020, S. 581–590) vermittelt das angestrebte Look & Feel intern an das Arbeits-Team und extern als Teil des Pitch Decks an Entscheider und Investoren. Es enthält Skizzen, Entwürfe von Ausschnitten der Game World, Charaktere, Landschaft, Setting, Props. Ebenso sind Concept Art und Moodboards, die die Atmosphäre, Stimmung und Farben wiedergeben ein großer Teil der grafischen Darstellung und Repräsentationen die erzählerische Metapher der Spielwelt (Swink 2008, S. 297–298) wiedergibt. Notizen geben Erklärungen zu Entwurfsdarstellungen, ein Mock-Up kann einen Einblick in Perspektive und technische Umsetzung, Kontext und Proportion, Kameraperspektive und UI geben.

Zeitgenössische Spiele weisen eine Vielzahl von Art Stilen und technischen Umsetzungen auf, die entweder aus traditionellen analogen Techniken und Animation entnommen wurden oder mittels digitaler Software erstellt werden. Die Wahl der grafischen Umsetzung ist nicht mehr technische Limitationen gebunden, sodass man stilisiert eine Umsetzung anstrebt die lesbar wird. (Birken 2022, S. 3) Gerade Indie-Spiele zeigen eine große Menge individueller Stile, die meist sogar den USP stellen. Diese absichtlich eingesetzten Limitierungen werden zu Repräsentationen, die künstlerisch und erzählerisch in der Reduktion wirken und mehr Freiraum für die Imagination, Fantasie und Immersion des Spieler:innen lassen (Burbach und Trautzsch 2025)

Zur Kommunikation im Team ist es unerlässlich, die richtigen Begriffe und Beschreibungen der Art Stile, Umsetzungstechniken, Kameraperspektiven zu haben, sodass der Empfänger das gleiche Bild, die gleiche Vision im Kopf hat wie der Sender.

Bisher fehlt nach wie vor ein gemeinsames Verständnis, konsistente, etablierte Terminologie und einer gemeinsamen Methodik für übergeordnete Gestaltungsprinzipien, obwohl der Bedarf dafür aufgrund der zunehmenden Komplexität der interaktiven Präsentation und reibungsloser Zusammenarbeit groß ist. Das Potenzial von Formsprache und Komposition, die sensorische Erfahrung des Spielers durch Interaktion zu beeinflussen, und andersherum die Möglichkeit der Interkation und Manipulation durch die Spieler ist im Vergleich zu analogen und linearen Medien weitaus größer und gilt es zu durchdenken und zu planen (Swink 2008, S. 197–186). Daher ist das Verständnis und die Wahl der richtigen Begriffe, des passendes Art Stils und Aufbau einer Designstrategie sehr wichtig für den Erfolg eines Produktionsprozesses. Ein präzises Vokabular, gibt Game Designern ein Instrument, mit dem sie ihre Ideen kommunizieren können. Ein erfolgreiches Spiel erfordert nicht nur eine gute Idee, spannende Spielmechanik, gute technische Umsetzung, sondern es muss sich gut anfühlen, eine passende visuelle Gestaltung, freudvolle Interaktion, und visuell erzählerische Tiefe sowie Ästhetik erreichen.

Diese genannten Aspekte beziehen sich nicht nur auf Kommunikationsprobleme in der Praxis, in der Lehre ist es ebenfalls schwer, die richtigen Begriffe zu finden, die englischen Begriffe zu übersetzen, sodass Studierende eine Klarheit darüber besitzen, welchen Stil sie als Analyseobjekt vor sich haben, welchen Stil sie erreichen möchten und welche Parameter, Elemente dazu gehören. Aktuell orientieren sich Praxis und Lehre hauptsächlich an englischsprachiger Fachliteratur, wodurch englische Begriffe oft vorherrschend sind. Ebenso sind diese Begriffe vielfältig eingedeutscht worden, oft unterschiedlich pro

Hochschule, Autor oder Game Studio. Diese Praxis kann zu Verständnisproblemen führen, wenn sie ohne adäquate Übersetzung oder ohne ein einheitliches Verständnis im deutschen Kontext verwendet werden. Ebenso verhält es sich bei Art Stilen, Ästhetiken und der Kommunikation von künstlerischen, praktischen Handlungsweisen. Oft gibt es dafür sehr unterschiedliche Begrifflichkeiten und es werden neue pro Studiengang, Hochschule und Game Studio etabliert.

Die Entwicklung einer einheitlichen Terminologie im Bereich des Game Designs ist ein erster Schritt, um die Disziplin in der deutschen Sprache zu etablieren und die Disziplin wissenschaftlich akademisch beschreibbarer zu machen.

Visuelle Darstellungsästhetiken digitaler Spielwelten können nur dann angemessen analysiert, gelehrt und für Spiele entwickelt werden, wenn sie systematisch beschrieben und begrifflich differenziert werden (Trautzsch 2026a).

Sobald man versucht zu beschreiben, wie digitale Spiele ihre visuelle Wirkung entfalten, merkt man schnell, dass gängige Begriffe nicht weit genug reichen. „Grafik" reduziert das Visuelle auf technische Qualität, „Stil" auf äußere Form, „Game Art" auf Produktionsprozesse und „Ästhetik" auf ein zu weites Feld, das die Besonderheiten des Mediums nicht erfasst. Spiele strukturieren Aufmerksamkeit, leiten Handlung, vermitteln Atmosphäre und tragen narrative Bedeutung. Um diese komplexe Wechselwirkung aus Darstellung, Wahrnehmung und Erfahrung fassen zu können, bedarf es eines präziseren Begriffs.

3.2 Darstellungsästhetik als analytischer Begriff

Im Rahmen dieses Papers wird der Begriff *Darstellungsästhetik* eingeführt, um jene formästhetischen Eigenschaften digitaler Spielwelten zu bezeichnen, die sich aus der konkreten visuellen Darstellung ergeben und die Wahrnehmung, Interpretation und Bedeutungskonstruktion aufseiten der Spielenden strukturieren. Unter dem Überbegriff der Darstellungsästhetik lässt sich die Weise verstehen, in der ein Spiel durch visuelle Mittel Bedeutung erzeugt und Erfahrung ermöglicht. Der Begriff nimmt sowohl die Darstellung selbst – also Formen, Farben, Räume, Licht, Bewegung – als auch ihre ästhetische Wirksamkeit in den Blick. Er beschreibt, wie Darstellung wahrgenommen und interpretiert wird und wie sie das Verhalten im Spielrahmen beeinflusst (s. Abb. 3.1).

Der Begriff setzt sich aus zwei Komponenten zusammen:

Darstellung

- verweist auf das Sichtbarmachen, das Gestalten, das Hervorbringen eines Bildes oder einer Welt
- meint im Kontext digitaler Spiele sowohl die Repräsentation (das Gezeigte) als auch die Präsentation (das Zeigen selbst)
- umfasst Bildraum, Formensprache, Licht, Farbe, Inszenierung, Perspektive, Animation, Oberflächen, Bewegung

Abb. 3.1 Die Komponenten des Begriffes der Darstellungsästhetik. (Quelle: Trautzsch 2026)

Ästhetik

- verweist auf Wahrnehmung, Empfinden, Atmosphären, Wirkungsweisen
- nach klassischer Ästhetik die Reflexion der sinnlichen Erfahrung
- in der Medienästhetik die Analyse dessen, wie Medien Wahrnehmung strukturieren, rahmen und transformieren

Darstellungsästhetik ist somit die Weise, in der Darstellung sinnlich erfahrbar wird – und wie sie Wahrnehmung, Verhalten und Bedeutung im Spiel prägt.

> „Digitale Spiele fordern einen solchen Zugriff in besonderer Weise heraus. Als audiovisuelle, interaktive Medien verbinden sie Repräsentation, Inszenierung, Simulation und Handlung in einem virtuellen Raum. Bilder werden hier nicht nur betrachtet, sondern betreten, durchquert und verändert. Visuelle Darstellungsästhetik lässt sich deshalb weder auf Grafikqualität noch auf einzelne technische Effekte oder Art Stile reduzieren. Sie betrifft vielmehr das Zusammenspiel von Form, Oberfläche, Volumenwirkung, Perspektive, Raumorganisation, technischer Umsetzung und Grad von Abstraktion oder Realismus." (Trautzsch 2026a, S. 4–5)

Warum dieser Begriff relevant ist

Digitale Spiele sind Erlebnisräume und um diese zu verstehen, genügt es nicht danach zu fragen, wie sie aussehen. Man muss fragen, wie sie wirken und wie sie wahrgenommen

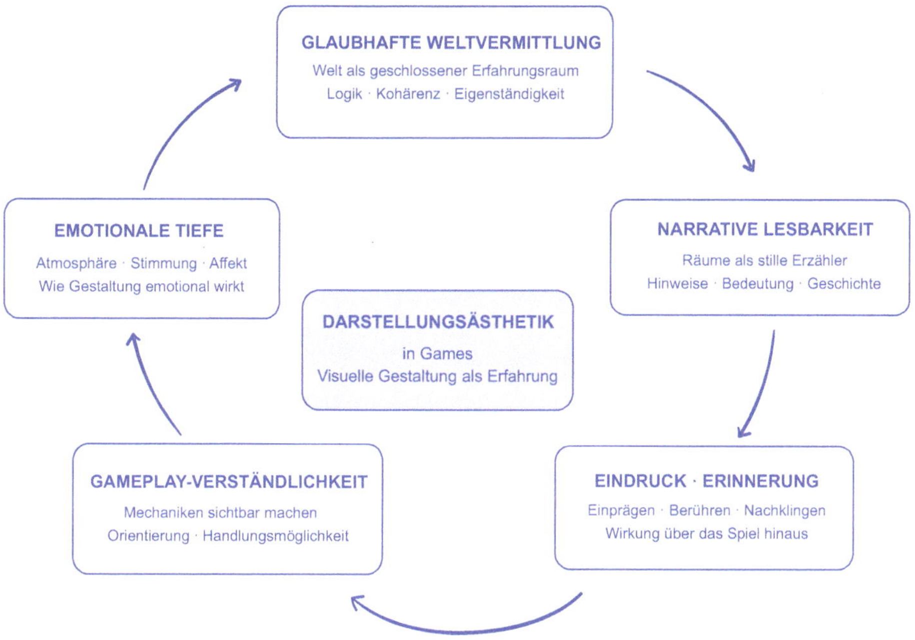

Abb. 3.2 Analyse der Darstellungsästhetik in fünf Dimensionen der Darstellungsästhetik. (Quelle: Trautzsch 2026)

werden. Darstellungsästhetik ermöglicht genau diese Analyse, denn sie beschreibt fünf Dimensionen (s. Abb. 3.2):

- die glaubhafte Präsentation einer Welt – wie eine Spielwelt in sich geschlossen logisch und nachvollziehbar erlebbar wird, wie sie als eigenständiger Erfahrungsraum etabliert, wird
- die emotionale Tiefe ihrer Atmosphäre – wie Stimmungen erzeugt und getragen werden, wie visuelle Gestaltung affektiv wirkt
- die narrative Lesbarkeit ihrer Räume – wie räumliche Gestaltung Geschichten erzählt, Hinweise gibt und Bedeutungszusammenhänge stiftet
- die intuitive Verständlichkeit ihres Gameplays – wie visuelle Gestaltung Mechaniken vermittelt, Orientierung schafft und Handlungsmöglichkeiten sichtbar macht
- den Eindruck in der Vorstellungskraft – wie sich ein Spiel einprägt, berührt und im Gedächtnis bleibt; wie es über die unmittelbare Spielsituation hinaus nachhallt

3.3 Definition und Komponenten der Darstellungsästhetik

Wie bereits angesprochen bewegen sich im Game Design Produktion und Lehre mehrere Begriffe nebeneinander, die visuelle Aspekte digitaler Spiele beschreiben sollen, ohne jedoch deckungsgleich zu sein. Traditionelle Begriffe zur Beschreibung der Darstellung in Spielen greifen jedoch zu kurz.

Der Begriff Darstellungsästhetik meint zusätzlich die Weise, in der Darstellung sinnlich erfahrbar wird – und wie sie Wahrnehmung, Verhalten und Bedeutung im Spiel prägt (Trautzsch 2026a, S. 7).

Darstellungsästhetik beschreibt dabei nicht primär den Stil im Sinne einer formalen Wiedererkennbarkeit, sondern das Zusammenspiel von Form, Oberfläche, Bildorganisation und medialer Inszenierung, durch das Spielwelten sichtbar, lesbar und erfahrbar werden. Sie umfasst sowohl grafische Entscheidungen (etwa Farbgebung, Materialität, Abstraktionsgrad) als auch deren Einbettung in technische, ludische und narrative Kontexte.

3.4 Wirkungsweise und Bedeutung

Darstellungsästhetik bezeichnet also nicht nur die Summe visueller Komponenten, sondern das Komposition ihrer Wirkung. Digitale Spiele ermöglichen Erlebnisräume (Schell 2020, S. 49), um diese zu verstehen, zu verbalisieren und selbst praktisch zu gestalten, genügt es nicht zu fragen, wie sie aussehen. Man muss fragen, wie sie wirken. Philosophische, Anthropologische Konzepte und Designwissen müssen kombiniert betrachtet werden und wie Werkzeuge aus einer Kiste praktisch eingesetzt werden, mit dem einzigen Ziel, bessere Spielerlebnisse zu schaffen (Schell 2020, S. 53)

Diese Perspektive entspricht Feiges Definition der Ästhetik in Computerspielen, dass die ästhetische Erfahrung digitaler Spiele nicht von ihrer visuellen Gestaltung abgelöst werden kann. Visuelle Darstellung ist nicht Beiwerk, sondern konstitutiv: Sie strukturiert, was als spielbar erscheint, sie formt die emotionale Tönung der Erfahrung, und sie prägt die Bedeutungen, die Spieler:innen konstruieren.

Sie eröffnet einen Blick darauf, wie ein Spiel seine Welt erfahrbar macht, wie es Orientierung schafft, Atmosphäre formt und die Beziehung zwischen Spieler:in und Spiel strukturiert. Die Bedeutung zeigt sich insbesondere darin, dass digitale Spiele als Erlebnisräume verstanden werden müssen. Sie entfalten ihre Wirkung nicht allein über Mechaniken oder narrative Strukturen, sondern über die Art und Weise, wie ihre Welten visuell erfahrbar werden.

In Anlehnung an Feiges Verständnis von Computerspielen als eigenständigen ästhetischen Objekten lässt sich präzisieren: Darstellungsästhetik meint nicht die nachträgliche Anreicherung eines Spiels mit visuellen Effekten, sondern jene Dimension, in der visuelle Gestaltung selbst zur Bedingung der Spielerfahrung wird. Die Art und Weise, wie ein

Spiel aussieht, ist untrennbar damit verbunden, wie es gespielt, verstanden und erinnert wird.

Der Begriff zielt damit auf eine analytische Ebene, die zwischen rein formalen Stilbeschreibungen und umfassenden ästhetischen Gesamtkonzepten vermittelt. Darstellungsästhetik ist folglich weder bloß dekorativ noch eigenständig, sondern funktional an Wahrnehmungslenkung, Bedeutungsproduktion und Spielerfahrung gebunden.

3.5 Funktion im weiteren Verlauf

Der Begriff der Darstellungsästhetik fungiert im weiteren Verlauf des Buches als wesentliches Analyseinstrument, mit dem visuelle Erscheinungsformen digitaler Spielwelten systematisch beschrieben und voneinander unterschieden werden können.

Er bildet die begriffliche Grundlage für die im Anschluss entwickelte Taxonomie, ohne dabei einen normativen Anspruch zu erheben. Ziel ist es nicht, bestimmte Darstellungsästhetiken zu privilegieren, sondern eine strukturierte Sprache bereitzustellen, die es erlaubt, visuelle Gestaltungsentscheidungen nachvollziehbar zu analysieren, zu vergleichen und zu diskutieren.

Die Bedeutung des Begriffs zeigt sich insbesondere darin, dass digitale Spiele als Erlebnisräume verstanden werden müssen. Sie entfalten ihre Wirkung nicht allein über Mechaniken oder narrative Strukturen, sondern über die Art, wie ihre Welten visuell erfahrbar werden. Um diese Erfahrung angemessen zu beschreiben, reicht es nicht aus zu fragen, wie ein Spiel aussieht, entscheidend ist, wie seine Darstellung wahrgenommen wird, wie sie Atmosphäre erzeugt, Handlungsmöglichkeiten vermittelt und emotionale Resonanz herstellt.

Darstellungsästhetik eröffnet einen Zugang, der weder die visuelle Dimension auf technische Grafikqualität reduziert noch sie romantisiert. Sie betrachtet Darstellung als wirkmächtiges Gefüge, das Wahrnehmung, Interpretation und Handlung zugleich formt und damit wesentliche Voraussetzungen dafür schafft, dass ein Spiel überhaupt als kohärente Welt erfahrbar wird.

Literatur

Birken, J. (2022). *Videospiele: Digitale Bildkulturen*. Wagenbach.

Burbach, J. & Trautzsch, N. (2025). *Das kreative Volumen: Wie Designer kreativen Freiraum für Rezipienten interaktiver Produkte schaffen*. Springer-Verlag. https://doi.org/10.1007/978-3-658-47252-8_5.

Schell, J. (2020). *Die Kunst des Game Designs: Bessere Games konzipieren und entwickeln*. MITP-Verlags GmbH & Co. KG.

Swink, S. (2008). *Game Feel: A Game Designer's Guide to Virtual Sensation*, Morgan Kaufmann.

Trautzsch, N. (2026). *Darstellungsästhetik als Analyse- und Gestaltungsmodell digitaler Spiele: Skizzierung einer Taxonomie*. https://doi.org/10.56250/4117.

Trautzsch, N. (2026a). Aspekte holistischer Game-Design-Forschung Hermeneutik, Semiotik und Empathie als methodische Grundlagen des Game Designs. In: Simond, S., Burbach, J., Inderst, R., Plank, M., Schüler, B., Trautzsch, N. & Zimprich, T. GAMEPATHY #2: Fachtagung für Gamedesign & Digitalspielforschung 2024 https://doi.org/10.56250/4107.

Teil II

Berufsfeld, Designprozess und Kompetenzen

Teil II führt in Game Art als professionelles und kollaboratives Berufsfeld ein. Im Mittelpunkt steht die Frage, wie visuelle Gestaltung innerhalb komplexer Produktionszusammenhänge entsteht und welche Rollen, Prozesse und Kompetenzen daran beteiligt sind. Game Art vermittelt dabei zwischen ästhetischem Anspruch, spielerischer Funktion, technischer Umsetzbarkeit und den konkreten Bedingungen der Produktion.

Zunächst wird betrachtet, wie sich das Berufsfeld mit der zunehmenden Komplexität digitaler Spiele in unterschiedliche Rollen und Spezialisierungen ausdifferenziert hat. Character Art, Environment Art, Concept Art, Animation, Technical Art und weitere Bereiche verfolgen jeweils eigene Aufgaben, entfalten ihre Wirkung jedoch erst im koordinierten Zusammenspiel. Visuelle Gestaltung entsteht daher nicht autonom, sondern in enger Abstimmung mit Game Design, Narration, Technik und Produktion. Darauf aufbauend wird der Designprozess in der Game Art als iterativer und reflexiver Prozess beschrieben. Ideen werden über Recherche, Skizzen, Moodboards, visuelle Konzepte und Dokumentationen entwickelt, im Team kommuniziert, geprüft und wiederholt überarbeitet. Gestaltung bedeutet dabei nicht nur, kreative Lösungen zu finden, sondern zwischen unterschiedlichen Anforderungen abzuwägen, Entscheidungen nachvollziehbar zu begründen und Entwürfe in größere gestalterische und technische Systeme zu integrieren. Pipelines, Engines und Produktionslogiken bilden deshalb nicht lediglich äußere Begrenzungen, sondern wirken aktiv an der Form der entstehenden Gestaltung mit.

Teil II richtet den Blick außerdem auf das breite Kompetenzprofil professioneller Game Artists. Neben handwerklichen und gestalterischen Grundlagen sind analytisches Denken, technische Anschlussfähigkeit, Kommunikation, Flexibilität, Entscheidungsstärke und Selbstreflexion erforderlich. Empathie und systemisches Denken helfen darüber hinaus zu verstehen, wie visuelle Gestaltung von Spielenden wahrgenommen, gelesen und emotional erlebt wird. Damit schafft Teil II ein Verständnis dafür, dass professionelle Game Art aus dem Zusammenspiel von gestalterischem Können, methodischem Wissen, technischer Umsetzbarkeit und kollaborativer Praxis hervorgeht. Dieses Verständnis bildet die Grundlage für die anschließende systematische Auseinandersetzung mit den theoretischen und gestalterischen Prinzipien visueller Darstellung.

4 Game Art als Berufsfeld und Designpraxis – Tätigkeitsfelder, Rollen und Spezialisierungen

Game Art lässt sich als vermittelnde ästhetische Praxis beschreiben, in der sich ästhetische Wahrnehmung, mediale Repräsentation und Interaktionslogik überschneiden. Bildwissenschaftliche Perspektiven betonen, dass visuelle Reize nicht nur auf einer ästhetischen, sondern auch auf einer kognitiven Ebene wirken: Sie strukturieren Aufmerksamkeit, erzeugen Kategorien, formen Erwartungen. In diesem Sinne ist Game Art ein steuerndes Medium, das prägt, wie wir Welt sehen – und wie wir Welt im Spiel interpretieren.

Nelson und Stolterman schreiben: Designer:innen müssen in der Lage sein, Zusammenhänge zu erkennen und die wesentlichen Verbindungen im realen Leben zu identifizieren – sie müssen systemisch denken können. Sie müssen wesentliche Beziehungen in ihren Entwürfen und zwischen ihren Entwürfen und den größeren Systemen, in die sie eingebettet sind, herstellen. Im Design geht es darum, Dinge in die Welt zu bringen, die es zuvor nicht gab – das noch Nicht-Existierende zu erschaffen. Eines der großen Geheimnisse des Designs ist die Frage, woher das Bild des noch Nicht-Existierenden kommt. Etwas Neues in die Welt zu bringen, erfordert mehr als nur Kreativität – es umfasst die Schaffung von Originalität und Neuheit. (Nelson und Stolterman 2012, S. 118).

Game Artists vereinen explizites Vorwissen über Popkultur, Literatur, Technik, künstlerische Ästhetiken, Filme und Spiele mit übergreifendem Wissen über Wahrnehmung, Psychologie, Natur, Physik, Biologie und Geschichte. Sie sind Wissenschaftler:innen und Erkunder:innen zugleich, getrieben von Neugier. Sie verbinden beschreibbares Wissen mit ausgeprägtem Einfühlungsvermögen für Geschichten, Welten und Charaktere. (Schön 1983) Sie „verbildlichen" Ideen durch handwerkliche, technische und künstlerische Tätigkeiten und erstellen Repräsentationen. Das Erfahrungswissen um das „Wie" im Prozess wird durch kreative Handlungsweisen erreicht – durch das Machen: Gestalten, Entwerfen, Zeichnen und Veranschaulichen. Sie erstellen Repräsentationen (Muller nach Lindberg 2013, S. 158)

N. Trautzsch, *Darstellungsästhetiken in Games*,
https://doi.org/10.1007/978-3-658-53102-7_4

Der Begriff „Design“ kommt ursprünglich aus dem Lateinischen; „designare“ bedeutet „bestimmen“. Design verwandelt etwas Unbestimmtes in etwas Bestimmtes durch fortschreitende Differenzierung. Design ist Bestimmung durch Darstellung. (van den Boom 1997, zitiert nach Bürdek 2015, S. 93). Bürdek ergänzt:

> „Design ist eine Disziplin, die nicht nur materielle Realität erzeugt, sondern insbesondere kommunikative Funktionen erfüllt.“ (Bürdek 2015, S. 83).

Game-Art-Assets, virtuelle Räume, Objekte und Charaktere müssen nicht nur ästhetischen, technischen und ökonomischen Anforderungen genügen, sondern vermitteln zusätzlich emotionale, expressive und narrative Bedeutungsebenen. Das gestaltete Objekt kommuniziert ohne Worte, rein visuell. (Bürdek 2015, S. 93–84). Game Artists sind Zeichenproduzent:innen und Gestalter:innen. Sie müssen Zeichen und ihre Bedeutungen sowie den Kontext, in dem sie gelesen werden – beispielsweise die Game World – kennen und in die Gestaltung einbeziehen. Sie erstellen visuelle Darstellungen und Objekte, also „Repräsentationen“, die gedanklich für etwas anderes stehen. (Peirce, zitiert nach Bürdek 2015, S. 87).

Game Art bezeichnet ein professionelles Tätigkeitsfeld innerhalb der digitalen Spieleentwicklung, das sich mit der visuellen Gestaltung spielbarer Welten befasst. Es handelt sich weder um freie künstlerische Praxis noch um rein technische Umsetzung, sondern um eine gestalterische Disziplin, die ästhetische Entscheidungen unter funktionalen, technischen und organisatorischen Bedingungen trifft. Game Art entsteht in enger Abstimmung mit Game Design, Programmierung, Narration und Produktion. Im Unterschied zu klassischen bildenden Künsten verfolgt Game Art kein autonomes Werkziel. Visuelle Gestaltung dient der Unterstützung einer spielerischen Erfahrung. Bilder, Räume und Figuren müssen lesbar, konsistent und systemisch integrierbar sein. Gestaltung ist Vermittlungsarbeit: Sie übersetzt abstrakte Konzepte, Regeln und narrative Ideen in visuelle Formen, die im Spielkontext funktionieren. Nelson und Stolterman (2012) betonen in diesem Zusammenhang das designerische Selbstverständnis: Designer:innen müssen in der Lage sein, Zusammenhänge zu erkennen und die wesentlichen Verbindungen im realen Leben zu identifizieren – sie müssen systemisch denken und handeln können.

Das Berufsfeld ist stark kollaborativ geprägt. Game Artists arbeiten in interdisziplinären Teams und bewegen sich kontinuierlich zwischen gestalterischem Anspruch und produktioneller Realität. Entscheidungen entstehen im Dialog mit anderen Gewerken. Visuelle Gestaltung wird zu einem Aushandlungsprozess, in dem ästhetische Qualität, technische Machbarkeit und spielerische Funktion in Einklang gebracht werden müssen. Fullerton (2008) beschreibt diese Teamarbeit und Spezialisierung als charakteristisch für moderne Spieleproduktion: Die Fähigkeit, Entwürfe zu begründen, anzupassen und in bestehende Systeme einzubetten, ist ebenso zentral wie gestalterisches Können.

Historisch betrachtet hat sich Game Art parallel zur technischen Entwicklung digitaler Spiele ausdifferenziert. Mit steigender Komplexität von Spielwelten wuchs der Bedarf an Spezialisierung. Rehfeld (2020) zeigt diese Professionalisierung und die Bedeutung von

Produktionskontexten: Während frühe Spiele oft von wenigen Personen vollständig gestaltet wurden, ist Game Art heute ein eigenständiger Bereich mit klar definierten Rollen und Verantwortlichkeiten.

Gleichzeitig bleibt Game Art ein Feld, das stark von individuellen Entscheidungen und stilistischen Positionen geprägt ist. Trotz standardisierter Pipelines besitzt visuelle Gestaltung einen hohen interpretativen Anteil. Jede Entscheidung – von Farbwahl über Formensprache bis zur Raumkomposition – beeinflusst, wie ein Spiel wahrgenommen wird. Das Berufsfeld bewegt sich kontinuierlich zwischen Systemdenken und gestalterischer Autorschaft.

4.1 Rollen und Spezialisierungen

Die visuelle Gestaltung digitaler Spiele ist das Ergebnis arbeitsteiliger Prozesse. Mit zunehmender Komplexität von Spielwelten hat sich Game Art in spezialisierte Rollen ausdifferenziert. Diese Spezialisierung dient der Sicherung einer konsistenten visuellen Gesamtwirkung und ermöglicht es, komplexe gestalterische Aufgaben effizient zu bewältigen. Abb. 4.1 zeigt eine Übersicht der gängigsten Spezialisierungen und Arbeitsräume in der Game Art.

Viele Produktionen leitet ein Art Director oder auch manchmal Visual Designer oder „Vision Keeper“ genannt (s. Abb. 4.1). Diese Rolle ist weniger operativ als konzeptionell angelegt. Der Vision Keeper entwickelt und bewahrt die gestalterische Gesamtvision eines

Abb. 4.1 Spezialisierungen und Gestaltungsfelder der Game Art. (Quelle: Trautzsch 2026)

Spiels, definiert visuelle Leitlinien und sorgt dafür, dass Stil, Tonalität und formale Entscheidungen über alle Disziplinen hinweg konsistent bleiben. Er oder sie agiert als Referenzinstanz für visuelle Fragen und vermittelt zwischen künstlerischem Anspruch, Designzielen und produktionellen Realitäten.

An diese übergeordnete Ebene schließen spezialisierte Gestaltungsrollen an: Environment Artists gestalten Landschaften, Architekturen und räumliche Strukturen digitaler Spielwelten und beeinflussen damit wesentlich Atmosphäre, Orientierung und Weltlogik. Als Teilbereich der Game Art ist Environment Art eng mit Spatial Design und Level Design verbunden, da räumliche Gestaltung und spielerische Funktion im Spielraum aufeinander abgestimmt werden müssen (Statham et al. 2022). Character Artists entwickeln spielbare und nicht spielbare Figuren und bestimmen deren visuelle Identität, Ausdruck und Lesbarkeit im Spielkontext.

VFX Artists gestalten Effekte, die Interaktionen, physikalische Prozesse oder emotionale Akzente sichtbar machen. Sie sind entscheidend für Rückmeldung, Spielgefühl und visuelle Intensität.

Animator:innen verleihen Figuren, Objekten und teilweise auch Umgebungen Bewegung und Ausdruck. Ihre Arbeit beeinflusst nicht nur Glaubwürdigkeit und Emotion, sondern auch Timing, Gewichtung und Verständlichkeit von Gameplay.

Mit zunehmender technischer Differenzierung entstehen weitere Spezialisierungen: 3D Modeler konzentrieren sich auf die geometrische Umsetzung. Texture Artists entwickeln Oberflächen und Materialeigenschaften. Rigging Artists bereiten Modelle technisch für Animation vor. Diese Rollen tragen dazu bei, dass visuelle Konzepte präzise, effizient und Engine-tauglich umgesetzt werden.

Ergänzt werden diese gestalterischen Rollen durch Technical Artists, die an der Schnittstelle von Gestaltung und Technologie arbeiten. Rehfeld (2020, S. 225) beschreibt die Bedeutung dieser Rolle innerhalb moderner Pipelines: Technical Artists entwickeln Tools, optimieren Workflows, definieren technische Standards und stellen sicher, dass visuelle Inhalte performant und stabil in der Engine funktionieren.

Die konkrete Ausprägung dieser Rollen ist stark vom Produktionskontext abhängig. In kleineren Teams werden mehrere Aufgaben häufig von einzelnen Personen übernommen, was breite Kompetenzen erfordert. In größeren Produktionen sind Rollen klar abgegrenzt und tief spezialisiert, was präzise Zuständigkeiten, aber auch erhöhten Abstimmungsbedarf mit sich bringt. In beiden Fällen ist ein grundlegendes Verständnis für benachbarte Disziplinen entscheidend, um visuelle Kohärenz zu gewährleisten. Das Berufsfeld der Game Art zeigt sich damit als Netzwerk spezialisierter Rollen mit unterschiedlichen Schwerpunkten, Entscheidungsspielräumen und Verantwortlichkeiten. Die visuelle Qualität eines Spiels entsteht erst in ihrem Zusammenspiel als Team.

Literatur

Bürdek, B. E. (2015). *Design: Geschichte, Theorie und Praxis der Produktgestaltung (4., überarb. Aufl.). Basel: Birkhäuser.*

Fullerton, Tracy. (2008). *Game design workshop : a playcentric approach to creating innovative games.* Amsterdam ; Boston :Elsevier Morgan Kaufmann.

Lindberg, T. S. (2013). *Design-Thinking-Diskurse: Bestimmung, Themen, Entwicklungen.*

Nelson, Harold G., und Erik Stolterman. *The Design Way: Intentional Change in an Unpredictable World.* Second edition. Cambridge, Massachusestts ; London, England: The MIT Press, 2012.

Rehfeld, G. (2020). *Game Design und Produktion: Grundlagen, Anwendungen und Beispiele* (2., aktualisierte Aufl.). Carl Hanser Verlag.

Schön, D. (1983). *The Reflective Practitioner: How Professionals Think in Action.* Basic Books.

Statham, W. Z., Jacob, J., & Fridenfalk, M. (2022). *Game environment art with modular architecture. Entertainment Computing,* 41, Article 100476.

Trautzsch, N. (2026). *Darstellungsästhetik als Analyse- und Gestaltungsmodell digitaler Spiele: Skizzierung einer Taxonomie.* https://doi.org/10.56250/4117.

Der Designprozess in der Game Art

5

Der Game Designprozess folgt keinem strikt linearen Ablauf. Visuelle Gestaltung entwickelt sich schrittweise durch Entwurf, Umsetzung, Überprüfung und Anpassung. Nelson und Stolterman (2012) beschreiben Design als iterativen Prozess, in dem Entscheidungen im Verlauf der Arbeit entstehen und fortlaufend präzisiert oder revidiert werden. Iterative Prozesse kennt man aus der Software-Entwicklung und der Methode des Design Thinking. Design Thinking beschreibt einen iterativen, nutzerzentrierten Problemlösungsprozess, der Analyse, Ideation und Prototyping verbindet (Brown 2008). Auch hier beeinflussen sich die Ergebnisse aus den vorgeschlagenen Phasen immer wieder selbst, hierfür wird der Begriff „rekurrierend" verwendet. Ein formalisierter Designprozess durchläuft die Phasen – oder Anwendungsfelder – Inspiration, Ideenfindung, Konzeption, Prototyping, Umsetzung und Tests und wiederholt sich in rekurrierenden Phasen und Schleifen. Abb. 5.1 zeigt diese gängigsten rekurrierenden Anwendungsfelder in linearer Reihenfolge, die zyklisch wiederholt werden können und nach und Wissensartefakte, praktische Artefakte produzieren und so einen Prozess zum bestmöglichen Umsetzung, Gestaltung, Produkt ermöglichen.

Entscheidend für den Erfolg eines Games ist essenziell ein empathisches Verständnis für die Zielgruppe, das durch Analysen, die Entwicklung von Personas und kontinuierliches Feedback gewonnen wird. (Trautzsch 2026a) Die emotionale Dimension entsteht dadurch, dass Gestaltungselemente auf die Spielwelt, Narration, Spielgefühl, Game Mechanik, und ebenso die Erwartungen, Spielfreuden und Bedürfnisse der Zielgruppe sowie auf kulturelle Kontexte abgestimmt werden. Für erfolgreiche Spiele muss Kreativität im Prozess zusätzlich zur intuitiven Arbeit der Künstler und Game Artists strukturiert werden. Dazu sollten wissensgetriebene Methoden wie Analyseframeworks, Moodboards, Stil Exploration eingebaut werden, genauso wie später Evalutation durch Spieletests oder

N. Trautzsch, *Darstellungsästhetiken in Games*,
https://doi.org/10.1007/978-3-658-53102-7_5

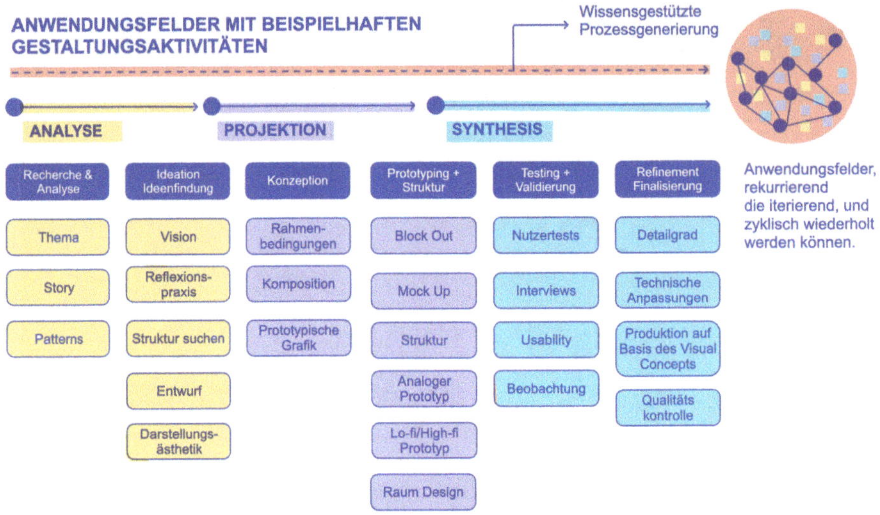

Abb. 5.1 Wissensgestützter, iterativer, zyklisch wiederholbarer Prozess der Gestaltung. (Quelle: Trautzsch 2026)

phänomenologische Beobachtung von Spielenden deren Wahrnehmung und Bedeutungskonstruktion.

Dabei ist der Prozess sowohl von gestalterischen Überlegungen als auch von organisatorischen, technischen und kommunikativen Rahmenbedingungen geprägt. Ziel ist es, visuelle Konzepte so weiterzuentwickeln, dass sie gestalterisch ästhetisch und zugleich technisch umsetzbar sind.

5.1 Phasen des Gestaltungsprozesses

Zu Beginn eines Projekts liegen visuelle Ideen meist in offener Form vor. Skizzen, Moodboards oder erste Konzeptzeichnungen dienen der Annäherung an eine gestalterische Richtung. In dieser Phase geht es weniger um Ausarbeitung als um Verständigung. Visuelle Entwürfe fungieren als Gesprächsgrundlage, um Tonalität, Stil und grundlegende Bildlogiken abzustimmen. Gestaltung übernimmt hier eine orientierende Funktion, indem sie abstrakte Vorstellungen sichtbar und diskutierbar macht.

Im weiteren Verlauf wird Gestaltung zunehmend systematisiert. Visuelle Entscheidungen müssen reproduzierbar werden und sich in größere Zusammenhänge einfügen. Dokumente wie Style Guides, Visual Concepts oder Design Sheets halten gestalterische Regeln fest und schaffen Verbindlichkeit. Schell (2020, S. 529–538) betont die Bedeutung von Dokumentation im Designprozess: Sie ermöglicht es, dass mehrere Beteiligte konsistent an derselben Bildwelt arbeiten können. Gestaltung wird damit von einer individuellen Entwurfsleistung zu einer koordinierten Teamaufgabe. Design und Gestaltung folgen keinem linearen Ablauf, sondern folgt einem Prozess des fortlaufenden Beobachtens, Prüfens und Rückbeziehens. Wissen entsteht dabei in rekurrierenden, iterativen Schleifen, in denen Entwürfe immer wieder analysiert, angepasst und weiterentwickelt werden. Gestaltung entwickelt sich so aus einem ständigen Wechsel zwischen Analyse, Projektion und Synthese und bleibt als Prozess offen für Korrektur, Erkenntnis und Veränderung (Jonas und Chow 2008). Diese wissensgestützte Prozessgenierung nach Jonas und Chow ist in Abb. 5.1 dargestellt.

Ein wesentlicher Bestandteil ist Abstimmung und Rückkopplung. Entwürfe werden regelmäßig präsentiert, bewertet und angepasst. Feedback aus Game Design, Technik oder Produktion führt häufig zu Veränderungen, die über rein visuelle Fragen hinausgehen. Anpassungen ergeben sich etwa aus spielmechanischen Anforderungen, technischen Einschränkungen oder Änderungen im Projektverlauf.

Die Iteration ist absolut wesentlich für einen Gestaltungsprozess: Entwürfe werden nicht als endgültige Lösungen verstanden, sondern als Zwischenstände. Jede Visualisierung kann neue Fragen aufwerfen oder bestehende Annahmen infrage stellen. Gestaltung dient in diesem Sinne auch der Klärung von Problemen. Durch das Arbeiten am Bild werden Zusammenhänge sichtbar, die zuvor abstrakt geblieben sind. Hier kommt das Konzept der Reflection in Action nach Schön (1983) zum Tragen: Gestalter:innen reflektieren während des Entwurfsprozesses und passen ihre Entscheidungen in Echtzeit an. Entwerfen und Reflektieren gehen dabei ineinander über.

Zugleich spielt implizites Wissen (Polanyi 1962) eine wesentliche Rolle in der Gestaltung. Vieles, was erfahrene Game Artists tun, beruht auf intuitivem Verständnis und praktischem Können, das sich nicht vollständig in Regeln fassen lässt. Diese „tacit knowledge“ (Polanyi 1962) entwickelt sich durch kontinuierliche Praxis und macht einen wesentlichen Teil gestalterischer Kompetenz aus.

Die Überführung visueller Konzepte in umsetzbare Inhalte ist ein weiterer wichtiger Schritt. Modelle, Texturen, Animationen oder Effekte müssen so ausgearbeitet werden, dass sie innerhalb der Engine funktionieren und mit bestehenden Pipelines kompatibel sind. Der Übergang vom Entwurf zum spielbaren Asset erfordert häufig zusätzliche Anpassungen. Gestalterische Entscheidungen werden hier unter technischen Gesichtspunkten überprüft und gegebenenfalls modifiziert.

Auch in späteren Phasen bleibt visuelle Gestaltung veränderbar. Balancing, Optimierung oder Anpassungen am Gameplay können neue Anforderungen an Bildsprache, Lesbarkeit oder Feedback stellen. Gestaltung ist ein fortlaufender Prozess, der auf Veränderungen reagieren muss.

5.2 Gestaltung zwischen Idee, System und Technik

Visuelle Gestaltung in der Game Art ist stets an konkrete Systeme gebunden. Ideen entstehen nicht unabhängig von technischen, strukturellen und produktionellen Voraussetzungen, sondern müssen innerhalb definierter Rahmenbedingungen entwickelt werden. Rehfeld

(2020) beschreibt diese systemische Produktionslogik als charakteristisch für Game Design: Diese Bedingungen wirken nicht nur einschränkend, sondern geben der Gestaltung Form, Richtung und Maßstab vor.

Technische Grundlagen und Ressourcen bestimmen, wie visuelle Konzepte umgesetzt werden können. Auflösung, Performance, Beleuchtung, Shader, Animationssysteme oder Speicherbudgets legen fest, welche Formen, Materialien und Effekte realisierbar sind. Ein Entwurf, der technische Grenzen ignoriert, bleibt theoretisch und kann nicht in ein spielbares System überführt werden. Umgekehrt eröffnen technische Möglichkeiten neue gestalterische Optionen, etwa durch dynamisches Licht, prozedurale Systeme oder modulare Bauweisen.

Visuelle Entscheidungen müssen skalierbar sein und sich über viele Assets hinweg konsistent anwenden lassen. Formensprachen, Farbkonzepte oder Materiallogiken werden so entwickelt, dass sie auf unterschiedliche Situationen übertragbar sind. Diese Systematisierung ist notwendig, um große Spielwelten handhabbar zu machen und Produktionsprozesse effizient zu organisieren.

Die Anpassung gestalterischer Ideen an bestehende Pipelines ist oft notwendig. Arbeitsabläufe, Dateiformate, Namenskonventionen oder Importprozesse beeinflussen, wie Gestaltung praktisch umgesetzt wird. Game Artists müssen ihre Entwürfe so anlegen, dass sie sich in diese Abläufe einfügen. Gestaltung wird dadurch planbarer und nachvollziehbarer, ohne zwangsläufig an Ausdruckskraft zu verlieren.

Auch Engines wirken gestaltend. Sie legen fest, wie Räume aufgebaut, wie Licht berechnet oder wie Animationen gesteuert werden. Entscheidungen auf Engine-Ebene beeinflussen die visuelle Erscheinung des Spiels. Ein Verständnis der technischen Funktionsweise ist notwendig, um gestalterische Absichten präzise umzusetzen und unerwünschte Effekte zu vermeiden.

Zwischen Idee und Umsetzung finden fortlaufend Anpassungen statt. Konzepte werden überprüft, vereinfacht oder verändert, wenn sie sich im System als unpraktikabel erweisen. Diese Anpassungen sind kein Scheitern des Entwurfs, sondern Teil des Gestaltungsprozesses. Sie ermöglichen es, visuelle Qualität und technische Umsetzbarkeit in Einklang

> Zusammengefasst sind Technische Rahmenbedingungen in den Bereichen:
> - Rendering & Performance – Auflösung, Shader, Beleuchtung, Budgets
> - Pipeline & Workflow – Dateiformate, Prozesse, Konsistenz
> - Engine-Ebene – Raum, Licht, prozedurale Systeme
> - Skalierbarkeit & Systematisierung – Formensprachen, Module, Assets

zu bringen.

Abb. 5.2 zeigt schematisch das Zusammenwirken möglicher Rahmenbedingungen in Abhängigkeiten zueinander.

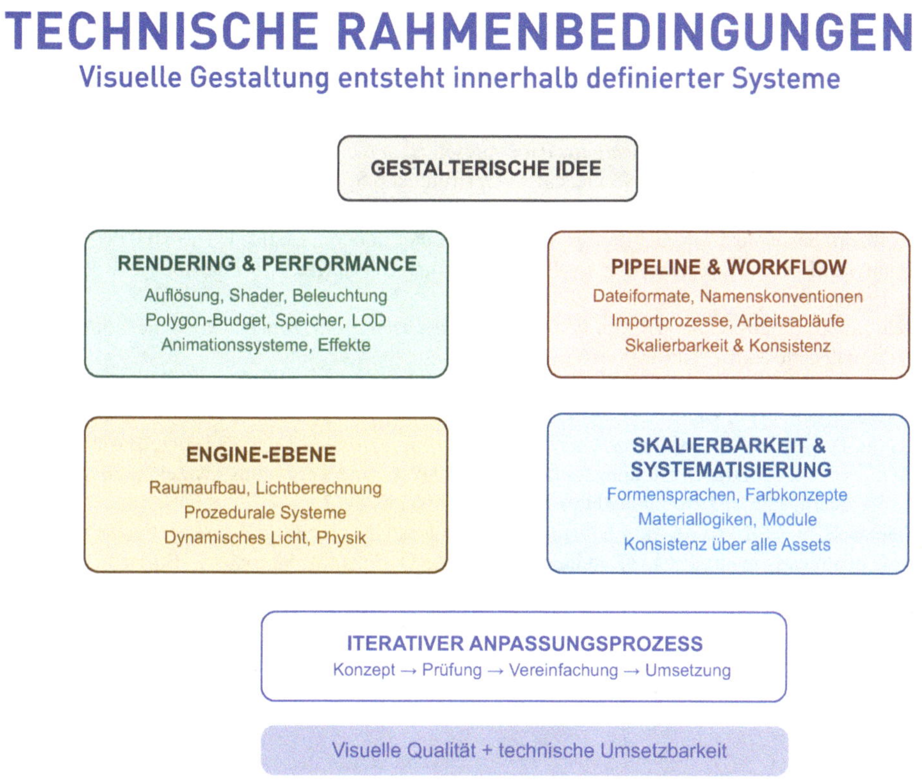

Abb. 5.2 Übersicht über mögliche Technische Rahmenbedingungen. (Quelle: Trautzsch 2026)

Alle vier fließen in den iterativen Anpassungsprozess zusammen, der zur Einheit von visueller Qualität und technischer Umsetzbarkeit führt.

► Darstellung und Ästhetiken können und sollten also unbedingt nicht unabhängig von Systemen gestaltet werden, sondern von Beginn an mitgedacht. Visuelle Gestaltung entsteht in enger Beziehung zu Technik, Produktionslogik und organisatorischen Abläufen. Wer im Bereich Game Art arbeitet, gestaltet nicht nur Bilder, sondern entwickelt Lösungen innerhalb bestehender Strukturen.

Das Besondere daran ist, dass technische Grenzen nicht nur einschränken, sondern auch gestalterische Entscheidungen auslösen. Eine notwendige Vereinfachung kann zu einem charakteristischen Stil führen – viele ikonische Game-Art-Ästhetiken (z. B. Low-Poly, Pixel Art) entstanden ursprünglich aus technischen Notwendigkeiten heraus.

Literatur

Brown, T. (2008). Design thinking. *Harvard Business Review, 86*(6), 84–92.

Jonas, W., & Chow, R. (2008). *Beyond dualisms in methodology: An integrative design research medium 'MAPS' and some reflections.* Paper presented at the Design Research Society Conference 2008, Sheffield. https://shura.shu.ac.uk/477/1/fulltext.pdf.

Nelson, Harold G., und Erik Stolterman. *The Design Way: Intentional Change in an Unpredictable World.* Second edition. Cambridge, Massachusestts ; London, England: The MIT Press, 2012.

Polanyi, M. (1962). *Personal Knowledge: Towards a Post-critical Philosophy.* Routledge & Kegan Paul.

Rehfeld, G. (2020). *Game Design und Produktion: Grundlagen, Anwendungen und Beispiele* (2., aktualisierte Aufl.). Carl Hanser Verlag.

Schell, J. (2020). *Die Kunst des Game Designs: Bessere Games konzipieren und entwickeln.* MITP-Verlags GmbH & Co. KG.

Schön, D. (1983). *The Reflective Practitioner: How Professionals Think in Action.* Basic Books.

Trautzsch, N. (2026). Darstellungsästhetik als Analyse- und Gestaltungsmodell digitaler Spiele: Skizzierung einer Taxonomie. https://doi.org/10.56250/4117.

Trautzsch, N. (2026a). Aspekte holistischer Game-Design-Forschung Hermeneutik, Semiotik und Empathie als methodische Grundlagen des Game Designs. In: Simond, S., Burbach, J., Inderst, R., Plank, M., Schüler, B., Trautzsch, N. & Zimprich, T. GAMEPATHY #2: Fachtagung für Gamedesign & Digitalspielforschung 2024 https://doi.org/10.56250/4107.

6 Game Designer:in werden – Kompetenzen, Skillset und Mindset

Die Arbeit im Bereich Game Art erfordert ein breites Kompetenzprofil, Artists müssen viel mehr als Zeichen- oder Software beherrschen. Wir bereits gesehen haben ist visuelle Gestaltung in Games eingebettet in komplexe Produktionsprozesse und verlangt sowohl gestalterisches Urteilsvermögen als auch systemisches Denken und kommunikative Fähigkeiten. Nelson und Stolterman (2012) betonen die Bedeutung designerischer Urteilskraft: Kompetenzen zeigen sich weniger in einzelnen Techniken als in der Fähigkeit, Entscheidungen nachvollziehbar, konsistent und situationsangemessen zu treffen.

6.1 Fachliche Kompetenzen

Zu den grundlegenden fachlichen Kompetenzen gehören Kenntnisse in Form, Farbe, Komposition, Raum und Bewegung. Game Artists müssen visuelle Strukturen analysieren, bewerten und gezielt einsetzen können. Dazu zählt das Verständnis von Proportionen, Kontrasten, Blickführung und räumlicher Tiefe ebenso wie die Fähigkeit, Stimmungen und funktionale Informationen visuell zu vermitteln. Diese Grundlagen sind unabhängig von Stil oder Technik relevant und bilden die Basis für jede weiterführende Spezialisierung.

Die visuelle Kommunikation der Dinge und die visuelle Rhetorik des:der Designer:in

Gui Bonsiepe, der an der Hochschule für Gestaltung Ulm lehrte, übertrug den ursprünglich sprachwissenschaftlich geprägten Begriff der Rhetorik auf visuelle Gestaltung. Designer:innen gelten in diesem Zusammenhang als Expert:innen für „visuelle Distinktionen (Farben, Kontraste, Formen, Texturen, Bewegung, Rhythmus) und alltagskulturelle

N. Trautzsch, *Darstellungsästhetiken in Games*,
https://doi.org/10.1007/978-3-658-53102-7_6

Semantik“. Sie setzen visuelle Mittel als Botschaften ein, die bestimmten „formalen und semantischen Kategorien“ zugeordnet sind, und beeinflussen dadurch „Gefühle, Stimmungen und Einstellungen der Benutzer“ (Bonsiepe 1996, zitiert nach Schweppenhäuser & Friedrich 2017, S. 44). Schweppenhäuser und Friedrich betonen entsprechend, dass visuelle Kommunikation darauf zielt, „Gefühle auszulösen, um Stimmungen zu wecken und Einstellungen zu erzeugen, sie konstant zu halten oder aufzulösen“, und sich dazu „rhetorischer Elemente“ bedient (Schweppenhäuser & Friedrich 2017, S. 45).

Diese Überlegungen lassen sich auf digitale Spielwelten übertragen. Auch Bildwelten, Szenarien, Charaktere und Biome in Spielen werden gelesen und gedeutet. Game Artists gestalten Formen daher nicht isoliert, sondern in Bezug auf Kontexte, die von Spielenden – häufig unbewusst und kulturabhängig – interpretiert werden. Friedman unterstreicht in diesem Zusammenhang die Bedeutung semiotischer Ansätze für das Gamedesign: „Die semiotische Theorie hat sich als treibende Kraft bei der Gestaltung von Spielen erwiesen; sie erklärt Elemente der visuellen Spielzusammenstellung und damit die Möglichkeit, die Genealogie des Spiels zu identifizieren. Das ‚Bild‘ erlaubt es also, das kulturelle Referenzsystem zu bestimmen“ (Friedman 2015, S. 304).

Designer:innen müssen folglich nicht nur die „Sprache“ der Rezipient:innen verstehen, sondern auch selbst Dinge zum Sprechen bringen können. Game Design lässt sich insofern als ein Prozess beschreiben, der von der angestrebten Erfahrung der Spielenden ausgeht und darauf aufbauend Art Stile und Darstellungsästhetik entwickelt.

Empathie bildet dabei ein zentrales Organisationsprinzip der Arbeit von Game Artists (Trautzsch 2026b). Sie müssen sich in Erwartungen, Bedürfnisse und Vorstellungswelten der Spielenden hineinversetzen und zugleich Gestaltung so anlegen, dass im Spiel selbst eine Form der Einfühlung ermöglicht wird. Im englischsprachigen Diskurs wird dieser Zusammenhang als „Player Empathy“ beschrieben (Schell 2020, S. 197–198).

Daraus ergibt sich ein komplexes Anforderungsprofil: Game Artists benötigen einerseits Einfühlungsvermögen, künstlerisches Gespür und methodisches Wissen über Gestaltungsprozesse. Andererseits müssen sie die technischen Bedingungen und Möglichkeiten des Spiels verstehen, da diese die Gestaltungsoptionen von Game Assets unmittelbar beeinflussen. Sie entwickeln kreative Lösungen unter vorgegebenen Limitierungen und beherrschen visuelle Erzähl- und Gestaltungstechniken zur Erzeugung von Narration, Stimmung und Atmosphäre. Hinzu kommt die Fähigkeit, Sound und Musik in Abstimmung mit der visuellen Gestaltung auf ein kohärentes Spielerlebnis hin mitzudenken. Gefordert sind damit analytische Beobachtung, technisches Wissen, Erfahrung im Umgang mit Beschränkungen und eine ausgeprägte Einfühlung in die Wahrnehmung der Spielenden.

Die vier Säulen der ersten Ebene (fachlich, rhetorisch, empathisch, technisch) sind gleichwertig — kein Skill baut auf einem anderen auf, sie alle speisen sich aber aus demselben Wurzelknoten „Game Designer:in werden“. Darunter verzweigen sich konkretere Teilkompetenzen wie Semiotik, Playtest-Beobachtung oder Engine-Wissen. Auf der dritten Ebene verdichten sich diese zu den drei übergeordneten Kompetenzclustern Kommunikation, Entscheidungsfähigkeit und Reflexion — die bei Schön (1983) und Polanyi als Kern professionellen Handelns beschrieben werden. Sie münden gemeinsam in die

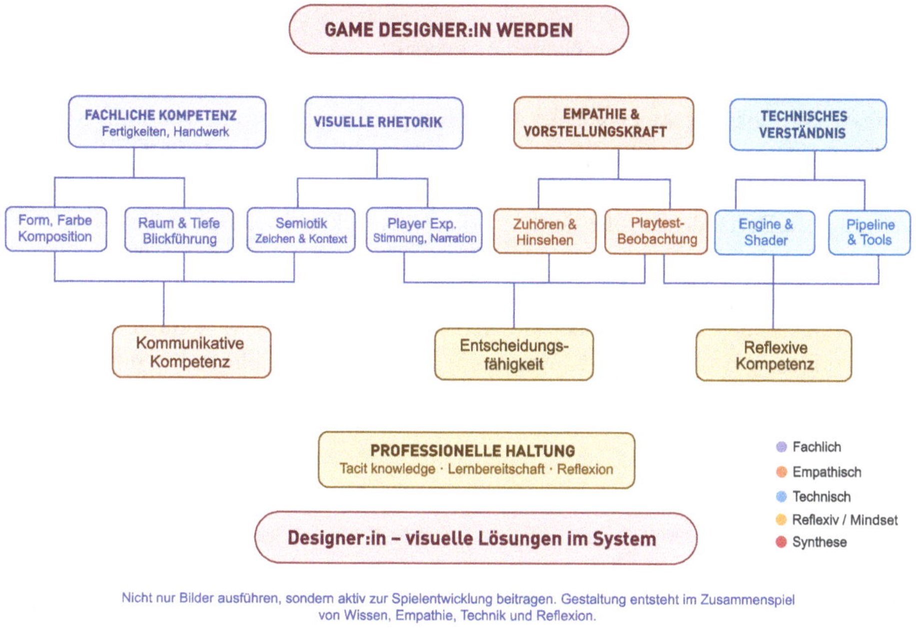

Abb. 6.1 Fähigkeiten und Kompetenzen eines Game Designers. (Quelle: Trautzsch 2026)

professionelle Haltung und schließlich in die Rolle der Designer:in als jemand, der visuelle Lösungen im System entwickelt (s. Abb. 6.1).

Kommunikative Kompetenzen

Game Art entsteht im Austausch mit anderen Disziplinen. Entwürfe müssen erklärt, präsentiert und angepasst werden. Bürdek (2015) hebt die zentrale Rolle von **Kommunikation und Gestaltung** hervor: Game Artists müssen in der Lage sein, zuzuhören, Anforderungen zu verstehen und gestalterische Vorschläge klar zu formulieren. Kommunikation bedeutet dabei nicht nur sprachliche Vermittlung, sondern auch die Fähigkeit, visuelle Mittel gezielt einzusetzen, um Ideen verständlich zu machen.

Entscheidungsfähigkeit und Flexibilität

Visuelle Gestaltung ist von Alternativen geprägt, und nicht jede Option kann verfolgt werden. Game Artists müssen Entscheidungen treffen, Prioritäten setzen und diese vertreten können. Gleichzeitig erfordert der Produktionskontext die Bereitschaft, Entscheidungen zu revidieren, wenn sich Rahmenbedingungen ändern. Professionalität zeigt sich im Umgang mit Feedback und in der Fähigkeit, zwischen persönlichem Anspruch und Projektanforderungen zu unterscheiden.

Reflexive Kompetenz

Die wesentliche Fähigkeit eines Game Designers ist die reflexive Kompetenz nach Schön (1983). Game Artists müssen nicht nur gestalten, sondern ihre eigenen Gestaltungsprozesse kritisch hinterfragen können. Diese Fähigkeit zur Selbstreflexion – das Nachdenken über das eigene Tun während und nach dem Entwurfsprozess – ermöglicht kontinuierliche Verbesserung und professionelle Weiterentwicklung. Schön beschreibt dies als wesentlichen Bestandteil professionellen Handelns in kreativen Disziplinen. Eng damit verbunden ist das Konzept des impliziten Wissens (tacit knowledge) nach Polanyi (1962). Vieles, was erfahrene Game Artists können, lässt sich nicht vollständig in explizite Regeln übersetzen. Es entsteht durch Praxis, durch Erfahrung, durch das wiederholte Durchlaufen von Gestaltungsprozessen. Diese Form des Wissens zu entwickeln und zu pflegen, ist ein wesentlicher Teil der Kompetenzentwicklung.

Technisches Verständnis

Auch wenn nicht jede Person alle technischen Aspekte selbst umsetzt, ist es notwendig, die Funktionsweise von Engines, Pipelines und Tools zu kennen. Dieses Wissen ermöglicht realistische Entwürfe und erleichtert die Zusammenarbeit mit technischen Rollen. Gestaltung profitiert davon, wenn technische Konsequenzen bereits im Entwurfsprozess mitgedacht werden. Artists mit technischen Verständnis sorgen dafür, dass visuelle und akustische Inhalte nicht nur ästhetisch den gewünschten Eindruck erzeugen, sondern auch funktional in der Engine umgesetzt werden können. Dafür braucht er sowohl fundiertes Wissen über Produktionsprozesse, Assets, Engines und Pipelines als auch ein Verständnis für Atmosphäre, Spielgefühl und gestalterische Intentionen(Rehfeld 2020, S. 225). Wer hierfür viel Wissen, lebenslanges Lernen und schnelle technische Auffassungsgabe mitbringt ist Gold wert, denn ein hier entscheidet sich ob ästhetische Ziele unter realen technischen Bedingungen umsetzbar gemacht werden können.

Zuhören, Hinsehen lernen, Vorstellungskraft, Einfühlungsvermögen, Empathie für Game Design

Game Artists und Designer:innen müssen lernen, Spielenden aufmerksam zuzuhören und sich in ihre Wahrnehmungen, Emotionen, Ängste und Wünsche hineinzuversetzen. Entscheidend ist dabei nicht nur, was Spieler:innen ausdrücklich äußern, sondern auch, was implizit bleibt und ihr Erleben dennoch prägt (Schell 2020, S. 167–168). Methoden für Spieletests dazu sind beispielsweise Phänomenologische Beobachtung von Spielenden um direct zusehen zu können wie Spielende reagieren, ob sie die Spielwelt, das Spiel gut und intuitive interpretieren können und wo ggf. nachgearbeitet werden muss. Einfühlungsvermögen bedeutet in diesem Zusammenhang, die Perspektive der Zielgruppe bewusst einzunehmen, ihre Sicht auf Spielwelt, Figuren und Interaktionen nachzuvollziehen und Gestaltung aus ihrer Erfahrung heraus zu denken. So wird Empathie zu einer grundlegenden Voraussetzung dafür, visuelle und spielerische Erlebnisse zu entwickeln, die Menschen tatsächlich erreichen. Empathie und Einfühlung ist hier mehr als Intuition: Sie werden zu einer systematisch einsetzbaren Methode und ist eine wichtige Kompetenz im

Game Design. Empathieorientiertes Gestalten basiert auf Wissen, Reflexion und methodischem Vorgehen beruht. Empathie dient dabei nicht nur dem besseren Verständnis der Wahrnehmung von Spielenden, sondern auch der Perspektivübernahme, der Analyse und der Erkenntnis im Entwurfsprozess (Trautzsch 2026b). Spielerfahrung kann nur indirekt entwickelt werden, und nur im Zusammenspiel von Gestaltung und Spieler-Rezeption.

Vorstellungskraft ist für Game Design wichtig, weil Spieler:innen fehlende Informationen selbst ergänzen und so Spielwelten innerlich vervollständigen. Spiele müssen deshalb nicht alles vollständig ausformulieren, sondern können bewusst Raum lassen, damit Spielende Bedeutungen, Bilder und Zusammenhänge selbst über Mentale Modelle herstellen (Schell 2020, S. 197–201). Für Game Artists und Designer:innen bedeutet das, einschätzen zu können, welche visuellen und narrativen Hinweise gegeben werden müssen und was der Vorstellungskraft des Publikums überlassen werden kann. Zugleich zeigt der Text, dass gutes Gestalten eng mit Selbstwahrnehmung, Empathie und der Fähigkeit zusammenhängt, sich in die innere Erfahrung der Spielenden einzufühlen.

Professionelle Haltung
Dazu zählen Zuverlässigkeit, lebenslange Lernbereitschaft, Teamfähigkeit, Kommunikationskompetenz und die Fähigkeit zur Selbstreflexion. Die Spieleentwicklung ist ein dynamisches Feld, in dem sich Werkzeuge, Standards und Anforderungen kontinuierlich verändern. Game Artists müssen bereit sein, sich weiterzuentwickeln, neue Methoden zu erlernen und eigene Arbeitsweisen zu hinterfragen.

Kompetenzen im Bereich Game Art entstehen aus dem Zusammenspiel von gestalterischem Wissen, analytischem Denken, Kommunikation, Entscheidungsfähigkeit, reflexiver Kompetenz und professioneller Haltung. Diese Kombination ermöglicht es Game Artists, visuelle Gestaltung nicht nur auszuführen, sondern aktiv in wertschätzender Teamarbeit zur Entwicklung eines Spiels beizutragen.

Literatur

Bürdek, B. E. (2015). *Design: Geschichte, Theorie und Praxis der Produktgestaltung* (4., überarb. Aufl.). Basel: Birkhäuser.

Friedman, A. (2015). *The Role of Visual Design in Game Design. Games and Culture, 10*(3), 291–305. https://doi.org/10.1177/1555412014559977.

Nelson, Harold G., und Erik Stolterman. *The Design Way: Intentional Change in an Unpredictable World.* Second edition. Cambridge, Massachusestts ; London, England: The MIT Press, 2012.

Polanyi, M. (1962). *Personal Knowledge: Towards a Post-critical Philosophy.* Routledge & Kegan Paul.

Rehfeld, G. (2020). *Game Design und Produktion: Grundlagen, Anwendungen und Beispiele* (2., aktualisierte Aufl.). Carl Hanser Verlag.

Schell, J. (2020). *Die Kunst des Game Designs: Bessere Games konzipieren und entwickeln.* MITP-Verlags GmbH & Co. KG.

Schön, D. (1983). *The Reflective Practitioner: How Professionals Think in Action.* Basic Books.

Schweppenhäuser, G. & Friedrich, T. (2017). *Bildsemiotik: Grundlagen und exemplarische Analysen visueller Kommunikation*. Berlin, Boston: Birkhäuser. https://doi.org/10.1515/9783035614367

Trautzsch, N. (2026). *Darstellungsästhetik als Analyse- und Gestaltungsmodell digitaler Spiele: Skizzierung einer Taxonomie.* https://doi.org/10.56250/4117.

Trautzsch, N. (2026b). *Aspekte holistischer Game-Design-Forschung Hermeneutik, Semiotik und Empathie als methodische Grundlagen des Game Designs.* In: Simond, S., Burbach, J., Inderst, R., Plank, M., Schüler, B., Trautzsch, N. & Zimprich, T. *GAMEPATHY #2: Fachtagung für Gamedesign & Digitalspielforschung 2024* https://doi.org/10.56250/4107.

Teil III

Theoretische und gestalterische Grundlagen

Teil III schafft das theoretische und gestalterische Fundament, um visuelle Gestaltung in Games bewusst wahrzunehmen, präzise zu beschreiben und systematisch zu entwickeln. Im Mittelpunkt steht dabei nicht die Anwendung bestimmter Programme oder Produktionstechniken, sondern die Frage, aus welchen Elementen visuelle Darstellungen bestehen, wie sie organisiert werden und warum sie auf bestimmte Weise wirken.

Dazu werden grundlegende Gestaltungsmittel wie Linie, Form, Volumen, Farbe, Licht, Schatten und Textur ebenso betrachtet wie visuelle Grammatik und Hierarchie. Wahrnehmungsprinzipien, Gestaltgesetze, Formpsychologie, Abstraktion, Bewegung und visuelles Feedback erklären, wie Spielende visuelle Informationen erfassen, einordnen und in Handlungen übersetzen. Denn Gestaltung beeinflusst im Spiel nicht nur, was gesehen wird, sondern auch, wie schnell Orientierung entsteht, Situationen verstanden und Entscheidungen getroffen werden.

Darüber hinaus wird untersucht, wie Genre, Kameraperspektive, Narration, Darstellungsform und technische Rahmenbedingungen die visuelle Erscheinung eines Spiels prägen. 2D-, 2.5D-, 3D- und hybride Darstellungen sowie unterschiedliche Art Styles werden dabei nicht als starre Kategorien verstanden, sondern als Kombinationen formaler, medialer und technischer Entscheidungen.

Die Erkenntnisse münden in ein Modell und eine Matrix der Darstellungsästhetik, mit denen sich visuelle Gestaltung als Zusammenspiel von formaler Darstellung, medialtechnischer Inszenierung sowie Bedeutung und Wahrnehmung analysieren lässt. Teil III legt damit das konzeptionelle Fundament für die folgenden praxisorientierten Abschnitte zu Vorproduktion, Entwurf und Produktion.

Grundlagen der visuellen Darstellung 7

Visuelle Gestaltung und Ästhetik ist eine der grundlegenden Ebenen, auf denen digitale Spiele erfahrbar werden. Bevor Spielmechaniken verstanden oder narrative Zusammenhänge erkannt werden, nehmen Spieler:innen Formen, Farben, Räume und Bewegungen wahr. Diese Wahrnehmung folgt keinen zufälligen Mustern, sondern beruht auf gestalterischen Prinzipien, die sich beschreiben und systematisieren lassen. Ziel dieses Kapitels ist es, diese Prinzipien darzustellen und in einen klaren Bezug zur Gestaltung von Games zu setzen. Die in diesem Kapitel vorgestellten Grundlagen sind daher nicht abstrakt zu verstehen, sondern stets im Zusammenhang mit spielbaren Welten, Interaktion und Bewegung.

7.1 Visuelle Hierarchie, Visuelle Grammatik und die Grundelemente der visuellen Darstellung

In Games konkurrieren ständig Informationen um Aufmerksamkeit. Spielwelt, Interface, Effekte, Gegner, Ziele und Feedback müssen gleichzeitig wahrgenommen werden.

Beginnen wir mit den kleinsten Bauteilen der visuellen Gestaltung. Denn trotz der großen Bandbreite visueller Ausdrucksformen lassen sich übergreifende Gestaltungsmittel identifizieren, die in nahezu allen Spielen Anwendung finden. Orientiert man sich an gestalterischen Elementen wie jenem von Chris Solarski, lassen sich dabei Linie, Volumen, Farbe, Licht und Schatten sowie Formensprache als grundlegende Kategorien unterscheiden (s. Abb. 7.1).

Ergänzende Information Die elektronische Version dieses Kapitels enthält Zusatzmaterial, auf das über folgenden Link zugegriffen werden kann [https://doi.org/10.1007/978-3-658-53102-7_7].

N. Trautzsch, *Darstellungsästhetiken in Games*,
https://doi.org/10.1007/978-3-658-53102-7_7

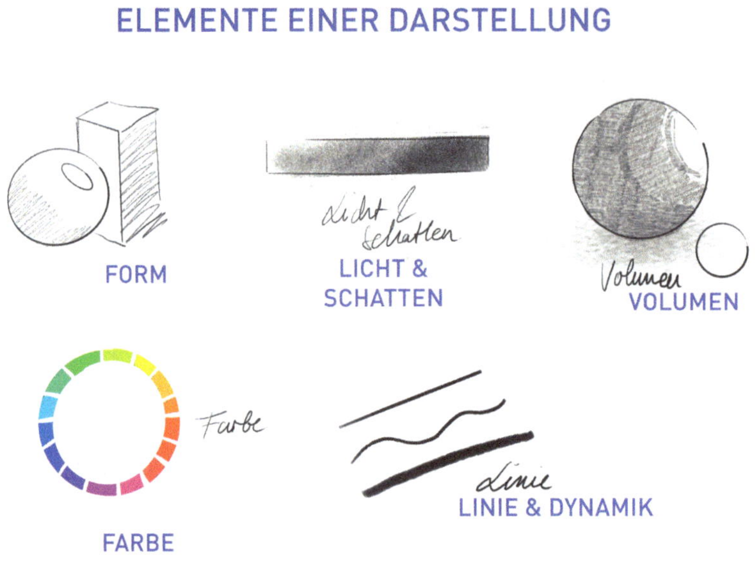

Abb. 7.1 Elemente einer Darstellung. (Quelle: Trautzsch 2026, in Anlehnung an Solarski 2012, S. 14)

Der von ihm geprägte Begriff der visuellen Grammatik bezeichnet die „Sprache“ visueller Elemente und die Prinzipien ihrer Kombination. Während sprachliche Bedeutung nicht allein aus einzelnen Wörtern entsteht, sondern aus deren syntaktischer und semantischer Verknüpfung, ergibt sich visuelle Bedeutung aus dem Zusammenspiel grundlegender Gestaltungselemente. Diese Elemente bilden die kleinsten beschreibbaren Einheiten visueller Darstellung und sind sowohl in zweidimensionalen als auch in dreidimensionalen Darstellungen wirksam.

Visuelle Darstellungen – ob zwei- oder dreidimensional – beruhen auf Elementen wie Linie, Form, Volumen, Helligkeitswerten und Farbe, die in ihrer Anordnung eine Gesamtkomposition und damit eine spezifische visuelle Wirkung erzeugen. Designer:innen und Artists müssen daher nicht nur die einzelnen Elemente kennen, sondern auch ihre Wirkung auf Wahrnehmung, Atmosphäre und emotionale Resonanz verstehen. Erst durch die bewusste Kombination, Variation und Kontrastierung dieser Mittel entsteht eine ausdrucksstarke visuelle Erfahrung. Chris Solarski beschreibt dies prägnant:

> „Wie schaffen wir es, komplexe Emotionen für unsere Figuren und Spieldesigns zu erzeugen? Und was genau ist eine visuelle Grammatik? Die Antwort ist erstaunlich einfach: Linien, Formen, Volumen, Helligkeitswerte und Farben. Jedes Element ist täuschend einfach, aber es ist die Art und Weise, wie wir diese Elemente manipulieren, dehnen, kombinieren, kontrastieren, untergraben und beleben, die eine unendliche Anzahl von Ausdrucksmöglichkeiten schafft.“ (Solarski 2012, S. 14).

Tab. 7.1 Elemente einer Darstellung und ihre Funktion. (Quelle: Trautzsch 2026)

Element	Funktion innerhalb der Darstellungsästhetik
Linie	Rhythmus, Bewegung, Emotionalität
Form	Charakter, Bedeutung, Lesbarkeit
Volumen	Gewicht, Körperlichkeit, Physik, Raumwirkung
Farbe	Stimmung, Hierarchie, Emotion
Licht/Schatten	Fokus, Dramaturgie, Materialität
Textur	Abstraktionsgrad, Materialität, Haptik/Oberflächenqualität

Zu den Elementen der visuellen Grammatik zählen Linien, Formen, Volumen, Helligkeitswerte, Farben, Texturen sowie Licht- und Schattenverhältnisse. Linien können Bewegung, Richtung und Struktur anzeigen und dienen der Blickführung innerhalb eines Bildraums. Formen beeinflussen je nach Abstraktionsgrad Charakterwirkung, Stabilität oder Dynamik und Bedeutung einer Darstellung. Volumen verleiht Objekten Körperlichkeit, Gewicht und räumliche Präsenz und ist für die Wahrnehmung von Tiefe und Physik relevant. Helligkeitswerte strukturieren Raum und Atmosphäre, während Farben zur Differenzierung, Emotion und atmosphärischen Akzentuierung beitragen. Zusätzlich zu Solarskis dargestellten Grundelementen jeder visuellen Darstellung ist hier der Vorschlag der Textur als bildbeschreibendes Element festgehalten. Sie vermitteln zusätzlich Oberflächenqualitäten und positionieren Darstellungen zwischen realistischer Detailtreue und bewusster Vereinfachung (s. Tab. 7.1).

Diese Elemente wirken nicht für sich allein, sondern erst dann richtig, wenn sie gut zueinander angeordnet sind. Zu einer visuellen Grammatik des digitalen Spiels gehört deshalb nicht nur, welche Gestaltungsmittel eingesetzt werden, sondern auch, wie sie im Bild organisiert sind. Dazu zählen zum Beispiel Kontraste, Wiederholungen, Ausrichtung, Symmetrie oder Asymmetrie und die Frage, welches Element mehr oder weniger Gewicht bekommt.

Diese strukturierte Anordnung von Informationen und die Reihenfolge, in der sie wahrgenommen werden als Visuelle Hierarchie bezeichnet. Aufgrund der Anordnung steuert sie die Blickführung, bestimmt was wir zuerst sehen, was danach auffällt und wie leicht ein Bild zu verstehen ist.

Gestalterische Mittel wie Größe, Kontrast, Farbe, Position oder Bewegung bestimmen diese Struktur: Hervorgehobene Elemente signalisieren Wichtigkeit, Farbkontraste lenken den Blick, Bewegung erzeugt Aufmerksamkeit.

Eine gut funktionierende visuelle Hierarchie ermöglicht es Spieler:innen, Entscheidungen intuitiv zu treffen, hilft dabei, Räume lesbar zu machen und Orientierung zu geben. Sie beugt kognitiver Überlastung vor und trägt dazu bei, dass Spielräume unmittelbar verstanden werden – Gestaltung wirkt damit direkt auf das Spielgeschehen zurück.

In digitalen Spielen ist diese Hierarchie jedoch nicht fest, sondern kann sich ständig verändern. Interaktion der Spieler:innen und Manipulation der Spielwelt, abhängig davon Kamerabewegung und zeitliche Prozesse wirken kontinuierlich auf sie ein. Lesbarkeit im interaktiven Medium Spiel wird so zu einer sehr wichtigen Anforderung an die visuelle

Gestaltung. Während der Bewegung soll der Spieler:in noch Informationen verarbeiten können, verfolgen können was und wie auf dem Bildschirm passiert, wo sich der Player Character und andere Interaktionsobjekte befinden, beziehungsweise auch: ob die gefährlich, gut gesinnt oder nützlich Sinn.

Visuelle Hierarchie ist deshalb in Spielen ein dynamischer Prozess, der sich erst im Zusammenspiel von Gestaltung, Inszenierung und Spielverlauf ergibt.

- **Raum und Komposition:** Die Anordnung von Elementen, die Proportionen und das Gleichgewicht innerhalb einer Fläche.
- **Kontrast:** Unterschiede in Farbe, Form oder Größe, um Aufmerksamkeit zu lenken.
- **Wiederholung:** Fördert Einheitlichkeit und Verknüpfung innerhalb des Designs.
- **Ausrichtung und Symmetrie:** Strukturieren das Bild und machen es leichter verständlich.
- **Fokus:** Bestimmt, welches Element zuerst gesehen wird (z. B. durch Größe, Farbe, Positionierung).

Für die Gestaltungspraxis ist das Zusammenspiel von visueller Grammatik und visueller Hierarchie relevant, weil sich damit Wahrnehmung gezielt lenken lässt: Blickführung, Orientierung und atmosphärische Wirkung lassen sich über formale Mittel organisieren, die intuitiv erfasst werden In Concept Art und Game Art wird visuelle Grammatik deshalb bewusst eingesetzt, um Atmosphäre, Stimmung und erzählerische Wirkung herzustellen. Sie sorgt dafür, dass ein Spiel visuell zusammenhängend wirkt, und wird oft schon früh in Briefings, Visual Concepts oder Art Bibles festgelegt. Dazu gehören Entscheidungen über Art Style, Formensprache, Farbpalette, Schattierung und Komposition. Gemeinsam tragen sie dazu bei, eine stimmige Darstellungsästhetik aufzubauen, Zielgruppen anzusprechen und Geschichten über visuelle Mittel erfahrbar zu machen.

Für die Analyse von Darstellungsästhetiken erlaubt das Konzept der visuellen Grammatik eine präzise Beschreibung formaler Entscheidungen, ohne diese bereits zu bewerten. So wird sichtbar, wie visuelle Ordnung entsteht und wie Bedeutungen bereits in der Gestaltung vorbereitet werden, bevor sie von den Betrachtenden wahrgenommen und interpretiert werden. Die visuelle Hierarchie verbindet dabei die formale Gestaltung mit der späteren Wahrnehmung: Sie zeigt, was zuerst auffällt, was wichtig wirkt und wie ein Bild oder Spielraum gelesen wird.

7.2 Formpsychologie und Gestaltungsprinzipien

Formpsychologische Prinzipien beschreiben, wie Menschen visuelle Informationen strukturieren und Sinnzusammenhänge herstellen. In Games beeinflussen diese Prinzipien, wie Räume gelesen, Bewegungen interpretiert und Bedrohungen eingeschätzt werden. Proportionen bestimmen, wie dominant oder zurückhaltend Objekte wirken. Eine überzeichnete Figur kann Bedrohung signalisieren, ein kleiner Maßstab Verletzlichkeit. Komposition ordnet Elemente im Bildraum und lenkt Aufmerksamkeit durch Anordnung und Gewichtung. Dynamik entsteht durch Linienführung, Richtungsimpulse und Rhythmus und beeinflusst, wie Bewegung wahrgenommen wird. Dramaturgie beschreibt die zeitliche Entwicklung visueller Eindrücke, etwa im Wechsel von Ruhe und Aktion.

Wie bereits zur Visuellen Hierarchie festgehalten wirken im Medium Spiel diese Prinzipien kontinuierlich. Sie entfalten ihre Wirkung nicht in einzelnen Bildern, sondern über Sequenzen von Wahrnehmung und Handlung hinweg. Die Entwicklung eines Charakters besteht nicht darin, ihm irgendein äußeres Erscheinungsbild zu geben, sondern ihm bereits durch seine visuelle Form implizit wahrnehmbare Eigenschaften, Haltung und Wirkung zu verleihen. Gerade deshalb ist formenbasiertes Charakterdesign ein wirksames Gestaltungsmittel. Schon die Grundform eines Charakters kann viel über seine Persönlichkeit und seine narrative Funktion aussagen (Solarski 2017, S. 183).

Grundsätzlich lassen sich Objekte und Figuren auf einfache geometrische Grundformen zurückführen. Bereits der Architekt Christopher Alexander hatte räumliche Strukturen und Architekturen auf ihre Wirkung untersucht (Alexander et al. 1977). Im Charakterdesign gewinnen diese Formen jedoch eine besondere Aussagekraft, da sie mit bestimmten Wahrnehmungs- und Bedeutungsangeboten verbunden sind. Bereits die Silhouette einer Figur kann einen anderen Eindruck hervorrufen: Ein breiter, kantiger Körper wirkt anders als eine rundlich gestaltete Figur. Diese Empfindungen lassen sich auf auch die menschlichen Urinstinkte zurückführen und sind natürlich oft sehr stereotyp, lassen sich aber auch hervorragend zur Erzeugung eines ersten Eindrucks einer Figur, eines Raumes oder Objektes nutzen.

Kreise und ovale Formen werden häufig mit Unschuld, Energie, Bewegung, Weichheit, Freundlichkeit und Entspannung assoziiert (Solarski 2017, S. 3). Sie erinnern an Wolken, die Sonne, Blasen oder Bälle und eignen sich besonders für Figuren mit jugendlicher, sympathischer oder unbeschwerter Ausstrahlung. Ihre Wirkung ist meist wenig bedrohlich und erzeugt einen Eindruck von Harmonie und Sanftmut.

Quadratische und rechteckige Formen vermitteln demgegenüber Stabilität, Balance, Stärke, Standhaftigkeit und Verlässlichkeit, können aber auch schwer, rational, konservativ, starr und unbeweglich wirken (Solarski 2017, S. 3). Figuren, deren Gestaltung auf solchen Formen basiert, erscheinen oft robust, entschlossen oder machtvoll. Diese Formensprache findet sich daher häufig bei Heldenfiguren oder autoritären Charakteren (s. Abb. 7.2).

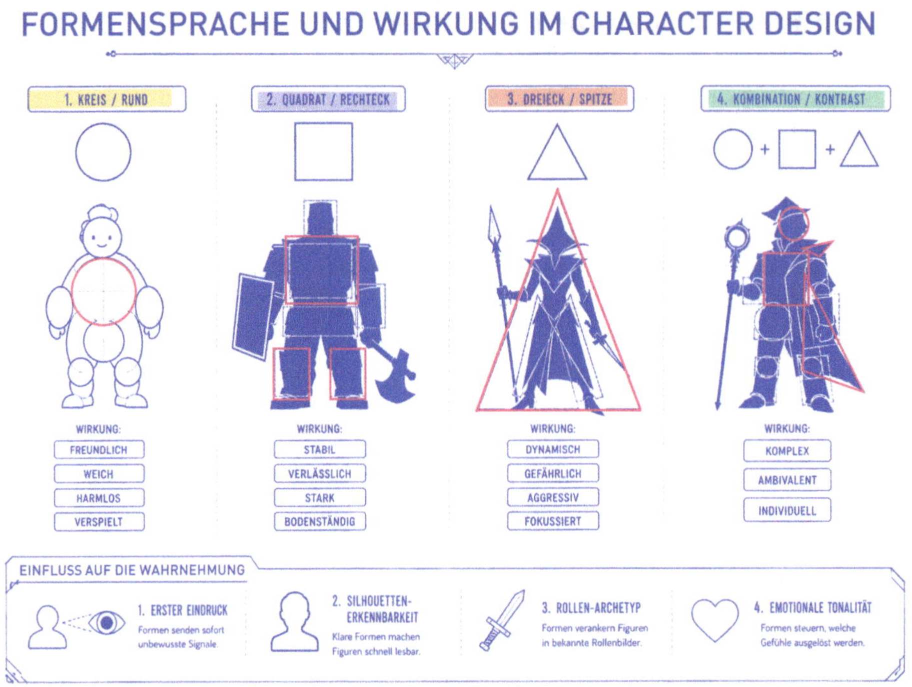

Abb. 7.2 Formensprache, Proportion und Wirkung im Character Design. (Quelle: Trautzsch 2026)

Dreiecke und spitze Formen tragen eine stärkere Dynamik in sich. Je nach Winkel sowie Richtung und Anordnung können sie Dynamik, Energie, Führung, Instabilität, Gefahr oder Aggression signalisieren. Je nach Ausrichtung und Kontext wirken sie stabil oder konflikthaft, kontrolliert oder bedrohlich. Gerade ihre Ambivalenz macht sie zu einem wirkungsvollen Mittel, um Spannung und Kraft im Charakterdesign zu erzeugen.

Darüber hinaus entstehen komplexere Figuren häufig erst durch die Kombination und Verschmelzung verschiedener Grundformen (s. Abb. 7.2). Organische oder fließende Formen können Anmut, Eleganz oder Erhabenheit vermitteln, in anderen Zusammenhängen aber auch etwas Ambivalentes, Fremdes oder Bedrohliches ausdrücken. Ihre Wirkung hängt stark vom gestalterischen Kontext, von Farbe, Animation und narrativer Einbettung ab.

Die bewusste Kombination dieser Gestaltungsmittel bildet die Grundlage eines wirkungsvollen Charakterdesigns. Formen, Linienführung, Farben, Texturen und symbolische Bezüge ermöglichen es, Figuren nicht nur visuell prägnant, sondern auch narrativ stimmig und emotional wirksam zu gestalten. Wie Solarski hervorhebt, liegt darin das Potenzial visueller Gestaltung im Spieldesign (Solarski 2017, S. 2–7). Grundformen fungieren damit als Werkzeug, um Persönlichkeitsmerkmale, Stimmungen und Haltungen nonverbal sichtbar zu machen und differenzierte Charaktere zu entwerfen.

Literatur

Alexander, C., Ishikawa, S., Silverstein, M., Jacobson, M., Fiksdahl-King, I. & Angel, S. (1977). *A pattern language: towns, buildings, construction.* In Oxford University Press eBooks (Bd. 1, Nummer 5).

Solarski, C. (2012). *Drawing basics and video game art: Classic to cutting-edge art techniques for winning video game design.* New York, NY: Watson-Guptill.

Solarski, C. (2017). *Interactive stories and video game art: A storytelling framework for game design.* Boca Raton, FL: CRC Press.

Trautzsch, N. (2026). *Darstellungsästhetik als Analyse- und Gestaltungsmodell digitaler Spiele: Skizzierung einer Taxonomie.* https://doi.org/10.56250/4117.

Wahrnehmung und Designprinzipien

8

Visuelle Gestaltung entfaltet ihre Wirkung nicht durch unsere Designentscheidungen, sondern wir gestalten nur indirekt. Die Art und Weise, wie Darstellung und Ästhetik wahrgenommen und interpretiert wird entsteht in der Vorstellung der Spieler:innen (Schell, 2020, S. 189).

In digitalen Spielen ist Wahrnehmung untrennbar mit Handlung verbunden. Spieler:innen beobachten nicht nur, sie sind gleichzeitig Akteur: sie reagieren, entscheiden und handeln in Echtzeit. Gestaltung beeinflusst daher nicht nur, was gesehen wird, sondern auch, wie schnell Informationen erfasst, interpretiert und in Handlungen übersetzt werden.

Dieses Kapitel beschreibt die Wahrnehmungsgrundlagen und Modelle für visuelle Gestaltung und untersucht deren Bedeutung für Games. Es baut auf den gestalterischen Bausteinen aus Kap. 7 auf und erklärt, warum bestimmte visuelle Lösungen funktionieren, während andere Gestaltungen zu Überforderung, Missverständnissen oder Frustration führen.

8.1 Wahrnehmungsmodelle und Gestaltgesetze: Organisation visueller Information und interpretative Prozesse

Die Analyse visueller Darstellungsästhetiken setzt ein Verständnis dafür voraus, wie visuelle Informationen wahrgenommen, organisiert und interpretiert werden. Wahrnehmung lässt sich dabei nicht als passives Registrieren einzelner Reize beschreiben, sondern als aktiver Prozess der Strukturierung. Visuelle Darstellungen werden von Spielenden nicht

---

Ergänzende Information Die elektronische Version dieses Kapitels enthält Zusatzmaterial, auf das über folgenden Link zugegriffen werden kann [https://doi.org/10.1007/978-3-658-53102-7_8].

N. Trautzsch, *Darstellungsästhetiken in Games*,
https://doi.org/10.1007/978-3-658-53102-7_8

elementweise erfasst, sondern zunächst als zusammenhängende Sinnzusammenhänge wahrgenommen.

Einen grundlegenden theoretischen Rahmen für diese Perspektive liefert die Gestaltpsychologie, die in den 1920er-Jahren unter anderem von Max Wertheimer, Wolfgang Köhler und Kurt Koffka (Bürdek 2015, S. 157–158) entwickelt wurde. Ausgangspunkt dieser Ansätze ist die Annahme, dass das menschliche Wahrnehmungssystem visuelle Reize bevorzugt zu strukturierten Ganzheiten organisiert. Wahrnehmung richtet sich demnach zunächst auf Sinnzusammenhänge, bevor einzelne Elemente bewusst differenziert werden.

Die sogenannten Gestaltgesetze beschreiben wiederkehrende Prinzipien dieser Organisation. Sie sind nicht als strenge Regeln zu verstehen, sondern als Beobachtungen darüber, wie visuelle Information typischerweise gruppiert und interpretiert wird. Zu diesen Prinzipien zählen unter anderem Nähe, Ähnlichkeit, Kontinuität, Verbundenheit sowie die Figur-Grund-Organisation. Elemente, die räumlich nah beieinanderliegen oder ähnliche Eigenschaften aufweisen, werden häufig als zusammengehörig wahrgenommen. Kontinuierliche Linien oder Formen begünstigen die Wahrnehmung geschlossener Einheiten, während verbundene Elemente als Teil derselben Struktur interpretiert werden. Lisa Graham beschreibt bereits 2008, dass die Gestalttheorie auch für interaktive Medien anschlussfähig ist (Graham 2008, S. 1–11).

Im Unterschied zu statischen Bildern oder gestalten Objekten wirken Gestaltprinzipien in digitalen Spielen unter Bedingungen von Bewegung, Interaktion und Zeit. Wahrnehmungsorganisation verändert sich situativ, etwa durch Kamerabewegungen, Animationen oder Spielerhandlungen. Visuelle Gruppierungen können sich auflösen, verschieben oder neu formieren. Gestaltgesetze wirken hier nicht als feste Ordnungen, sondern als dynamische Tendenzen innerhalb eines fortlaufenden Wahrnehmungsprozesses.

Vor diesem Hintergrund lassen sich ausgewählte Wahrnehmungsgesetze und Wahrnehmungsprinzipien für das interaktive Medium Game wie folgt formulieren:

- **Gesetz der Kontinuität in der Wahrnehmung:** Die Präferenz für kontinuierliche Figuren führt dazu, dass überlappende Objekte als separate Einheiten wahrgenommen werden. Die Wiederholung von visuellen Elementen schafft Konsistenz und Zusammenhalt innerhalb des Spiels, was für den Spieler visuell angenehm und weniger verwirrend ist. Linien und Pfade, die eine kontinuierliche Form bilden, lenken das Auge und werden als zusammengehörig wahrgenommen. Dies kann in der Levelgestaltung genutzt werden, um den Spieler durch das Spiel zu führen.
- **Gesetz der Verbundenheit (oder Konnektivität):** Elemente, die visuell miteinander verbunden sind, wie durch Nähe – Raum zwischen den Elementen, Linien oder Flächen, werden als zusammengehörige Gruppe wahrgenommen. Swink beschreibt dies als Kontextmetriken in Games die das Spielgefühl durch von Eindruck von Raum, Anordnung, Größe, Interaktion, Geschwindigkeit und Bewegung beeinflussen (Swink 2009, S. 139–149).

- **Gesetz der Figur-Grund-Beziehung:** Wahrnehmung organisiert visuelle Felder in hervortretende Gestalten und zurücktretende Hintergründe. Diese Staffelung beeinflusst, welche Objekte Aufmerksamkeit erhalten und welche als Kontext fungieren. Dies kann durch Outlines oder solide Farbgebung geschaffen werden. Die gestaltbildenden Faktoren spielen eine große Rolle bei der Strukturierung unseres visuellen Wahrnehmungsraums; insbesondere tragen sie entscheidend dazu bei, ihm eine – nach Vorder- und Hintergrund gestaffelte Perspektive zu geben: unsere Wahrnehmung präsentiert uns vordergründige Objekte, d. h. Gestalten (engl. figure) vor einem zurücktretenden Hintergrund (engl. ground). In digitalen Spielen dies in engem Zusammenhang mit der zuvor beschriebenen visuellen Hierarchie. Gerade die Spielerfigur, der Player Character muss eindeutig wahrnehmbar und verfolgbar vor dem Hintergrund dargestellt werden.
- **Hierarchie, Proportion und Kontrast:** Die visuelle Hierarchie leitet den Blick des Spielers und hilft ihm, die Wichtigkeit und Reihenfolge der Informationen zu verstehen. Die Nutzung von Kontrast hilft dabei, Elemente auf dem Bildschirm hervorzuheben und die Aufmerksamkeit des Spielers zu lenken. Diese kann durch Raum und Komposition, Kontrast, Wiederholung, Ausrichtung und Symmetrie und Fokus bestimmt werden.
- **Feedback:** Visuelles und auditives (teils auch kinästhetisches, über die Vibration des Controllers) Feedback für Aktionen des Spielers ist entscheidend, um eine interaktive und responsive Spielerfahrung zu schaffen (Swink 2009, S. 119–138).
- **Glaubwürdigkeit:** Die Gestaltung sollte im Kontext von Thema und Setting „funktionierend", also in sich geschlossen sinnvoll und nachvollziehbar sein. Sie darauf abzielen, den Spieler in die Spielwelt einzutauchen und eine glaubhafte, kohärente Umgebung zu schaffen Eine Spielwelt wirkt dann glaubwürdig, wenn ihre Räume, Objekte und visuellen Hinweise einer gemeinsamen inneren Logik folgen und von Spielenden als zusammenhängend gelesen werden können (Jenkins 2004, S. 121–123). Neben diesen allgemeinen Organisationsprinzipien ist Wahrnehmung im Spiel ist nicht nur an unmittelbare Reize gebunden, sondern wird auch durch Vorwissen, Erwartungen und kulturelle Konventionen geprägt; Spielende lesen Räume, Bilder und Objekte vor dem Hintergrund bereits erlernter medialer und narrativer Muster (Jenkins 2004). Wahrnehmung lässt sich daher als Wechselspiel zwischen sensorischer Information und kognitiver Einordnung beschreiben. Visuelle Darstellungsästhetik strukturiert dieses Wechselspiel, ohne dessen Ergebnisse eindeutig festzulegen.

Abb. 8.1. zeigt die Auswahl der Gestaltgesetze, die auf das Game Design und Darstellung übertragbar sind in einer Übersicht.

Für digitale Spiele ist zudem relevant, dass Wahrnehmung nicht allein visuell erfolgt. Auditive und kinästhetische Reize wirken ergänzend auf die Interpretation visueller Informationen ein. Visuelles Feedback, Bewegung, Rhythmus und Interaktion greifen ineinander und beeinflussen, wie Spielende Situationen einschätzen und darauf reagieren.

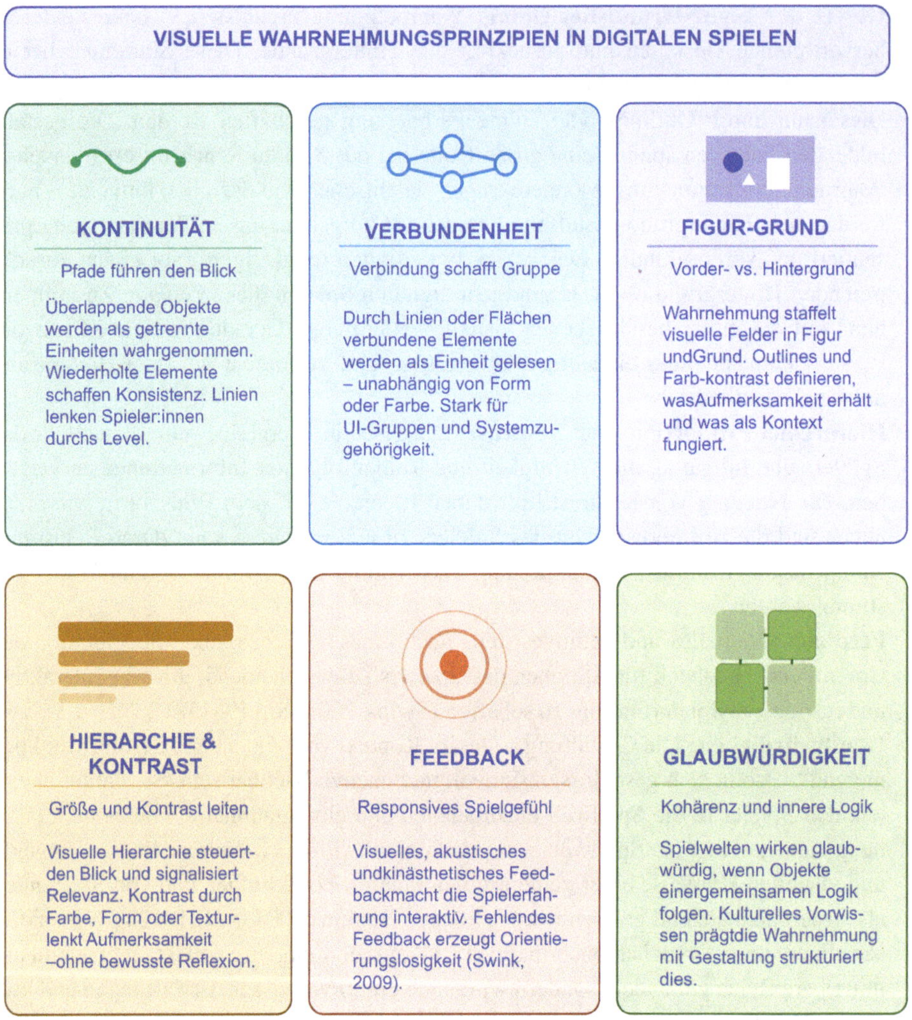

Abb. 8.1 Ausgewählte Gestaltgesetze die auf das Game Design und visuelle Gestaltung übertragbar sind. (Quelle: Trautzsch 2026)

Wahrnehmung lässt sich in diesem Zusammenhang als zyklischer Prozess beschreiben, in dem Reizaufnahme, Interpretation und Handlung miteinander verbunden sind.

Die Gestaltgesetze und Wahrnehmungsmodelle liefern damit ein theoretisches Instrumentarium, um zu beschreiben, warum bestimmte visuelle Anordnungen als klar, stimmig oder irritierend wahrgenommen werden. Sie erklären jedoch nicht, wie Darstellungen gestaltet werden sollen. Ihre Funktion liegt vielmehr darin, Wahrnehmungsprozesse nachvollziehbar zu machen und die Wirkungsweise visueller Organisation analytisch zu erfassen.

Diesen Prinzipien liegt ein grundlegendes Verständnis menschlicher Wahrnehmung zugrunde: Wahrnehmung ist kein passives Aufnehmen von Reizen, sondern ein aktiver Konstruktionsprozess. Das Gehirn ergänzt, ordnet und interpretiert unvollständige Informationen zu sinnvollen Ganzheiten. Für das Game Design beschreibt Jesse Schell diesen Zusammenhang als eine Ressource, die gezielt genutzt werden kann, um die Vorstellungskraft der Spielenden zu aktivieren (Schell 2020, S. 187–191).

Gerade darin liegt die gestalterische Bedeutung von Abstraktion. Spielfiguren und Umgebungen müssen nicht fotorealistisch sein, um als glaubhaft oder wirksam wahrgenommen zu werden. Vereinfachte, stilisierte oder symbolische Darstellungen werden von Spielenden zu vollständigen Vorstellungen ergänzt (Schell 2020). Schell beschreibt hier einen scheinbar paradoxen Effekt: Reduktion kann die immersive Wirkung nicht schwächen, sondern sogar verstärken, weil sie Interpretationsspielräume offenhält und Spielende an der ästhetischen Erfahrung beteiligt. Aus dieser Perspektive ergibt sich ein Prinzip visueller Ökonomie: Oft genügt die minimale notwendige Information, um die gewünschten kognitiven und emotionalen Prozesse auszulösen.

8.2 Visueller Abstraktionsgrad: Zum Verhältnis von Realismus, Ikonizität und Abstraktion

Die visuelle Darstellung der Objekte und Räume in Games bewegt sich zwischen Abstraktion, Vereinfachung und naturalistischen Darstellungen, wie wir sie von Fotos oder von Filmen kennen.

Der Grad des Realismus oder der Abstraktionsgrad beschreibt das Verhältnis zwischen mimetischer Detaildarstellung und bewusster Vereinfachung visueller Formen. Diese Unterscheidung betrifft nicht allein die Frage, wie realistisch eine Darstellung wirkt, sondern beeinflusst Lesbarkeit, Wiedererkennbarkeit und die Art der visuellen Kommunikation insgesamt.

Scott McCloud beschreibt diesen Zusammenhang – ursprünglich zur Analyse von Comics formuliert – als Kontinuum zwischen Abstraktion, ikonischer Stilisierung und realistischer Darstellung, wobei Text als 100 % Abstraktion einen Grenzwert gegenüber Fotorealistisch als anderen Grenzwert beschreibt. (McCloud 2015, S. 50–52). In Games ist der Grad der Abbildung eine bewusste gestalterische Entschcidung mit funktionalen Konsequenzen.

Abstrakte Darstellungen können Übersichtlichkeit fördern und Identifikation erleichtern, während detailreiche, realistische Darstellungen Materialität und Glaubwürdigkeit unterstützen. Gleichzeitig beeinflusst der Abbildungsgrad Lesbarkeit, Performance und Produktionsaufwand. Ein hoher Realismusgrad ist nicht automatisch überlegen, sondern muss zum Spielkonzept passen. Viele Spiele gewinnen ihre Ikonizität, persönlichem Stil und Klarheit gerade durch Reduktion.

Der Grad der Abbildung steht daher immer in Beziehung zu Mechanik, Zielgruppe und technischer Umsetzung, und damit auch Ressourcen des Studios. Gerade der Pixel Art Stil

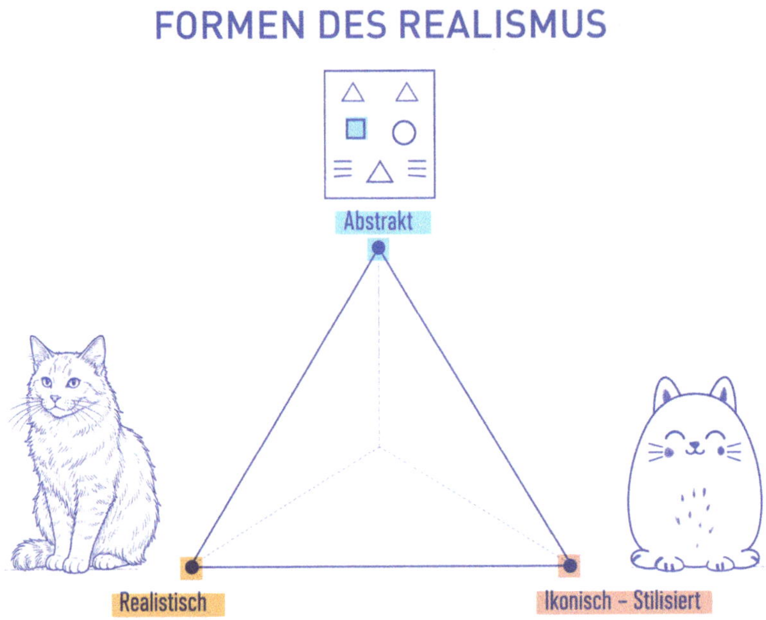

Abb. 8.2 Die drei Formen des Realismus. (Quelle: Trautzsch 2026, in Anlehnung an McCloud (2015))

ist aus diesen Gründen bei -Game Studios sehr beliebt. Niedrige Einstiegshürde, übersichtliche Produktionszeit und -kosten. Damit ist die Wahl des Abstraktionsgrades auch ein Teil der gestalterischen Strategie eines Spiels.

Anstelle einer binären Gegenüberstellung von realistisch und abstrakt ist es sinnvoll, visuelle Darstellungen als Positionen innerhalb eines Kontinuums zu verstehen.

Der Grad des Realismus oder auch Abstraktionsgrad kann als analytische Bezugspunkte auf dem vorliegenden Dreieck und innerhalb aller drei Eckpunkte verortet werden (s. Abb. 8.2)

Der erste Modus, im linken Eckpunkt zu sehen, ist die realistische Darstellung. Sie ist durch einen hohen Grad an Detailtreue gekennzeichnet und orientiert sich an der visuellen Erscheinung der außermedialen Welt. Formen, Proportionen, Materialien und Lichtverhältnisse werden so gestaltet, dass sie bekannten Wahrnehmungsmustern entsprechen. In digitalen Spielen wird dieser Darstellungsmodus häufig mit dem Anspruch auf Immersion verbunden, da er visuelle Kontinuität zwischen Spielwelt und alltäglicher Wahrnehmung herstellt. Gleichzeitig erhöht ein hoher Detailgrad die visuelle Informationsdichte, was Anforderungen an Lesbarkeit, Orientierung und technische Umsetzung mit sich bringt.

Der zweite Modus, verortet hier in Abb. 8.2 als der untere rechte Eckpunkt des Dreiecks, lässt sich als ikonische Darstellung beschreiben. Hier werden visuelle Merkmale gezielt reduziert und vereinfacht, ohne dass die Wiedererkennbarkeit der dargestellten Objekte verloren geht. Figuren und Umgebungen fungieren weniger als Abbilder konkreter

Gegenstände, sondern als visuelle Stellvertreter. Diese Form der Darstellung erleichtert Identifikation, da sie Raum für Projektion lässt und visuelle Information auf prägnante Merkmale konzentriert. Ikonische Darstellungen treten in digitalen Spielen häufig in stilisierten oder narrativ geprägten Kontexten auf, sind jedoch nicht auf bestimmte Genres beschränkt.

Der dritte Modus ist die abstrakte Darstellung. Sie löst sich weitgehend von mimetischer Referenz und verzichtet auf eine unmittelbare Abbildbeziehung zur außermedialen Welt. Formen, Farben und Bewegungen stehen hier primär in funktionaler oder symbolischer Beziehung zum Spielgeschehen. Abstraktion kann der Reduktion visueller Komplexität dienen, aber auch gezielt zur Irritation oder zur Betonung systemischer Strukturen eingesetzt werden. In digitalen Spielen findet dieser Modus etwa in minimalistischen Interfaces, geometrisch reduzierten Spielwelten oder stark formalisierten Darstellungen Anwendung.

Der Abstraktionsgrad oder Grad des Realismus ist allerdings nicht als globale Eigenschaft eines Spiels zu begreifen, der fest positioniert eingehalten werden muss. Digitale Spiele kombinieren den Grad des Realismus häufig dynamisch innerhalb derselben Spielwelt oder sogar innerhalb einzelner Szenen. So können realistisch gestaltete Umgebungen mit ikonisch reduzierten Figuren oder abstrakten Interface-Elementen koexistieren.

Für die Analyse von Darstellungsästhetiken ist diese Unterscheidung insofern relevant, als sie eine präzisere Beschreibung visueller Erscheinungsformen ermöglicht, ohne auf pauschale Stilbegriffe zurückzugreifen. Anstelle der Frage, welchen Stil ein Spiel besitzt, tritt die Frage, wie visuelle Information reduziert, verdichtet oder detailliert wird und welche Funktion diese Entscheidung im jeweiligen Kontext erfüllt.

Der Abstraktionsgrad fungiert damit als analytisches Werkzeug, das formale Gestaltung, mediale Inszenierung und wahrnehmungsbezogene Effekte miteinander in Beziehung setzt. Er bildet eine Schnittstelle zwischen visueller Form und Rezeption, ohne eine eindeutige Wirkungsrichtung vorzugeben. Seine Bedeutung ergibt sich erst im Zusammenspiel mit weiteren Parametern der Darstellungsästhetik.

Im Character- und Environment-Design spielt in diesem Zusammenhang die Arbeit mit Grundformen eine besondere Rolle. Kreise, Quadrate und Dreiecke rufen unterschiedliche psychologische Wirkungen hervor und beeinflussen die Wahrnehmung von Figuren, Gebäuden und Orten. Entsprechende Überlegungen finden sich bereits bei Christopher Alexander im Kontext von Architektur und Raumgestaltung (Alexander et al. 1977). Auch die Disneyzeichner Frank Thomas und Ollie Johnston bedienten sich der Wirkung von Grundformen und zeigten in The Illusion of Life, wie die Reduktion auf einfache, klar lesbare Formen und Silhouetten die Verständlichkeit und Akzeptanz gestalteter Elemente erhöht (Thomas und Johnston 1995).

Die Gestaltung von Charakteren und Welten erfordert daher nicht nur technisches und formales Wissen, sondern auch ein Verständnis für die psychologischen und kulturellen Assoziationen, die mit Formen, Linien, Farben und Texturen verbunden sind. Diese Elemente wirken nicht isoliert, sondern im Zusammenspiel. Sie bestimmen mit, wie Persönlichkeit, Emotion und Handlungsintention wahrgenommen werden. Genau darin liegt ihre

Relevanz für visuelle Gestaltung im Spiel: Sie machen Figuren und Umgebungen nicht nur sichtbar, sondern narrativ und emotional lesbar (Solarski 2017, S. 9–16).

8.3 Exkurs: Comic und Game – Ikonische Darstellungsästhetiken und mediale Überschneidungen

Über den Grad des Realismus oder den Abstraktionsgrad der Darstellungen innerhalb des digitalen Spiels läßt sich feststellen, dass eine Darstellungsästhetik in bestimmten Ausprägungen strukturelle Parallelen zur Darstellungslogik des Comics aufweist. Gerade über die Beschreibung von Scott McClouds Formen der Abstraktion betreffen diese Parallelen insbesondere den Umgang mit Abstraktion, Linie, Fläche und Raumdarstellung.

In der Comic-Theorie wird visuelle Darstellung häufig nicht als mimetische Abbildung, sondern als ikonische Vereinfachung verstanden. Ikonische Darstellungen verzichten auf detailgetreue Oberflächenwiedergabe und organisieren Bedeutung über prägnante Formen, klare Silhouetten und relationale Bildstrukturen. Raum entsteht dabei weniger durch illusionistische Tiefenstaffelung als durch Überlagerung, Maßstab und Anordnung.

Auch die Rolle der Linie unterscheidet sich in diesem Kontext von realistischen Darstellungsmodi. Will Eisner beschreibt Linie im Comic nicht nur als Kontur, sondern als aktives Gestaltungsmittel, das Rhythmus, Gewichtung und Blickführung organisiert (Eisner 1985). Linie strukturiert Bildräume, trennt Figuren vom Hintergrund und ersetzt in vielen Fällen volumetrische Modellierung oder komplexe Lichtsetzung.

Diese Prinzipien lassen sich exemplarisch im Werk von Moebius beobachten. Seine Arbeiten zeichnen sich durch eine reduzierte Linienführung, flächige Farbaufträge und eine offene Raumorganisation aus. Landschaften und Architekturen erscheinen nicht als physikalisch geschlossene Räume, sondern als visuelle Konstellationen, die Orientierung über Farbe, Maßstab und Wiederholung ermöglichen. Volumen wird angedeutet, Materialität bleibt bewusst unterbestimmt (Chénais 2020).

Überträgt man diese Perspektive auf digitale Spiele, wird deutlich, dass bestimmte Darstellungsästhetiken nicht auf Simulation, sondern auf visuelle Organisation ausgerichtet sind. Abstraktion fungiert hier nicht als Vereinfachung im technischen Sinne, sondern als Mittel zur Strukturierung von Wahrnehmung. Bedeutung entsteht aus der Beziehung von Formen und Flächen, nicht aus der Vollständigkeit einzelner Darstellungen. Digitale Spiele greifen diese Prinzipien auf, erweitern sie jedoch um Bewegung, Interaktion und zeitliche Struktur.

▶ Die Nähe zwischen Comic und Game liegt damit weniger in stilistischen Anleihen als in vergleichbaren Strategien ikonischer Darstellung. Wie im Comic wird Raum nicht primär als realistisches Kontinuum gelesen, sondern als Abfolge visuell strukturierter Situationen.

Wahrnehmung orientiert sich an Komposition, Farbkontrast und Silhouette, während physikalische Plausibilität in den Hintergrund tritt. Diese Form der Darstellung eröffnet interpretativen Spielraum und unterstützt eine lesende, vergleichende Wahrnehmung visueller Situationen.

Der medienübergreifende Vergleich verdeutlicht, dass Comics nicht als Vorstufe digitaler Spiele zu verstehen sind, sondern als eigenständiges Referenzmedium für bestimmte Formen visueller Organisation. Ihre Darstellungslogiken erweitern den analytischen Blick auf Darstellungsästhetiken digitaler Spiele und liefern ein begriffliches Instrumentarium zur Beschreibung ikonischer, abstrahierter und flächenorientierter Gestaltungsansätze (Manovich 2001).

8.4 Game Feel: Polish durch Bild und Bewegung und physikalische Glaubwürdigkeit

Bewegung ist in digitalen Spielen nicht nur ein Mittel der Belebung, sondern oft das wichtigste Element der Wahrnehmung. Sie lenkt Aufmerksamkeit, vermittelt Gewicht, Timing und Richtung und macht Handlungen überhaupt erst als Reaktion erfahrbar. In Games steht visuelle Bewegung deshalb in engem Zusammenhang mit Interaktion: Jede Eingabe ruft eine sichtbare Antwort hervor, und genau diese Rückkopplung wird von Spielenden fortlaufend interpretiert. Das betrifft nicht nur große Animationen, sondern auch kleine Verschiebungen, kurze Verzögerungen, Partikeleffekte, Bildschirmimpulse oder minimale Veränderungen von Form und Position.

Das Game Feel (Swink 2009) also das Spielgefühl, entsteht zu einem wesentlichen Teil aus dieser Kopplung von Eingabe und visueller Reaktion.

Steve Swink beschreibt Game Feel als Zusammenspiel aus Steuerung, Reaktion, Raum und audiovisueller Rückmeldung. Entscheidend ist dabei, dass sich Handlungen nicht abstrakt, sondern spürbar anfühlen. Animationen, Übergänge, Beschleunigungen, Abbremsen, Trefferreaktionen oder visuelle Nachbilder vermitteln, wie sich Objekte verhalten, wie direkt eine Eingabe umgesetzt wird und ob etwas leicht, schwer, präzise oder träge wirkt. Selbst kleine visuelle Effekte können daher stark beeinflussen, ob ein Spiel responsiv und kontrollierbar erscheint oder ob es distanziert und stumpf wirkt.

Die Orchestrierung der drei Elemente „Echtzeit Kontrolle“, „Simulierter Raum“ und des „Feinschliffs“ (Polish) lassen eine einzigartige Physik und glaubwürdige Wirklichkeit einer Spielwelt entstehen, die den Spieler:innen ein ästhetisches Gefühl der Kontrolle gibt. Sie erlernen neue Fähigkeiten und verbessern diese nach und nach, die Räumliche Immersion erzeugt eine Erweiterung der Sinn ein den Simulierten Raum, die Ludische Immersion erzeugt eine Erweiterung der Identität, also das Gefühl der Spielercharakter in dieser einzigartigen Welt zu SEIN (s. Abb. 8.3).

In diesem Zusammenhang spricht Swink auch von „Polish“ (2009, S. 5–6). Gemeint ist nicht nur dekorativer Feinschliff, sondern die gezielte Ausarbeitung aller visuellen, auditiven und zeitlichen Details, die ein Spiel klarer, reaktiver und angenehmer erfahrbar ma-

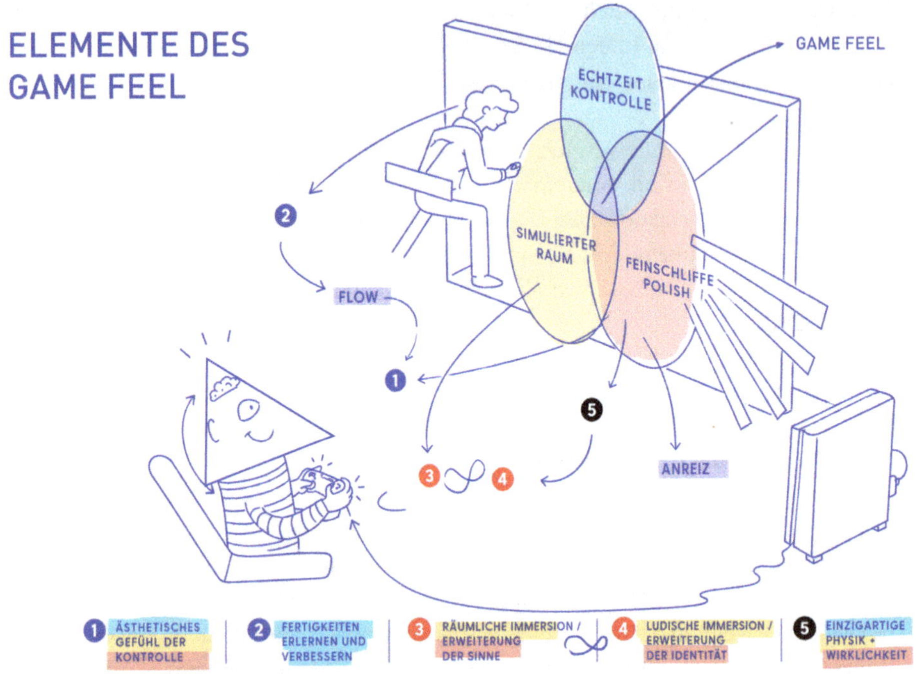

Abb. 8.3 Elemente des Game Feel und ihre Wirkung auf die Wahrnehmung des Spielers. (Quelle: Trautzsch, 2026, in Anlehnung an Steve Swink (2008, S.))

chen. Polish entsteht häufig gerade in den kleinen Dingen: im kurzen Nachgeben einer Figur vor dem Sprung, im leichten Überziehen einer Bewegung, im Aufblitzen eines Treffers, im Nachschwingen eines Objekts oder in einer feinen Kamerareaktion. Solche Ergänzungen erhöhen nicht nur die Attraktivität der Darstellung, sondern verbessern auch Lesbarkeit, Rhythmus und Rückmeldung.

Ein wichtiger Aspekt dabei sind die Bewegungsqualitäten, die AMSR modulierten Interaktion-Feedback Amplituden mit dem System, sie sich aus Eingabe, Reaktion und Bewegungsrythmus, Stil zusammensetzen (Swink 2009, S. 119–138). Sie bestimmen, wie und wie stark eine Reaktion sichtbar wird. Eine geringe Amplitude kann eine Bewegung präzise und kontrolliert wirken lassen, während eine größere Amplitude Gewicht, Wucht oder Überzeichnung vermittelt. Gerade im interaktiven Medium müssen solche Ausschläge bewusst gesetzt werden: Zu wenig Bewegung kann leblos und uninformativ erscheinen, zu viel Bewegung kann Lesbarkeit und Steuergefühl beeinträchtigen. Amplitude ist deshalb nicht nur eine Frage des Stils, sondern auch der Verständlichkeit. Sie hilft, Zustände, Intensitäten und Prioritäten sichtbar zu machen.

> „Das Verständnis der Simulation und der Eingangsfilterung, die bestimmte Empfindungen der Kontrolle hervorrufen, ist handwerkliches Wissen. […] Entscheidend ist die Leistung, das Gefühl der Kontrolle und die allgemeine Präzision der Bedienelemente." (Swink 2009, S. 138)

Hier berührt sich Game Design mit HCI und Interaktionsgestaltung. Auch in der Mensch-Computer-Interaktion geht es darum, dass Systeme auf Eingaben nachvollziehbar, zeitnah und verständlich reagieren. In Games wird dieses Prinzip jedoch erweitert: Rückmeldung soll nicht nur funktional eindeutig, sondern auch ästhetisch und emotional wirksam sein. Game Feel ist daher eine besondere Form interaktiver Rückkopplung, in der Gebrauchstauglichkeit, Wahrnehmungslenkung und gestalterische Qualität zusammenfallen. Das Game Feel – das Spielgefühl entsteht zu einem großen Teil aus dieser Rückkopplung. Animationen, Übergänge, Beschleunigungen und Verzögerungen vermitteln, wie sich Objekte physikalisch verhalten und wie präzise Eingaben umgesetzt werden. Swink nennt es die Interaktion mit einer einzigartigen physischen Realität innerhalb des Spiels (Swink 2009, S. 29–32) Selbst einfache visuelle Effekte können das Gefühl von Kontrolle, Reaktionsschnelligkeit oder Trägheit beeinflussen.

Die aus der klassischen Animation bekannten Prinzipien – etwa Antizipation, Überzeichnung oder Follow-Through – lassen sich auf Games übertragen, müssen jedoch an Interaktivität angepasst werden. Bewegung darf nicht nur überzeugend aussehen, sondern muss informativ sein. Sie unterstützt Lesbarkeit und Orientierung im Spielverlauf. Mehr dazu im Kap. 18. Animation

8.5 Visuelles Feedback und Spiel als Interaktives Medium

Visuelles Feedback informiert Spielerinnen über den Erfolg oder Misserfolg ihrer Handlungen. Treffer, Schaden, Zustandsänderungen oder Interaktionsmöglichkeiten werden häufig visuell kommuniziert. Die Klarheit dieses Feedbacks beeinflusst, wie sicher sich Spielerinnen im Spiel fühlen.

Feindifferenzierung beschreibt die Fähigkeit, ähnliche Elemente schnell voneinander zu unterscheiden. In actionreichen Situationen müssen Gegner, Verbündete, neutrale Objekte und Umgebung klar erkennbar bleiben. Gestaltung nutzt hierfür Farbe, Silhouette, Bewegung und Kontrast. Kleine Unterschiede können große Auswirkungen auf Verständlichkeit und Reaktionsfähigkeit haben.

Gutes visuelles Feedback reduziert Frustration und unterstützt Lernprozesse. Spieler:innen erkennen Ursache und Wirkung und können ihr Verhalten anpassen. Gestaltung übernimmt hier eine vermittelnde Rolle zwischen System und Wahrnehmung.

Visuelle Wahrnehmung in Games steht nicht isoliert. Sie ist eingebettet in ein Zusammenspiel mit Sound, Interface und Steuerung. Viele visuelle Signale werden durch akustische oder haptische Rückmeldungen ergänzt oder verstärkt. Gestaltung muss diese Wechselwirkungen berücksichtigen.

Ein kurzer Blick auf andere visuelle Disziplinen wie Illustration, Buchgestaltung oder Malerei zeigt, dass viele Wahrnehmungsprinzipien medienübergreifend gelten. Der Unterschied liegt im Kontext: In Games sind Bilder Teil eines interaktiven Systems. Prinzipien müssen daher nicht nur ästhetisch überzeugen, sondern auch in Bewegung und Handlung bestehen.

Visuelle Gestaltung in Games muss also auf Wahrnehmungsprozesse ausgerichtet werden. Gestaltung beeinflusst, wie Informationen aufgenommen, interpretiert und in Handlungen umgesetzt werden. Wahrnehmungspsychologische Prinzipien, Gestaltgesetze und Bewegungslogiken erklären, warum bestimmte visuelle Lösungen verständlich, wirksam und spielunterstützend sind.

Das folgende Kapitel richtet den Blick auf konkrete visuelle Ausprägungen in Games und untersucht, wie sich diese Prinzipien in unterschiedlichen Darstellungsformen, Stilen und technischen Umsetzungen manifestieren.

Literatur

Alexander, C., Ishikawa, S., Silverstein, M., Jacobson, M., Fiksdahl-King, I. & Angel, S. (1977). A pattern language: towns, buildings, construction. In Oxford University Press eBooks (Bd. 1, Nummer 5).

Bürdek, B. E. (2015). *Design: Geschichte, Theorie und Praxis der Produktgestaltung* (4., überarb. Aufl.). Basel: Birkhäuser.

Chénais, J.-P. (Hrsg.). (2020). *Moebius.* Köln: Taschen.

Eisner, W. (1985). *Comics and sequential art.* Tamarac, FL: Poorhouse Press.

Graham, L. (2008) Gestalt theory in interactive media design, Journal of Humanities and Social Sciences, Vol. 2, Issue 1, S. 1–11

Jenkins, H. (2004). Game design as narrative architecture. In N. Wardrip-Fruin & P. Harrigan (Eds.), First person: New media as story, performance, and game (S. 118–130). MIT Press.

Manovich, L. (2001). *The language of new media.* Cambridge, MA: MIT Press.

McCloud, S. (2015). *Understanding comics: The invisible art.* New York, NY: HarperCollins.

Schell, J. (2020). *Die Kunst des Game Designs: Bessere Games konzipieren und entwickeln.* MITP-Verlags GmbH & Co. KG.

Solarski, C. (2017*). Interactive stories and video game art: A storytelling framework for game design.* Boca Raton, FL: CRC Press.

Swink, S. (2008). *Game Feel: A Game Designer's Guide to Virtual Sensation*, Morgan Kaufmann

Swink, S. (2009), *Game Feel: A Game Designer's Guide to Virtual Sensation*, Morgan Kaufmann

Thomas, F., Johnston, O. (1995) *The Illusion of Life: Disney Animation.* Abbeville Press.

Trautzsch, N. (2026). *Darstellungsästhetik als Analyse- und Gestaltungsmodell digitaler Spiele: Skizzierung einer Taxonomie.* https://doi.org/10.56250/4117

9 Die Komponenten der Darstellungsästhetik

Die visuelle Erscheinung eines Spiels ergibt sich aus mehreren Einflussfaktoren, die gemeinsam wirken. Dazu zählen insbesondere Spielgenre, Narration, Kameraperspektive und kultureller Kontext. Diese Faktoren bestimmen, welche visuellen Mittel sinnvoll eingesetzt werden können und welche Erwartungen bei Spieler:innen entstehen.

Das Genre beeinflusst etwa den Grad der Abbildung, die visuelle Klarheit und die Art der Informationsvermittlung. Ein Strategiespiel stellt andere Anforderungen an Übersicht und Lesbarkeit als ein Actionspiel oder ein narratives Adventure. Narration wirkt auf Tonalität, Farbgebung und Formensprache, etwa durch historische, fantastische oder futuristische Kontexte. Die Kameraperspektive beeinflusst Maßstab, Detailgrad und Komposition, während kulturelle Kontexte visuelle Codes, Symbolik und Stilreferenzen prägen.

Kap. 9 widmet sich der systematischen Betrachtung dieser visuellen Mittel und stellt Werkzeuge bereit, um sie zu beschreiben, einzuordnen und vergleichend zu analysieren.

Darstellungsformen sind dabei nicht als starre Kategorien zu verstehen. Vielmehr handelt es sich um wiederkehrende Muster visueller Organisation, die in unterschiedlichen Kombinationen auftreten können. Ziel dieses Kapitels ist es, diese Muster sichtbar zu machen und ihren Einsatz im Kontext digitaler Spiele nachvollziehbar zu erklären.

9.1 Genre als Wahrnehmungs- und Erwartungsrahmen *VIsuelle Konventionen und Interpretative Orientierung*

Die visuelle Ausprägung eines Spiels ist eng an sein Genre gebunden. Genres etablieren typische Spielweisen, Erwartungshaltungen und Wahrnehmungsformen, die sich unmittelbar auf gestalterische Entscheidungen auswirken. Visuelle Gestaltung reagiert dabei nicht nur auf ästhetische Vorlieben, sondern unterstützt konkrete Formen von Gameplay und Narration. Abb. 9.1 zeigt eine Übersicht über einige ausgewählte Kameraperspektiven in

N. Trautzsch, *Darstellungsästhetiken in Games*,
https://doi.org/10.1007/978-3-658-53102-7_9

Abb. 9.1 ausgewählte Kameraperspektiven in Games. (Quelle: Trautzsch 2026)

Games. Die Kameraperspektive zeigt den Blick des Spielers in die Spielwelt, auf das Geschehen.

Wichtig ist: die Kameraperspektive ist unabhängig von der Umsetzungstechnik: alle Kameraperspektiven könnten theoretisch mit 2D Grafiken auf Planes als auch im 3D Raum und auch gemischt in einer Szene umgesetzt werden. Kameraperspektiven können auch gemischt angewendet, beziehungsweise mit Zoommöglichkeit, free-roaming Kamera oder Beweglichkeit auf einem gewissen Winkel produziert werden.

Genre bezeichnet im Kontext digitaler Spiele keine formale Eigenschaft der Darstellung und keine technische Umsetzung. Genre fungiert vielmehr als stilistisch etablierter Erwartungsrahmen, der Wahrnehmung, Interpretation und Aufmerksamkeit der Spielenden strukturiert. Genre beeinflusst, wie visuelle Informationen gelesen werden, welche Darstellungsentscheidungen als plausibel erscheinen und welche Abweichungen Irritation erzeugen. Im Rahmen der Darstellungsästhetik ist Genre daher der Bedeutungs- und Wahrnehmungsebene zuzuordnen. Es wirkt nicht unmittelbar gestaltend, sondern rahmt die Interpretation visueller Erscheinungsformen. Bestimmte Darstellungsweisen werden in Abhängigkeit vom Genre als funktional, vertraut oder erklärungsbedürftig wahrgenommen. Genrezugehörigkeit entsteht dabei nicht aus einzelnen visuellen Merkmalen, sondern aus der Wiederholung bestimmter Konstellationen von Darstellungsform, Kameraperspektive, visueller Hierarchie und Interaktionslogik. Visuelle Darstellungsästhetik steht somit in Beziehung zu Genreerwartungen, ohne von ihnen vollständig determiniert zu sein.

Action Spiele

Actionspiele umfassen Genres wie Jump'n'Run, Shoot 'em up, Beat 'em up oder First-person shooter. In diesen Spielen ist die visuelle Darstellung meist auf Übersichtlichkeit und schnelle Lesbarkeit von Bewegung ausgerichtet. Figuren, Gegner, Projektilbahnen und Interaktionsobjekte müssen klar voneinander unterscheidbar sein, da Entscheidungen häufig unter Zeitdruck getroffen werden. Häufig werden Kameraperspektiven wie Third-Person oder frei steuerbare Kameras eingesetzt, um Orientierung im Raum und Kontrolle über die Spielfigur zu unterstützen. Visuelle Hierarchien sind so organisiert, dass Gefahren, Bewegungsräume und Interaktionsmöglichkeiten unmittelbar erkennbar sind und schnelle Reaktionen ermöglichen.

Shooter-Genres

Shooter-Genres sind stark an die Ego- oder Over-the-Shoulder-Perspektive gebunden. Visuelle Darstellung konzentriert sich auf Blickrichtung, Reaktionszeit und räumliche Lesbarkeit im unmittelbaren Sichtfeld. Interface-Elemente, Zielmarkierungen und visuelles Feedback übernehmen eine strukturierende Rolle. Genreerwartungen beeinflussen, wie stark visuelle Informationen explizit hervorgehoben oder implizit vermittelt werden.

Rollenspiele (RPG)

Rollenspiele konzentrieren sich auf das Erkunden einer fiktionalen Welt sowie auf die Entwicklung einer Spielfigur oder einer Gruppe von Figuren im Verlauf einer Geschichte. Dabei lösen Spielende Aufgaben, führen Dialoge und bestreiten Kämpfe. Das Genre umfasst unterschiedliche Ausprägungen, etwa Action-Rollenspiele wie *Diablo IV* (Blizzard Entertainment 2023) oder Online-Rollenspiele wie *World of Warcraft* (Blizzard Entertainment 2004) , in denen viele Spieler gemeinsam oder gegeneinander Quests erfüllen und kämpfen (Feige 2015, S. 35). Die visuelle Darstellung ist häufig auf Weltkonsistenz, Wiedererkennbarkeit und Differenzierung von Orten, Figuren und Fraktionen ausgerichtet. Kameraperspektiven variieren zwischen Top-Down-, isometrischen und Third-Person-Ansichten. Im Unterschied zu stark reaktionsbasierten Genres unterstützt die visuelle Gestaltung hier vor allem langfristige Orientierung und Wiedererkennung innerhalb komplexer Spielwelten.

Adventure und Action-Adventure

Adventurespiele sind stark auf Exploration, Rätsellösen und narrative Entwicklung ausgerichtet. Frühe Formen waren Textadventures, bei denen Spielwelten ausschließlich über Sprache beschrieben wurden. Später entstanden Point-and-Click-Adventures, in denen Spielende durch Anklicken von Objekten und Figuren mit der Spielwelt interagieren. In vielen klassischen Produktionen von LucasArts wurde die Spielwelt über ein Verb-Interface manipuliert, etwa durch Aktionen wie „öffnen", „benutzen" oder „sprechen".

Visuelle Darstellungen fungieren hier häufig als statische oder halb-statische Szenen, die als räumliche Darstellung der Spielwelt dienen und Hinweise für Rätsel enthalten. Eine verwandte Form sind Action-Adventures wie *The Legend of Zelda: Breath of the Wild*

(Nintendo 2017) oder *Tomb Raider* (Crystal Dynamics 2013), die narrative Elemente, Exploration, Rätsel und kampforientierte Spielmechaniken miteinander verbinden. Die visuelle Gestaltung unterstützt dabei vor allem Orientierung in der Umgebung und das Auffinden relevanter Interaktionspunkte.

Strategie- und Simulationsspiele
Strategie- und Simulationsspiele nutzen visuelle Darstellung primär zur Vermittlung von Relationen, Zuständen und Prozessen innerhalb komplexer Systeme. Vogelperspektiven oder isometrische Kameras ermöglichen einen Überblick über größere räumliche Zusammenhänge, etwa über Karten, Städte oder Schlachtfelder. Einzelne visuelle Details treten dabei häufig zugunsten funktionaler Klarheit zurück. Die Darstellung organisiert Informationen so, dass Ressourcen, Einheiten, Territorien oder Produktionsketten schnell erfassbar bleiben. Beispiele sind Strategiespiele wie *Civilization VI* (Firaxis Games 2016) oder *StarCraft II* (Blizzard Entertainment 2010) sowie Aufbausimulationen wie *Anno* 1800 (Ubisoft Mainz 2019). In diesen Spielen unterstützt die visuelle Gestaltung vor allem Planung, taktische Entscheidungen und langfristige Systemübersicht.

Sandbox Open World
Sandbox- und Open-World-Spiele zeichnen sich durch große, frei erkundbare Spielwelten aus, in denen Spielende selbst entscheiden, welche Aktivitäten sie verfolgen und in welcher Reihenfolge sie Aufgaben erfüllen. Die Spielstruktur ist weniger linear organisiert und erlaubt unterschiedliche Wege durch die Spielwelt. Visuelle Gestaltung unterstützt diese Offenheit, indem sie räumliche Orientierung, Wiedererkennbarkeit von Orten und Fernsicht ermöglicht. Landschaften, markante Architekturen, Strukturen oder topografische Merkmale dienen als natürliche Orientierungspunkte. Ein Beispiel für diesen Ansatz ist *The Legend of Zelda: Breath of the Wild*, dessen offene Spielwelt Exploration und selbstbestimmtes Vorgehen in den Mittelpunkt stellt.

Puzzlespiele
Puzzlespiele konzentrieren sich auf problemlösendes Denken, Mustererkennung und logisches Kombinieren. Frühere Vertreter wie Tetris verbinden räumliches Denken mit zeitkritischer Reaktion, da fallende Elemente schnell eingeordnet werden müssen. Die visuelle Gestaltung ist meist stark reduziert, sodass Formen, Bewegungen und Muster klar erkennbar bleiben. Jüngere Puzzlespiele erweitern das Genre um räumliche oder systemische Rätsel. In *Portal* entstehen Rätsel aus der Manipulation von Raum und Physik, während *The Witness* (Thekla, Inc. 2016) Rätsel in eine frei erkundbare Umgebung integriert. Spiele wie *Baba Is You* (Hempuli Oy 2019) verschieben das Problemlösen sogar auf die Ebene der Spielregeln selbst, indem Sprache und Logik zum zentralen Spielmechanismus werden.

Sportspiele und Simulation
Sportspiele und Simulationen versuchen Bewegungsabläufe, Fahrzeuge oder sportliche Situationen möglichst nachvollziehbar abzubilden. Dazu gehören etwa Flugsimulationen,

Rennspiele oder Mannschaftssportarten. Die visuelle Darstellung orientiert sich häufig an realen Perspektiven – etwa Cockpit- oder Fahrerkameras – um Orientierung, Geschwindigkeit und räumliche Bewegung erfahrbar zu machen. Beispiele sind Flugsimulationen wie *Microsoft Flight Simulator* (Asobo Studio 2020), Rennspiele wie *Gran Turismo 7* (Polyphony Digital 2022) sowie Weltraum-Flugsimulationen wie *Star Wars: X-Wing* (Totally Games 1993). Die visuelle Gestaltung unterstützt hier vor allem das Verständnis von Bewegung, Geschwindigkeit und physikalischen Zusammenhängen innerhalb der Simulation. Weltraum-Flugsimulationen steuern Spielende Raumschiffe meist aus einer Cockpitperspektive und navigieren in dreidimensionalen Bewegungsräumen ohne feste Horizontlinie. Moderne Beispiele wie *No Man's Sky* – kombinieren Raumflug, Exploration und Survival in einem prozedural generierten Universum mit Milliarden von Planeten.

Genre als interpretativer Rahmen

Diese Beispiele verdeutlichen, dass Genre keine verbindlichen Gestaltungsregeln vorgibt, sondern vor allem Wahrnehmungserwartungen etabliert. Visuelle Darstellungsästhetik kann diese Erwartungen bestätigen, variieren oder gezielt unterlaufen. Zeitgenössische Spiele kombinieren zudem häufig Mechaniken verschiedener Genres. So verbinden offene Spielwelten wie *Grand Theft Auto V* (Rockstar North 2013) Elemente aus Rennspielen, Third-Person-Shootern und Weltsimulationen, während Titel wie *The Elder Scrolls V: Skyrim* (Bethesda Game Studios 2011) Aspekte des Rollenspiels mit Actionmechaniken und taktischen Entscheidungssystemen verknüpfen. Abweichungen von genretypischen Darstellungsweisen werden dabei selten isoliert wahrgenommen, sondern stets vor dem Hintergrund bestehender Konventionen interpretiert.

Für die Analyse visueller Darstellungsästhetik ist es daher sinnvoll, Genre nicht als Eigenschaft der Darstellung selbst zu behandeln, sondern als Kontext der Bedeutungsproduktion. Genre beeinflusst, welche Darstellungsformen plausibel erscheinen, welche Kameraperspektiven erwartet werden und wie visuelle Hierarchien gelesen werden. Genre gehört damit primär zur Wahrnehmungs- und Bedeutungsebene. Es fungiert als interpretativer Rahmen, der visuelle Darstellungsästhetik kontextualisiert, ohne sie festzuschreiben. Innerhalb einer analytischen Taxonomie hilft der Genrebegriff, Unterschiede in der Wahrnehmung zu erklären, die nicht allein aus formalen oder medialen Eigenschaften hervorgehen.

9.2 Grafische Projektion: Kameraperspektiven als Inszenierungsstrategien *Organisation Von Bildraum, Sichtbarkeit Und Handlung*

Die Kameraperspektive beschreibt die Art und Weise, wie Spielwelt, Spielfigur und Umgebung visuell organisiert und zugänglich gemacht werden. Sie bestimmt, welche Bildausschnitte sichtbar sind, wie Raumtiefe vermittelt wird und in welchem Verhältnis Spielende zu ihrer Figur und zur Spielwelt stehen. Kameraperspektiven wirken damit als Vermittlungsinstanz zwischen formaler Gestaltung, medialer Umsetzung und Wahrnehmung.

Im Unterschied zu Darstellungsformen oder Art Stilen ist die Kameraperspektive kein statisches Merkmal. Sie kann innerhalb eines Spiels wechseln, situativ angepasst werden oder bewusst eingeschränkt sein. Kameraperspektiven sind daher als Inszenierungsstrategien zu verstehen, die Wahrnehmung strukturieren und Handlungsmöglichkeiten rahmen.

Die Kameraperspektive bestimmt, wie Spielräume organisiert und Informationen vermittelt werden. Abb. 9.2 zeigt Kameraperspektiven anhand eines Würfels im Raum auf.

In Echtzeit-Strategiespielen wie *StarCraft II* (Blizzard Entertainment 2010) oder *Age of Empires* (Ensemble Studios 1997) wird häufig eine erhöhte Draufsicht eingesetzt, die Übersicht, Vergleichbarkeit und Kontrolle ermöglicht. Die visuelle Gestaltung ist hier auf Klarheit, Lesbarkeit und Differenzierung ausgerichtet: Einheiten, Gebäude und Terrains müssen schnell unterscheidbar sein, Detailreichtum tritt hinter funktionale Ordnung zurück. Die Perspektive unterstützt ein Gameplay, das auf Planung, Ressourcenkontrolle und taktische Entscheidungen ausgelegt ist.

Demgegenüber erzeugen Ego- oder Schulterperspektiven, wie sie etwa *in Half-Life* (Valve 1998), *The Last of Us* (Naughty Dog 2013) oder *God of War* (Santa Monica Studio

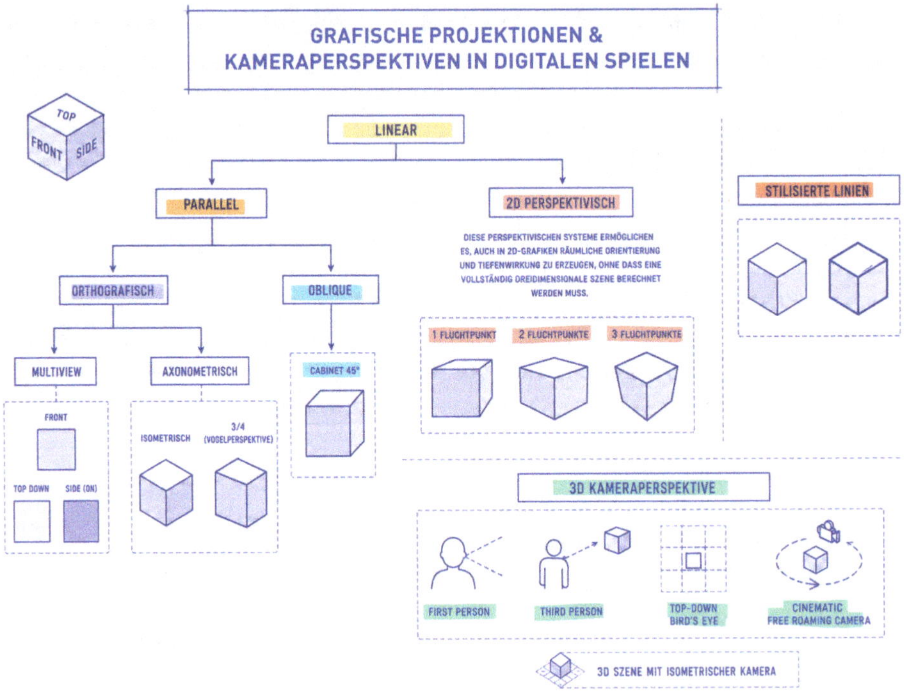

Abb. 9.2 Grafische Projektionen und 3D Kameraperspektiven. (Quelle: Nadine Trautzsch 2026, in Anlehnung an Jan (o. D.))

2018) eingesetzt werden, eine starke räumliche Nähe. Sie fördern Immersion und situative Wahrnehmung, stellen jedoch höhere Anforderungen an Maßstab, Materialität und Lichtführung. Visuelle Gestaltung muss hier glaubhafte Räume schaffen, die zugleich Orientierung bieten. Gameplay und Darstellung sind eng gekoppelt: Deckung, Sichtlinien und Bewegungsräume werden visuell vermittelt und direkt spielrelevant.

Auch seitliche Kameraperspektiven, wie sie in 2D- oder 2,5D-Spielen verwendet werden, bringen eigene gestalterische Logiken mit sich. In Spielen wie *Hollow Knight* (Team Cherry 2017) oder *Celeste* (Extremely OK Games, Ltd 2018) ist die Silhouette von Figuren und Objekten entscheidend. Kontraste, klare Formen und reduzierte Hintergründe unterstützen präzises Timing und schnelle Reaktion. Die visuelle Gestaltung ordnet sich hier bewusst der Lesbarkeit unter, ohne auf stilistische Eigenständigkeit zu verzichten.

Das Gameplay wirkt dabei stets auf die visuelle Gestaltung zurück. Spiele mit hohem Aktionstempo benötigen eindeutige visuelle Signale, etwa für Gefahren, Treffer oder Interaktionen. In *Dead Cells* (Motion Twin 2018) oder *Hades* (Supergiant Games 2020) werden Gegner, Projektilbahnen und Zustandsänderungen stark farblich und formal differenziert, um auch in komplexen Situationen verständlich zu bleiben. Gestaltung dient hier der unmittelbaren Entscheidungsunterstützung.

Die Narration beeinflusst visuelle Ausprägungen auf andere Weise. In narrativ orientierten Spielen wie *Firewatch* (Campo Santo 2016) oder *Journey* (Thatgamecompany 2012) übernimmt die Umgebung selbst erzählerische Funktionen. Architektur, Farbklima und Landschaftsgestaltung vermitteln Stimmungen und thematische Inhalte, ohne explizit erklärt zu werden. Die visuelle Gestaltung unterstützt hier eine Form des Erzählens, die stark auf Atmosphäre und implizite Bedeutungen setzt. Das Gameplay tritt teilweise in den Hintergrund, während Wahrnehmung und Interpretation an Gewicht gewinnen.

Diese Beispiele zeigen, dass visuelle Gestaltung in Games stets kontextabhängig ist. Genre, Kameraperspektive, Gameplay und Narration wirken zusammen und erzeugen Anforderungen, auf die Darstellung reagieren muss. Eine stark abstrahierte Gestaltung kann in einem taktischen oder symbolischen Spiel sinnvoll sein, während sie in einem realistisch angelegten, narrativen Kontext Irritation erzeugen würde. Umgekehrt kann ein hoher Detailgrad in einem schnellen Actionspiel die Lesbarkeit beeinträchtigen.

Visuelle Darstellungsformen unterstützen bestimmte Spielweisen, strukturieren Wahrnehmung und tragen dazu bei, dass Gameplay und Narration als zusammenhängende Erfahrung wahrgenommen werden.

Seitenansicht (Side-Scrolling)

Bei der Seitenansicht wird der Spielraum entlang einer horizontalen Achse organisiert. Bewegung erfolgt primär von links nach rechts oder umgekehrt, während Tiefe entweder vollständig ausgeblendet oder nur angedeutet wird. Diese Perspektive begünstigt klare Bildkompositionen und eindeutige Blickrichtungen. Räumliche Information ist stark reduziert, was eine präzise Kontrolle der visuellen Hierarchie erlaubt.

Vogelperspektive (Top-Down)
In der Vogelperspektive wird die Spielwelt von oben dargestellt. Raumorganisation erfolgt primär über Flächen und Anordnung, weniger über Tiefenwirkung. Diese Perspektive ermöglicht eine hohe Übersicht über das Spielgeschehen und begünstigt strategische oder taktische Entscheidungen. Details einzelner Objekte treten zugunsten relationaler Strukturen zurück.

Isometrische Perspektive
Die isometrische Perspektive ist eine Sonderform der Top-Down-Darstellung, bei der Tiefe durch einen schrägen Blickwinkel simuliert wird. Der Raum erscheint dreidimensional, ohne dass eine echte perspektivische Verkürzung vorliegt. Diese Inszenierung verbindet Übersichtlichkeit mit einer angedeuteten Raumtiefe und erlaubt eine klare Organisation komplexer Spielräume.

¾ Ansicht
2.5D-Perspektiven kombinieren zweidimensionale Bewegungslogiken mit dreidimensionaler Raumdarstellung. Die Kamera ist häufig festgelegt oder nur eingeschränkt beweglich, während Figuren und Objekte in einem volumetrischen Raum agieren. Diese Perspektive ermöglicht eine kontrollierte Raumwirkung bei gleichzeitig reduzierter Navigationskomplexität.

Multiview- Feste Kamerapositionen (Fixed Camera)
Bei festen Kamerapositionen ist der Blickwinkel für bestimmte Räume oder Szenen vorgegeben. Kameras wechseln positionsabhängig, ohne kontinuierlich der Spielfigur zu folgen. Diese Inszenierungsform strukturiert Wahrnehmung über gezielte Bildausschnitte und kann Sichtbarkeit bewusst einschränken oder lenken.

Ego-Perspektive (First Person)
In der Ego-Perspektive fällt Kameraposition und Blickrichtung mit der Spielfigur zusammen. Die Spielwelt wird aus einer subjektiven Sicht wahrgenommen, wodurch der Bildraum unmittelbar an die Bewegungen der Spielenden gekoppelt ist. Diese Perspektive begrenzt das Sichtfeld auf das, was sich im direkten Blick befindet, und strukturiert Wahrnehmung stark über Nähe, Blickrichtung und Reaktionszeit.

Third-Person-Perspektive
Die Third-Person-Perspektive positioniert die Kamera hinter oder über der Spielfigur. Spielfigur und Umgebung sind gleichzeitig sichtbar, wodurch räumliche Orientierung und Situationsübersicht erleichtert werden. Die Perspektive erlaubt eine flexible Anpassung von Distanz und Blickwinkel und fungiert häufig als Kompromiss zwischen Übersicht und Figurenbindung.

Filmische und freie Kameras
Filmische oder freie Kameras wechseln dynamisch zwischen unterschiedlichen Blickwinkeln, Distanzen und Bewegungen. Sie orientieren sich an filmischen Inszenierungsformen und werden häufig genutzt, um Übergänge, Ereignisse oder narrative Momente visuell zu rahmen. Die Kamera übernimmt hier eine eigenständige inszenatorische Funktion.

Einordnung innerhalb der Taxonomie
Kameraperspektiven sind der medialen und technischen Ebene zuzuordnen. Sie vermitteln zwischen Darstellungsform und Wahrnehmung, indem sie Sichtbarkeit, Raumorganisation und Aufmerksamkeit strukturieren. Als Inszenierungsstrategien beeinflussen sie, wie formale Gestaltungselemente wahrgenommen werden, ohne diese selbst festzulegen.

9.3 Darstellungsform als technischer Umsetzungsstil - 2D, 2.5D, 3D und hybride Darstellungen

Die Darstellungsform bezeichnet die grundlegende mediale Organisation visueller Darstellung in digitalen Spielen. Sie beschreibt, auf welche Weise Raum, Tiefe und Bewegung technisch realisiert werden und wie visuelle Inhalte strukturiert sind. Im Unterschied zu Art Stilen, die formale Eigenschaften bündeln, bezieht sich die Darstellungsform auf den technischen und medialen Rahmen, innerhalb dessen visuelle Gestaltung umgesetzt wird. Die Wahl der Darstellungsform beeinflusst, wie Spielwelten wahrgenommen, navigiert und interpretiert werden können. Sie wirkt sich auf Raumwirkung, Bildtiefe, Kameraführung und Interaktionsmöglichkeiten aus und steht in engem Zusammenhang mit Produktionslogik und technischer Umsetzung. Darstellungsformen sind dabei nicht als rein technische Entscheidungen zu verstehen, sondern als strukturelle Bedingungen visueller Darstellungsästhetik.

Zweidimensionale Darstellung (2D)
Bei zweidimensionalen Darstellungen wird der Spielraum primär auf einer Fläche organisiert. Tiefe entsteht nicht durch frei navigierbare Raumachsen, sondern durch gestalterische Mittel wie Überlagerung, Skalierung, Parallaxeffekte oder Licht-Schatten-Modulation. Figuren, Objekte und Hintergründe sind in einer Bildfläche angeordnet, auch wenn Bewegung und Interaktion räumliche Illusionen erzeugen können. 2D-Darstellungen werden häufig mit Sprite-basierten Grafiken oder flächigen Illustrationen umgesetzt. Sie erlauben eine klare Kontrolle über Bildkomposition und visuelle Hierarchie, da Sichtachsen und Perspektiven weitgehend festgelegt sind. Die Darstellungsform begünstigt präzise Lesbarkeit und eine reduzierte visuelle Komplexität, erfordert jedoch bewusste Strategien zur Vermittlung von Raumtiefe und Orientierung.

Zweieinhalbdimensionale Darstellung (2.5D)

Die als 2.5D bezeichnete Darstellungsform verbindet zweidimensionale und dreidimensionale Elemente. Typisch ist die Platzierung von 2D-Figuren in dreidimensionalen Umgebungen oder umgekehrt die Nutzung dreidimensionaler Modelle innerhalb einer auf eine Ebene beschränkten Bewegung. Raumtiefe ist technisch vorhanden, wird jedoch gestalterisch begrenzt oder kontrolliert eingesetzt. Diese Darstellungsform ermöglicht eine differenzierte Raumwirkung bei gleichzeitig klarer Bildorganisation. Perspektive und Kameraposition sind häufig festgelegt oder nur eingeschränkt veränderbar. 2.5D-Darstellungen werden genutzt, um räumliche Tiefe anzudeuten, ohne die vollständige Komplexität frei navigierbarer 3D-Räume einzuführen. Sie fungieren damit als vermittelnde Form zwischen flächiger Darstellung und volumetrischem Raum.

Dreidimensionale Darstellung (3D)

Dreidimensionale Darstellungen basieren auf einem vollständig modellierten Raum mit frei definierbaren Tiefenachsen. Figuren, Objekte und Umgebungen besitzen Volumen und können aus unterschiedlichen Blickwinkeln betrachtet werden. Die Wahrnehmung von Raum entsteht hier aus der Kombination von Geometrie, Perspektive, Lichtberechnung und Kameraführung. 3D-Darstellungen ermöglichen komplexe räumliche Strukturen und flexible Inszenierungsformen, erfordern jedoch erhöhte Aufmerksamkeit für Orientierung, Lesbarkeit und visuelle Hierarchie. Da potenziell mehrere Sichtachsen gleichzeitig relevant sind, müssen formale Gestaltung, Kameraorganisation und Interaktionsdesign eng aufeinander abgestimmt werden. Die Darstellungsform beeinflusst damit nicht nur die visuelle Erscheinung, sondern auch die Art, wie Spielräume erschlossen werden.

Hybride Darstellungsformen

Hybride Darstellungsformen kombinieren unterschiedliche Darstellungslogiken innerhalb eines Spiels oder sogar innerhalb einzelner Szenen. Beispiele hierfür sind die Mischung von 2D-Interfaces mit 3D-Spielwelten, stilisierte Figuren vor volumetrischen Hintergründen oder wechselnde Darstellungsformen im Verlauf des Spiels. Diese Kombinationen machen sichtbar, dass Darstellungsformen nicht exklusiv sind, sondern situativ eingesetzt werden können. Hybride Ansätze nutzen die jeweiligen Eigenschaften unterschiedlicher Darstellungsformen gezielt aus. Sie können visuelle Kontraste erzeugen, funktionale Ebenen trennen oder Wahrnehmungsschwerpunkte verschieben. Darstellungsästhetik entsteht hier aus dem Zusammenspiel verschiedener technischer Umsetzungsstile, nicht aus deren Vereinheitlichung.

Einordnung innerhalb der Taxonomie

Die Darstellungsform ist der medialen und technischen Inszenierungsebene zugeordnet. Sie legt den strukturellen Rahmen fest, innerhalb dessen formale Gestaltung, Art Stile und Kameraperspektiven wirksam werden. Als technischer Umsetzungsstil beeinflusst sie sowohl die visuelle Organisation als auch die Wahrnehmung von Raum und Bewegung, ohne diese Aspekte vollständig festzulegen.

9.4 2D-basierte Art Stile und Darstellungsästhetiken

Art Stile beschreiben wiederkehrende Muster visueller Gestaltung, die sich aus der Kombination formaler Parameter ergeben. Sie beziehen sich nicht auf einzelne Gestaltungselemente, sondern auf stabile Zusammenhänge von Abstraktionsgrad, Formensprache, Farbkonzept, Detailtiefe, Materialität und Lichtbehandlung. Art Stile fungieren in der Praxis häufig als kommunikative Kurzformen, ersetzen jedoch keine analytische Beschreibung der zugrunde liegenden formalen Entscheidungen. Innerhalb der Taxonomie der Darstellungsästhetik werden Art Stile daher nicht als abgeschlossene Kategorien verstanden, sondern als Konfigurationen formaler Parameter (s. Abb. 9.3). Die folgenden Auflistungen sind nicht vollständig und nicht normativ. Sie dienen der begrifflichen Orientierung und der Vergleichbarkeit visueller Darstellungen.

2D Art Stile

Abstrakt- minimalistisch
In minimalistisch gestalteten Spielen wird die Darstellung bewusst auf einfache geometrische Formen und klare Farbkontraste reduziert. Die Grafik dient dabei vor allem der eindeutigen Lesbarkeit von Figuren, Bewegungen und Spielzuständen. Ein Beispiel ist *Thomas Was Alone* (Bithell Games 2012) in dem die Spielfiguren ausschließlich aus unterschiedlich großen farbigen Rechtecken bestehen. Andere Spiele arbeiten mit einer

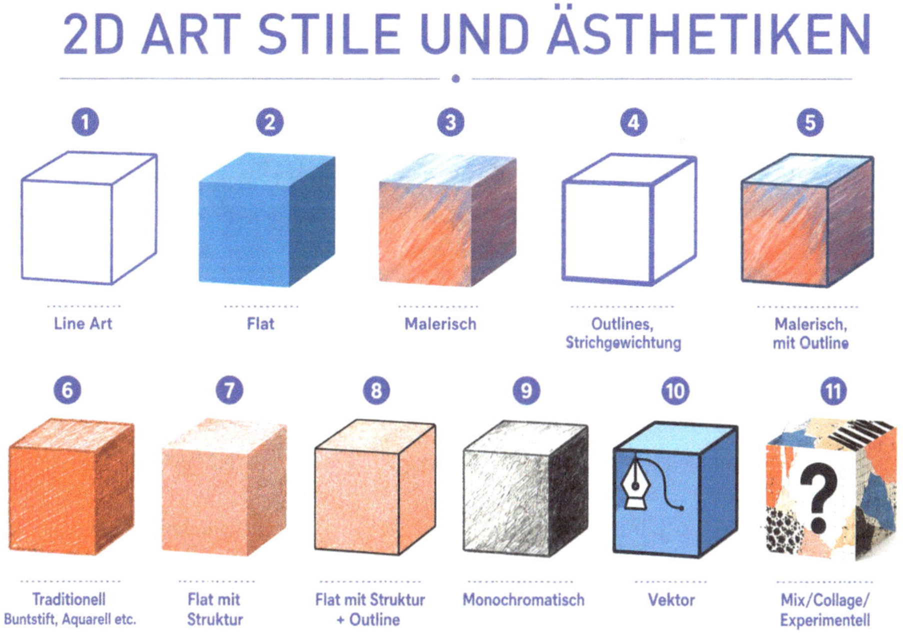

Abb. 9.3 Übersicht ausgewählter 2D Darstellungsästhetiken und Art Stile. (Quelle: Trautzsch 2026)

stark stilisierten, grafisch intensiven Darstellung. In *Terror Squid* (Apt Games 2020) entsteht der visuelle Eindruck durch überlagerte Farben, Muster und rotierende Formen, die eine dichte, fast psychedelische Bildfläche erzeugen. Beide Ansätze zeigen unterschiedliche Strategien der grafischen Gestaltung: reduzierte Abstraktion zur klaren Darstellung von Spielmechaniken und visuelle Verdichtung zur Erzeugung eines markanten, stilisierten Erscheinungsbildes.

Pixel Art

Pixel Art basiert auf einer bewusst reduzierten Darstellung. Formen entstehen aus einzelnen Bildpunkten, Detailtiefe ist begrenzt und stark abstrahiert. Farbpaletten sind häufig reduziert, Übergänge zwischen Farben erfolgen über vollflächige Pixel. Lesbarkeit ergibt sich aus klaren Silhouetten und Kontrasten, nicht aus Oberflächendetail. Diese Darstellungsweise entstammt historischen technischen Einschränkungen, fungiert in aktuellen Produktionen jedoch als eigenständiger Darstellungsmodus. Pixel Art arbeitet mit Nostalgie, Ressourcenökonomie und Popkultur. *Katana Zero* (Askiisoft 2019), *Hyper Light drifter* (Heart Machine 2016), *Little Witch in the Wood* (SUNNY SIDE UP 2022), *Evil Wizard* (Rubber Duck Games 2024)

Flat Design – Vektorbasierte Darstellung

Charakteristisch für Flat Design sind präzise Konturen, geschlossene Farbflächen und eine reduzierte Volumenwirkung. Formen werden meist durch klare Linien voneinander getrennt, wodurch Figuren, Objekte und Hintergrundelemente eindeutig unterscheidbar bleiben. Räumlichkeit entsteht nur eingeschränkt und wird – wenn überhaupt – über einfache Farbverläufe oder leichte Schattierungen angedeutet. Die grafische Organisation folgt dabei einer klaren visuellen Hierarchie: wichtige Spielelemente sind durch Farbe, Kontrast oder Kontur deutlich hervorgehoben, während Hintergrundflächen einfacher gestaltet bleiben. Diese Form der Darstellung unterstützt die schnelle Orientierung im Spielraum und erleichtert die Lesbarkeit von Bewegungen, Gegnern und Interaktionsobjekten. Ein Beispiel für diese Gestaltung ist *Guacamelee!*, (DrinkBox Studios 2013) dessen visuelle Gestaltung stark von Vektorgrafik, Comicästhetik und mexikanischer Populärkultur geprägt ist. Figuren und Umgebungen bestehen aus klar umrissenen Formen und leuchtenden Farbflächen, wodurch eine gut strukturierte und leicht erfassbare Bildorganisation entsteht.

Illustrativ-malerische Darstellung

Illustrativ-malerische Art Stile orientieren sich an traditionellen Zeichnungs- und Maltechniken. Oberflächen wirken häufig texturiert, Farbverläufe sind weich und Linien können bewusst unregelmäßig oder skizzenhaft erscheinen. Dadurch entsteht eine Bildwirkung, die an analoge Techniken wie Aquarell, Tusche oder Bleistift erinnert und die Materialität der Darstellung sichtbar macht.

Diese Form der Gestaltung ermöglicht eine starke atmosphärische Verdichtung, erfordert jedoch eine gezielte Steuerung der visuellen Hierarchie, damit Figuren und Interaktionspunkte trotz der malerischen Detailfülle lesbar bleiben. Spiele wie *Hoa* (Skrollcat Studio 2021), *Child of Light* (Ubisoft Montreal 2014), *Gris* (Nomada Studio 2018) *oder Seasons After Fall* (Swing Swing Submarine 2016) nutzen solche Ansätze und erinnern in ihrer Bildsprache teilweise an handgezeichnete oder animierte Filmästhetiken, etwa aus dem Bereich japanischer Animationsfilme.

Flächige und minimalistische Darstellung
Flächige Darstellungen reduzieren visuelle Information auf einfache Formen und begrenzte Farbflächen. Texturen und Schattierungen treten in den Hintergrund oder entfallen vollständig. Bedeutung entsteht primär durch Formrelationen, Bewegung und Kontrast. Diese Konfiguration begünstigt klare Strukturierung, setzt jedoch präzise formale Entscheidungen voraus. *Miracle Mechant* (Arnold Rauers 2015).

9.5 3D-basierte Art Stile und Darstellungsästhetiken

3D-basierte Darstellungsformen organisieren den Bildraum über Volumen, Perspektive und Beleuchtung. Sie ermöglichen komplexe Raumstrukturen und dynamische Kameraführung, stellen jedoch auch höhere Anforderungen an technische Umsetzung und visuelle Kohärenz.

Low-Poly-Ansätze nutzen reduzierte Geometrie und klare Flächen, um Übersicht und Stilprägnanz zu erzeugen. Abstrakte 3D-Stile lösen sich bewusst von realistischen Materialdarstellungen, während Cel-Shading grafische, illustrative Effekte in den dreidimensionalen Raum überträgt. Realistische Ansätze zielen auf glaubhafte Materialität, Lichtverhalten und Maßstab, während handgemalte Oberflächen gestalterische Kontrolle über Textur und Farbwirkung ermöglichen (s. Abb. 9.4).

Diese Ausprägungen unterscheiden sich in ihrer Wirkung auf Atmosphäre, Lesbarkeit und Produktionsaufwand. Ihre Wahl beeinflusst maßgeblich, wie Spielräume wahrgenommen und genutzt werden.

Cel Shading
Cel Shading reduziert volumetrische Schattierung auf klar abgegrenzte Farbflächen. Licht- und Schattenverläufe sind diskret, Outlines können vorhanden sein, sind jedoch nicht zwingend. Die Darstellung erzeugt eine stilisierte Anmutung, bei der Form und Silhouette stärker gewichtet werden als Oberflächendetail. Beispiele: *Void Bastards* (Blue Manchu 2019) *mit Outlines, The Legend of Zelda- Tears of the Kingdom* (Nintendo EPD 2023).

Low-Poly-Darstellung
Low-Poly-Stile zeichnen sich durch eine reduzierte Polygonanzahl und vereinfachte Geometrie aus. Formen bleiben bewusst kantig, Oberflächen sind meist einfarbig oder nur grob texturiert. Die Darstellung verzichtet auf detaillierte Modellierung zugunsten klarer Formlesbarkeit und einer kontrollierten visuellen Komplexität. Diese Ästhetik macht die grundlegenden geometrischen Strukturen der 3D-Modelle sichtbar und betont deren konstruktiven Aufbau. Zwei Beispiele dafür sind *Overland* (Finji 2019), oder *Tunic* (Tunic Team 2022) dessen visuelle Gestaltung mit einfachen polygonalen Formen arbeitet und dadurch eine klare, gut überschaubare Darstellung der Spielwelt ermöglicht.

Abb. 9.4 Übersicht ausgewählter 3D Darstellungsästhetiken und Art Stile. (Quelle: Trautzsch 2026)

Hand-painted Textures

Bei handgemalten Texturen wird Detailtiefe weniger über komplexe Geometrie als über die malerische Ausarbeitung der Oberflächen erzeugt. Licht, Schatten und Materialeigenschaften sind häufig direkt in die Textur gemalt und nicht ausschließlich Ergebnis dynamischer Beleuchtung. Diese Texturierungs Methode erlaubt eine gezielte Steuerung von Farbe, Kontrast und Atmosphäre, unabhängig von physikalisch korrekter Lichtsimulation. Dadurch können Oberflächen stilisiert, überzeichnet oder bewusst vereinfacht erscheinen. Beispiele für diesen Ansatz finden sich in *World of Warcraft* (Blizzard Entertainment 2004*), League of Legends* (Riot Games 2009) *und Lost in Random* (Zoink Games 2021), deren visuelle Gestaltung stark durch handgemalte Texturen geprägt ist.

Fotorealistische – naturalistische Darstellung

Fotorealistische Art Stile orientieren sich an der visuellen Anmutung der außermedialen Welt. Detailtiefe, Materialeigenschaften und Lichtsimulation sind stark ausgeprägt und zielen auf eine möglichst glaubhafte Darstellung von Oberflächen, Räumen und Figuren. Durch die hohe visuelle Komplexität müssen Lesbarkeit und Orientierung gezielt über Komposition, Beleuchtung und visuelle Hierarchien organisiert werden. Ein Beispiel für diesen Ansatz ist *Red Dead Redemption 2* (Rockstar Studios 2018), dessen Gestaltung auf detaillierter Modellierung, realistischen Materialien und komplexer Lichtsimulation basiert.

Puppenbau, Modelle-3D Scan: Das gemeinsame Prinzip: Die Welt als Diorama
Bei Spielwelten, die auf Fotogrammetrie und handgebauten Modellen basieren, entsteht die visuelle Darstellung nicht ausschließlich digital, sondern aus realen Miniatursets und Puppen, die eingescannt und in 3D-Modelle überführt werden. Die Spielräume wirken dadurch wie kleine Bühnen oder Schaukästen: sorgfältig arrangierte Szenen mit klar begrenzten Räumen und sichtbarer Materialität. Texturen bleiben häufig fotografisch erhalten, wodurch Oberflächen ihre reale Struktur bewahren. Die Figuren sind meist bewusst stilisiert, mit vereinfachten oder leicht karikaturhaften Proportionen, während die Umgebungen detailreich und teilweise nahezu fotorealistisch erscheinen. Diese Kombination erzeugt eine charakteristische Spannung zwischen realistischer Umgebung und stilisierten Charakteren. Ein wichtiger ästhetischer Effekt ist dabei die sichtbare Unvollkommenheit der handgebauten Modelle – Spuren von Material, Handarbeit und Konstruktion bleiben erkennbar und vermitteln eine besondere Form von Materialität und Intimität. Beispiele für diesen Ansatz sind *Trüberbrook* (btf GmbH 2019) und *Harold Halibut* (Slow Bros 2024), deren Spielwelten aus physischen Miniaturen und Puppen entwickelt und anschließend digitalisiert wurden.

Mixed Art – Ein persönlicher Kunststil, Komposition von analogen und digitalen Techniken
Mixed Art Stile entstehen durch die bewusste Kombination unterschiedlicher Materialien, Techniken und Formensprachen. Analoge und digitale Verfahren können dabei parallel eingesetzt werden, etwa gescannte Zeichnungen, Frame-by-Frame-Animation, digitale Koloration oder stilisierte 3D-Elemente. Das kann sich in sehr konkreten Entscheidungen zeigen: ungewöhnliche Augenproportionen bei Charakteren, grotesk überhöhte Raumarchitektur, oder Motion Design das sich an frühen Cartoon-Ästhetiken der 1930er orientiert. Techniken wie Linolschnitt, Ölkreide, Frame-by-Frame-Animation wie *Cuphead* (Studio MDHR 2017) oder gescannte Handzeichnungen bringen eine materielle Qualität ins Bild, die rein digitale Produktion nicht automatisch erzeugt. Charakteristisch ist eine sichtbare Vielfalt an gestalterischen Ebenen, die gemeinsam eine konsistente visuelle Identität formen. Technische und formale Limitierungen – etwa reduzierte Farbpaletten, niedrige Auflösungen oder vereinfachte Animationsabläufe – werden häufig gezielt als Gestaltungsmittel eingesetzt. Sie strukturieren den Stil, erzeugen visuelle Kohärenz und prägen die ästhetische Wirkung ebenso stark wie die verwendeten Materialien selbst. Beispiele für solche Ansätze finden sich in *Don't Starve* (Klei Entertainment 2013) und *Yes, Your Grace* (Brave at Night, 2020), deren visuelle Gestaltung unterschiedliche Techniken und Stilmittel zu einer eigenständigen Bildsprache verbindet.

Art Stile als analytische Kategorie
Die aufgeführten Art Stile beschreiben keine festen Stilklassen, sondern verdichten wiederkehrende Konfigurationen formaler Parameter. In der Praxis treten sie häufig in Mischformen auf oder werden innerhalb eines Spiels variiert. Für die Analyse von Darstellungsästhetiken ist daher weniger die Benennung eines Art Stils entscheidend als die Be-

schreibung der formalen Eigenschaften, aus denen er sich zusammensetzt. Innerhalb der Taxonomie fungieren Art Stile als vermittelnde Kategorie zwischen formaler Darstellungsebene und medialer Inszenierung. Sie machen visuelle Entscheidungen benennbar, ohne deren Wirkung bereits festzuschreiben.

2D Grafik in 3D Raum
Bei 2D-Grafiken in einer 3D-Bühne werden zweidimensionale Figuren und Elemente in einen räumlichen, dreidimensionalen Szenenaufbau integriert. Die Spielwelt funktioniert dabei wie eine Bühne, in der Ebenen, Kameraposition und Beleuchtung gezielt eingesetzt werden, um räumliche Tiefe zu erzeugen. Inszenatorische Mittel wie Tiefenschärfe, Licht, Parallax-Ebenen und atmosphärische Effekte strukturieren den Raum und lenken den Blick auf relevante Spielbereiche. Figuren bleiben häufig als flache Sprites erhalten, während Umgebung und Kamera räumlich organisiert sind. Beispiele für diesen Ansatz finden sich in *Cult of the Lamb* (Massive Monster 2022), *Octopath Traveler* (Acquire 2018) sowie *Ori and the Blind Forest* (Moon Studios 2015), die zweidimensionale Grafik mit räumlicher Inszenierung kombinieren.

9.6 Individueller Stil und Wiedererkennbarkeit

Unabhängig von technischen Grundlagen oder Darstellungsform entwickeln viele Spiele eine eigene visuelle Handschrift. Dieser individuelle Stil entsteht durch konsistente Entscheidungen in Formensprache, Farbgebung, Proportionen und Bildkomposition. Wiedererkennbarkeit ist dabei weniger das Ergebnis einzelner Elemente als die Folge konsequenter Gestaltung über das gesamte Spiel hinweg. Individueller Stil bewegt sich jedoch stets innerhalb bestimmter Grenzen. Produktionsbedingungen, Teamarbeit und technische Systeme setzen Rahmen, innerhalb derer stilistische Entscheidungen getroffen werden. Stil ist daher nicht Ausdruck völliger Freiheit, sondern das Resultat bewusster Auswahl und Reduktion.

9.7 Rahmenbedingungen und technische Limitationen

Visuelle Ausprägungen werden maßgeblich von technischen und organisatorischen Faktoren beeinflusst. Engine, Zielplattform, Performanceanforderungen und Budget wirken auf Detailgrad, Beleuchtung, Animation und Effekte. Diese Faktoren bestimmen, welche Darstellungsformen realisierbar sind und wie stabil sie im Spielbetrieb funktionieren. (Burbach und Trautzsch 2024)

Gestaltung reagiert auf diese Bedingungen, indem sie Lösungen entwickelt, die visuelle Klarheit und technische Umsetzbarkeit miteinander verbinden. Technische Einschränkungen führen dabei häufig zu gestalterischer Fokussierung und können zur Entwicklung eigenständiger visueller Konzepte beitragen.

▶ **Definition** Die Darstellungsästhetik eines Games entsteht aus dem Zusammenspiel mehrerer Gestaltungskomponenten. Der Grad des Realismus bestimmt, ob eine Spielwelt eher realistisch, ikonisch-stilisiert oder abstrakt erscheint. Die Darstellungsform legt fest, ob ein Spiel visuell als 2D, 2.5D- oder 3D-Raum organisiert ist. Der Darstellungsstil prägt die konkrete Bildsprache, etwa malerisch, grafisch, flat, pixelbasiert, cel-shaded, low-poly oder fotorealistisch.

Hinzu kommen Kameraperspektive und Texturen bzw. Oberflächenstil, die wesentlich beeinflussen, wie Räume gelesen, Figuren wahrgenommen und Materialien verstanden werden. Genre, Erwartungen und Wahrnehmung wirken als kultureller Rahmen: Ein Fantasy-Spiel, Horror-Spiel oder Plattformer ruft jeweils andere visuelle Konventionen und Spielerwartungen auf. Die mediale Inszenierungsebene verbindet schließlich Bildkomposition, Raum, UI, Bewegung, Sound und Rhythmus zu einer spielbaren Erfahrung (s. Abb. 9.5). Darstellungsästhetik ist damit kein einzelner Look, sondern ein System gestalterischer Entscheidungen. Sie organisiert, wie ein Spiel sichtbar, lesbar, fühlbar und bedeutungsvoll wird.

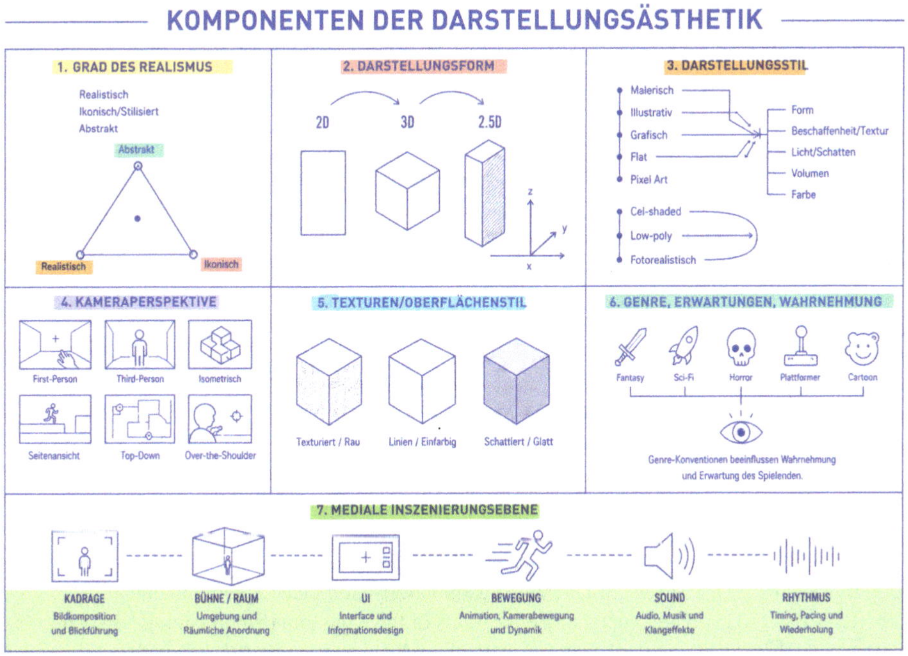

Abb. 9.5 Übersicht über die Komponenten der Darstellungsästhetik. (Quelle: Nadine Trautzsch 2026)

Literatur

Burbach, J. & Trautzsch, N. (2024, 12. Januar). *Gaming History – Potentiale der Spielgeschichte für innovative Spielentwicklung*. https://doi.org/10.56250/4054
Feige, D. M. (2015). *Computerspiele: Eine Ästhetik*. Suhrkamp.
Trautzsch, N. (2026). *Darstellungsästhetik als Analyse- und Gestaltungsmodell digitaler Spiele: Skizzierung einer Taxonomie*. https://doi.org/10.56250/4117

Ludographie

Acquire & Square Enix. (2018). Octopath Traveler [Videospiel]. Square Enix.
Apt Games. (2020). Terror Squid. Apt Games.
Arnold Rauers. (2015). Miracle Merchant [Video game]. Arnold Rauers.
Askiisoft. (2019). Katana ZERO [Video game]. Devolver Digital.
Asobo Studio. (2020). Microsoft Flight Simulator [Video game]. Xbox Game Studios.
Bethesda Game Studios. (2011). The Elder Scrolls V: Skyrim [Video game]. Bethesda Softworks.
Bithell Games. (2012). Thomas Was Alone. [Video game]. Bithell Games.
Blizzard Entertainment. (2004). World of Warcraft [Video game]. Blizzard Entertainment.
Blizzard Entertainment. (2010). StarCraft II: Wings of Liberty [Video game]. Blizzard Entertainment.
Blizzard Entertainment. (2023). Diablo IV [Video game]. Blizzard Entertainment.
Blue Manchu. (2019). Void Bastards [Video game]. Humble Bundle.
Brave at Night. (2020). Yes, Your Grace [Video game]. No More Robots.
btf GmbH. (2019). Trüberbrook [Video game]. Headup.
Campo Santo. (2016). Firewatch [Video game]. Campo Santo.
Crystal Dynamics. (2013). Tomb Raider [Video game]. Square Enix.
DrinkBox Studios. (2013). Guacamelee! [Video game]. DrinkBox Studios.
Ensemble Studios. (1997). Age of Empires [Video game]. Microsoft.
Extremely OK Games, Ltd. (2018). Celeste [Video game]. Matt Makes Games Inc.
Finji. (2019). Overland. Finji.
Firaxis Games. (2016). Sid Meier's Civilization VI [Video game]. 2K.
Heart Machine. (2016). Hyper Light Drifter. [Video game]. Heart Machine.
Hempuli Oy. (2019). Baba Is You [Videospiel]. Hempuli Oy.
Klei Entertainment. (2013). Don't Starve [Video game]. Klei Entertainment.
Massive Monster. (2022). Cult of the Lamb [Video game]. Devolver Digital.
Moon Studios. (2015). Ori and the Blind Forest [Video game]. Microsoft Studios.
Motion Twin. (2018). Dead Cells [Video game]. Motion Twin.
Naughty Dog. (2013). The Last of Us [Video game]. Sony Computer Entertainment.
Nintendo EPD. (2023). The Legend of Zelda: Tears of the Kingdom [Video game]. Nintendo.
Nintendo. (2017). The Legend of Zelda: Breath of the Wild. [Video game]. Nintendo.
Nomada Studio. (2018). GRIS [Video game]. Devolver Digital.
Polyphony Digital. (2022). Gran Turismo 7 [Video game]. Sony Interactive Entertainment.
Riot Games. (2009). League of Legends [Video game]. Riot Games.
Rockstar North. (2013). Grand Theft Auto V [Video game]. Rockstar Games.
Rockstar Studios. (2018). Red Dead Redemption 2. New York, NY: Rockstar Games.
Rubber Duck Games. (2024). Evil Wizard [Video game]. Humble Games.
Santa Monica Studio. (2018). God of War [Video game]. Sony Interactive Entertainment.

Skrollcat Studio. (2021). Hoa [Video game]. PM Studios, Inc.
Slow Bros. (2024). Harold Halibut [Video game]. Slow Bros.
Studio MDHR. (2017). Cuphead [Video game]. Studio MDHR.
SUNNY SIDE UP. (2022). Little Witch in the Woods [Video game]. SUNNY SIDE UP.
Supergiant Games. (2020). Hades [Video game]. Supergiant Games.
Swing Swing Submarine. (2016). Seasons After Fall [Video game]. Focus Home Interactive.
Team Cherry. (2017). Hollow Knight [Video game]. Team Cherry.
Thatgamecompany. (2012). Journey [Video game]. Sony Computer Entertainment.
Thekla, Inc. (2016). The Witness [Video game]. Thekla, Inc.
Totally Games. (1993). Star Wars: X-Wing [Video game]. LucasArts.
TUNIC Team. (2022). TUNIC [Video game]. Finji.
Ubisoft Mainz. (2019). Anno 1800 [Video game]. Ubisoft.
Ubisoft Montreal. (2014). Child of Light [Video game]. Ubisoft.
Valve. (1998). Half-Life [Video game]. Sierra Studios.
Zoink Games. (2021). Lost in Random [Video game]. Electronic Arts.

10 Analyse Darstellungsästhetiken Ebenen Matrix 3x3

10.1 Modell und Matrix der Darstellungsästhetik

Das kombinierte Modell der Darstellungsästhetik verbindet eine analytische Ebenenstruktur mit einer operativen Matrix. Mit diesem Analyseinstrument lassen sich visuelle Darstellungsästhetiken digitaler Spiele sowohl konzeptionell einzuordnen als auch konkret beschreibbar zu machen.

Die vertikale Struktur des Modells unterscheidet drei Ebenen: die formale Darstellungsebene, die mediale und technische Inszenierungsebene sowie die Bedeutungs- und Wahrnehmungsebene. Diese Ebenen beschreiben unterschiedliche Aspekte visueller Darstellung, ohne eine hierarchische Ordnung anzunehmen. Sie wirken in der konkreten Spielerfahrung gemeinsam und sind analytisch voneinander unterscheidbar.

Die horizontale Struktur der Matrix ergänzt dieses Ebenenmodell um drei Analysezugriffe (s. Abb. 10.1). Theoretische Konzepte dienen der Erklärung visueller Wirkungszusammenhänge, ohne selbst Darstellungsformen festzulegen. Operative Kategorien bezeichnen benennbare Begriffe aus Praxis und Lehre, mit denen visuelle Erscheinungsformen beschrieben und verglichen werden können. Analyseparameter schließlich ermöglichen eine detaillierte Beschreibung konkreter gestalterischer Eigenschaften.

Durch die Kombination von Ebenen und Analysezugriffen entsteht ein Raster, das sowohl abstrakte Konzepte als auch konkrete Darstellungsentscheidungen integriert. Eine visuelle Darstellungsästhetik lässt sich innerhalb dieses Rasters nicht als einzelnes Merkmal, sondern als Konstellation mehrerer Parameter beschreiben. Modell und Matrix bilden damit eine Einheit: Das Modell strukturiert den Analysebereich, die Matrix macht ihn operativ nutzbar.

N. Trautzsch, *Darstellungsästhetiken in Games*,
https://doi.org/10.1007/978-3-658-53102-7_10

Darstellungsebenen		Analysepunkte		
		Theoretische Konzepte - *Womit wird erklärt?*	**Operative Kategorien** *Woran wird es in der Praxis festgemacht?*	**Analyse Parameter** *Was wird konkret beschrieben?*
		Abstraktionsgrad (Realismus – Ikonizität – Abstraktion)		
	Formale Darstellungsebene *Was wird visuell gestaltet?*	Visuelle Garmmatik und Visuelle hierarchie McCloud	Wiederkehrende Stilmerkmale: Gestatungselemente, Art Stile (illustrativ, cel-shading. low-poly, Pixel Art)	Visuelle Elemente: Form, Farbe, Linie, Volumen, Textur, Detailtiefe
Aspekte visueller Darstellung, die in der konkreten Spielerfahrung gemeinsam wirken und analytisch voneinander unterscheidbar sind	**Mediale & technische Inszenierungsebene** Wie wird es medial realisiert?	Keine Theoretischen Konzepte. Technik wird nicht theoretisiert, sondern beschrieben	Darstellungsform: 2D, 3D, 2,5D, hybrid), Kameraperspektive	Inszenatorische Aspekte: Raumorganisation, Perspektive, Bilddynamik
	Bedeutungs- und Wahrnehmungsebene *Wie wird es wahrgenommen und interpretiert?*	Wahrnehmungsmodelle anwenden: Gestaltgesetze, Wahrnehmungsmodelle	Genre als Erwartungsrahmen	Wahrnehmungsqualitäten erfassen: Lesbarkeit, Atmosphäre, Erwartung, Orientierung
		Eine visuelle Darstellungsästhetik lässt sich innerhalb dieses Rasters als Komposition mehrerer Parameter beschreiben.		

Abb. 10.1 Die 3x3 Matrix: Operatives Werkzeug zur systematischen Analyse von Darstellungsästhetiken. (Quelle: Nadine Trautzsch 2026)

10.2 Anwendung von Modell und Matrix am Beispiel von Sable

Die folgende Analyse demonstriert die Anwendung des kombinierten Modells und der Matrix der Darstellungsästhetik anhand des Spiels (Sable, Shedworks 2021). Ziel ist nicht eine vollständige Beschreibung des Spiels, sondern die strukturierte Analyse seiner visuellen Darstellungsästhetik entlang der drei Ebenen unter Rückgriff auf theoretische Konzepte und operative Kategorien.

Formale Darstellungsebene

Die visuelle Erscheinung von *Sable* ist durch einen hohen Abstraktionsgrad in Farbe, Form und Oberflächendarstellung (Textur) geprägt. Formen sind vereinfacht, Farbflächen sind vollflächig und überwiegend homogen. Farbverläufe treten selten auf, Kontraste entstehen primär durch Farbgegensätze und Hell-Dunkel-Abstufungen, nicht durch Materialdetail. Oberflächen vollflächig einfarbig, „aplat" (Merzougui 2026) ohne Schattierungen dargestellt. Im 3D Rendering ist der Begriff „Flat Shading" etabliert. Die reduziert als Farbabstufungen dargestellten Objekte, tiefe und Schatten werden durch Shader simuliert. Schraffuren und Punktschraffuren schaffen etwas Oberflächentextur. Volumen wird nur in der Form und Raumtiefenwirkung, Anordnung der Objekte angedeutet, nicht ausgearbeitet. Die Darstellung orientiert sich an Skizzen, grafischen Drucken, traditionellen Kunsttechniken wie Kupferstichtechniken. Es entsteht ein stark an ikonisierter, grafischer Stil mit klarer Silhouetten Bildung. Die Formen werden durch sehr dünne Monolines in immer gleicher Strichstärke erzeugt. Linien übernehmen eine strukturierende Funktion, die

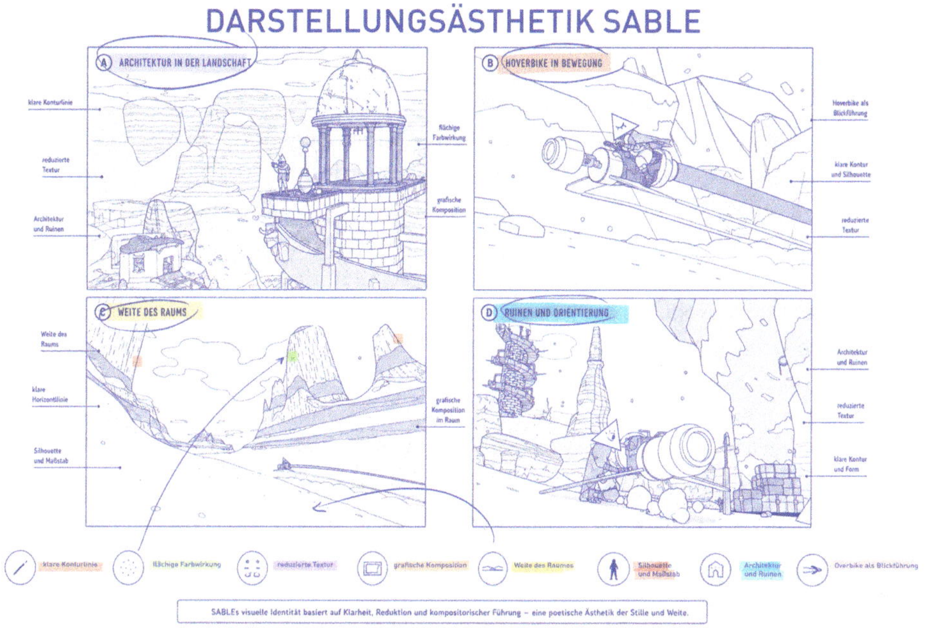

Abb. 10.2 Analyse der Darstellungsästhetiken von Sable. (Quelle: Trautzsch 2026).

Figuren und Objekte klar vom Hintergrund abgrenzen. Die visuelle Grammatik ist dadurch auf Lesbarkeit und formale Klarheit ausgerichtet.

Als Art Stil lässt sich die Darstellung von *Sable* nicht über eine einzelne Kategorie beschreiben, sondern als Konfiguration aus flächiger, illustrativer 3D-Gestaltung mit stark reduzierter Materialität. Die formalen Parameter erzeugen eine visuelle Erscheinung, die bewusst auf Detailtiefe verzichtet und stattdessen auf Wiedererkennbarkeit und grafischer Kohärenz setzt (s. Abb. 10.2).

Im Sinne des beschriebenen Abstraktionskontinuums lässt sich die visuelle Darstellung von im Bereich ikonischer Vereinfachung verorten. Diese Form der Reduktion bis zur ikonische Darstellung erleichtert Identifikation und Orientierung, ohne auf realistische Detailtreue angewiesen zu sein. Die Nähe zu comicbasierten Darstellungsweisen verdeutlicht, dass Abstraktion nicht mit Vereinfachung im funktionalen Sinne gleichzusetzen ist, sondern eine eigenständige Form visueller Organisation und Ästhetik darstellt. Der Art Stil von Sable kann als eine intermediale Referenz an Science-Fiction Comicserien des belgischen Comickünstlers Jean Giraud (alias Moebius) gelesen werden. Seine Arbeiten hatten und haben weiterhin einen starken visueller Einfluss auf Film & Popkultur. Für das Science-Fiction-Design in Filmen, Comics, Videospielen und Animationen gilt er als die prägende Referenz. Er arbeitete als Konzeptkünstler und Production Designer für Filme wie *Alien* (Scott 1979), *Tron* (Lisberger 1982), *The Abyss* (Cameron 1989) und *Das fünfte Element* (Besson 1997), beteiligt. Giraud hat den Science-Fiction-Comic als ernstzunehmendes Kunstmedium etabliert und das visuelle Vokabular des Sci-Fi-Genres über das Medium des Comic hinaus geprägt.

Mediale und technische Inszenierungsebene

Sable nutzt eine dreidimensionale Darstellungsform. Räume sind vollständig volumetrisch angelegt und frei begehbar. Die Kamera ist überwiegend als Third-Person-Perspektive organisiert und folgt der Spielfigur in moderatem Abstand. Sichtachsen bleiben offen, der Bildraum wird selten durch harte Begrenzungen eingeschränkt. Die Kamera verzichtet auf filmische Dynamik oder schnelle Perspektivwechsel. Ihre Bewegung ist gleichmäßig und zurückhaltend, wodurch die visuelle Wahrnehmung des Raums stabil bleibt. Die mediale Inszenierung unterstützt Erkundung und Orientierung, ohne gezielt Aufmerksamkeit zu lenken oder visuelle Dramatik zu erzeugen. Technische Umsetzung und ästhetische Entscheidung greifen hier ineinander. Die reduzierte Oberflächengestaltung minimiert visuelle Komplexität und lässt Raumwirkung primär über Form, Farbe und Maßstab entstehen. Licht fungiert weniger als realistisches Beleuchtungssystem, denn als Mittel zur atmosphärischen Differenzierung von Tageszeiten und Orten.

Bedeutungs- und Wahrnehmungsebene

Auf der Wahrnehmungsebene erzeugt die visuelle Darstellungsästhetik von *Sable* einen Eindruck von Offenheit und Ruhe. Die klare visuelle Hierarchie, die reduzierte Detaildichte und die stabile Kameraführung ermöglichen eine langsame, suchende Erkundung der Spielwelt. Wahrnehmung ist nicht auf Reaktion oder Zielerfassung ausgerichtet, sondern auf Orientierung und Verweilen. Genreerwartungen spielen hierbei eine wichtige Rolle. Als exploratives Adventure-Spiel wird *Sable* nicht an Kriterien wie Herausforderung oder Effizienz gelesen, sondern im Kontext von Entdeckung, Atmosphäre und Weltbezug. Die visuelle Gestaltung unterstützt diese Erwartung, indem sie Informationsüberfluss vermeidet und interpretativen Spielraum offenhält. Gestaltprinzipien wie Figur-Grund-Trennung und Nähe tragen zur klaren Organisation des Bildraums bei (S. Abb. 10.2). Figuren heben sich deutlich vom Hintergrund ab, während Umgebungen als zusammenhängende Flächen wahrgenommen werden. Bedeutungen entstehen weniger durch symbolische Codierung einzelner Objekte als durch das Zusammenspiel von Raum, Bewegung und Farbe über Zeit (s. Abb. 10.3).

Die Anlehnung an comictypische Darstellungsprinzipien beeinflusst auch die Wahrnehmung der Spielwelt. Wie im Comic wird Raum nicht als vollständig erschließbarer, realistischer Ort gelesen, sondern als visuell strukturierte Abfolge von Situationen. Wahrnehmung orientiert sich stärker an Bildkomposition, Silhouette und Farbkontrast als an physikalischer Plausibilität.

Diese Form der Darstellung eröffnet interpretativen Spielraum und begünstigt eine lesende, vergleichende Wahrnehmung, bei der Spielende visuelle Informationen ähnlich wie Panels oder Sequenzen erfassen.

Darstellungsebenen		**Analysekategorien**		
		Theoretische Konzepte - *Womit wird erklärt?*	**Operative Kategorien** *Woran wird es in der Praxis festgemacht?*	**Analyse Parameter** *Was wird konkret beschrieben?*
Aspekte visueller Darstellung, die in der konkreten Spielerfahrung gemeinsam wirken und analytisch voneinander unterscheidbar sind		stark Ikonisiert - Vereinfachung von Formen und Volumen, Oberfläche, Farben, Licht		
	Formale Darstellungsebene *Was wird visuell gestaltet?*	Visuelle Grammatik und Visuelle hierarchie McCloud		Formen sind vereinfacht, Oberflächen nur mit Schraffuren dargestellt , Kupferstich Techniken, Skizzenhaft
	Mediale & technische Inszenierungsebene Wie wird es medial realisiert?	3D Umsetzung mittels 3D Modelle, Einsatz von Shadern für Outline und Flat Shading	Darstellungsform: 3D Raum. Kameraperspektive: 3rd Person,	Inszenatorische Aspekte: Sichtachsen bleiben offen, Bewegung gleichmäßig und zurückhaltend, Raumwirkung primär über Form, Farbe und Maßstab
	Bedeutungs- und Wahrnehmungsebene *Wie wird es wahrgenommen und interpretiert?*	Wahrnehmung orientiert sich stärker an Bildkomposition, Silhouette und Farbkontrast als an physikalischer Plausibilität.	Als exploratives Adventure-Spiel: Kontext von Entdeckung, Atmosphäre und Weltbezug; Reduktion eröglicht interpretativen Spielraum, Comicreferenz: visuell strukturierte Abfolge von Situationen	Wahrnehmungsqualitäten: Eindruck von Offenheit und Ruhe; langsame, suchende Erkundung, Orientierung und Verweilen. Bedeutungen entstehen durch das Zusammenspiel von Raum, Bewegung, Farbe über Zeit.
		Eine visuelle Darstellungsästhetik lässt sich innerhalb dieses Rasters als Komposition mehrerer Parameter beschreiben.		

Abb. 10.3 Analyse der Darstellungsästhetik von Sable in der 3x3-Matrix. (Quelle: Trautzsch, Eigene Darstellung 2026)

Zusammenführung der Ebenen in der Matrix

Die Darstellungsästhetik von *Sable* lässt sich innerhalb der Matrix als Konstellation beschreiben, in der ein hoher Abstraktionsgrad, eine reduzierte formale Grammatik und eine zurückhaltende mediale Inszenierung aufeinander abgestimmt sind (s. Abb. 10.3). Operative Kategorien wie 3D-Darstellungsform, illustrativer Art Stil und Third-Person-Kamera erklären die technische und gestalterische Umsetzung, während theoretische Konzepte wie Abstraktionskontinuum, visuelle Hierarchie und Gestaltprinzipien die Wahrnehmungswirkung nachvollziehbar machen.

Keine der drei Ebenen allein erklärt die visuelle Wirkung des Spiels. Erst im Zusammenspiel formaler Vereinfachung, technischer Umsetzung und genrebezogener Erwartung entsteht eine Darstellungsästhetik, die Orientierung, Atmosphäre und Interpretation in ein ausgewogenes Verhältnis setzt.

Diese exemplarische Analyse zeigt auf, wie das kombinierte Modell und die Matrix der Darstellungsästhetik zur Beschreibung konkreter Spiele eingesetzt werden kann. *Sable* verdeutlicht, dass visuelle Darstellungsästhetik nicht aus stilistischen Etiketten ableitbar ist, sondern aus der spezifischen Konfiguration formaler, medialer und wahrnehmungsbezogener Parameter hervorgeht.

10.3 Anwendung von Modell und Matrix am Beispiel von Red Dead Redemption 2

Die folgende Analyse ergänzt die vorherige Untersuchung von *Sable* um ein kontrastierendes Beispiel. Ziel ist es, die Leistungsfähigkeit des Modells und der Matrix auch für Darstellungsästhetiken mit hohem Realismusanspruch zu demonstrieren. Die Analyse folgt derselben Struktur und dient dem Vergleich, nicht der Bewertung.

Formale Darstellungsebene
Die visuelle Darstellung von *Red Dead Redemption 2* ist durch einen geringen Abstraktionsgrad geprägt. Formen, Proportionen und Oberflächen orientieren sich eng an realweltlichen Vorbildern. Die Detailtiefe ist sehr hoch, Materialität wird naturalistisch dargestellt. Volumen entsteht nicht nur durch Geometrie, sondern durch realistische, tageszeitabhängige Sonneneinstrahlung, Wetterphänomene, Licht- und Schattenverhältnisse. Die Farbgestaltung folgt naturalistischen Prinzipien: Farbtöne sind entsättigt und variieren kontextabhängig, etwa in Abhängigkeit von Tageszeit, Wetter oder Umgebung. Kontraste entstehen weniger durch stilisierte Farbgegensätze als durch Lichtführung und atmosphärische Effekte. Linien treten als explizite Gestaltungsmittel in den Hintergrund und werden durch materialbasierte Konturen ersetzt.

Als Art Stil lässt sich die Darstellung nicht über eine stilisierte Kategorie fassen, sondern als Konfiguration aus hohem Realismusgrad, ausgeprägter Materialdarstellung und detaillierter Umweltgestaltung. Die formale Gestaltung zielt auf visuelle Plausibilität und Wiedererkennbarkeit realweltlicher Strukturen.

Mediale und technische Inszenierungsebene
Das Spiel nutzt eine vollständig dreidimensionale Darstellungsform mit frei navigierbaren Räumen. Die Kamera ist primär als Third-Person-Perspektive organisiert, kann jedoch situativ in filmische Kameraeinstellungen wie Close-Up, Totale und Italien-Shot wechseln. Sie referenzieren damit Western Filme. Kameradistanz und -höhe variieren dynamisch und passen sich Bewegung, Umgebung und Spielsituation an. Die mediale Inszenierung setzt stark auf atmosphärische Lichtsysteme, volumetrische Effekte und eine dynamische Umwelt. Wetter, Tageszeiten und Sichtverhältnisse verändern kontinuierlich die visuelle Wahrnehmung der Spielwelt. Die Kamera fungiert nicht nur als funktionales Vermittlungsinstrument, sondern als inszenatorisches Mittel, das Raumwirkung und Stimmung mitgestaltet. Im Kontext des Western-Genres erzeugt die visuelle Darstellungsästhetik von *Red Dead Redemption 2* einen klar genregebundenen Erwartungsrahmen. Der naturalistische Realismus, die weiten Landschaften, staubigen Siedlungen und warmen Dämmerungsstimmungen verweisen unmittelbar auf ikonografische Muster des klassischen und revisionistischen Westernfilms. Damit wird dem Spieler eine Welt angekündigt, die von Frontier-Mythologie, gesetzloser Grenzregion, individueller Freiheit und moralischer Ambivalenz geprägt ist.

Die genretypische Bildsprache – weite Horizonte, isolierte Figuren im Raum, Kontraste zwischen Zivilisation und Wildnis – erzeugt Erwartungen an Themen wie Ehre, Loyalität, Gewalt und gesellschaftlichen Wandel. Gleichzeitig impliziert der Western als Genre eine bestimmte Rhythmik: langsame Inszenierung, Spannungsaufbau durch räumliche Distanz, Duellsituationen, Natur als dramaturgischer Resonanzraum. Die visuelle Darstellungsästhetik fungiert somit als kultureller Code, der dem Spieler signalisiert, in welchem narrativen und symbolischen Rahmen sich das Spiel bewegt. Der Erwartungsrahmen ist hier primär genreästhetisch bestimmt: Die visuelle Gestaltung aktiviert ein kollektives Bildgedächtnis des Western und strukturiert die Interpretation der Spielwelt entsprechend.

Technische Umsetzung und ästhetische Zielsetzung sind eng miteinander verknüpft. Die hohe visuelle Detaildichte erfordert eine präzise Organisation der visuellen Hierarchie, um Orientierung und Lesbarkeit zu gewährleisten. Inszenierung und Technik arbeiten hier darauf hin, eine in sich konsistente, glaubhaft wirkende Welt zu präsentieren.

Bedeutungs- und Wahrnehmungsebene

Auf der Wahrnehmungsebene erzeugt die visuelle Darstellungsästhetik von *Red Dead Redemption 2* einen Eindruck von Weltkohärenz und physischer Präsenz. Wahrnehmung ist stark auf Kontinuität und Wiedererkennbarkeit ausgerichtet. Räume werden als zusammenhängende, persistent existierende Umgebungen gelesen, nicht als isolierte Spielsituationen.

Als Open-World-Action-Adventure wird das Spiel im Kontext von Erkundung, Narration und Weltbezug wahrgenommen. Die visuelle Darstellung unterstützt diese Erwartung, indem sie Detailreichtum und atmosphärische Konsistenz priorisiert. Bedeutungen entstehen aus der Übereinstimmung von Darstellung, Handlung und narrativem Kontext.

Gestaltprinzipien wie Figur-Grund-Trennung und Kontinuität wirken hier subtil. Figuren heben sich weniger durch grafische Reduktion als durch Licht, Bewegung und Kontext vom Hintergrund ab. Wahrnehmung erfolgt nicht über vereinfachte visuelle Marker, sondern über die Einbettung einzelner Elemente in eine dichte visuelle Umgebung.

Zusammenführung der Ebenen in der Matrix

Innerhalb der Matrix lässt sich die Darstellungsästhetik von *Red Dead Redemption 2* als Konstellation mit geringem Abstraktionsgrad, realistischer formaler Gestaltung und stark inszenierter medialer Umsetzung beschreiben (s. Abb. 10.4). Operative Kategorien wie 3D-Darstellungsform, fotorealistische Art-Stil-Konfiguration und dynamische Third-Person-Kamera erklären die technische und gestalterische Realisierung, während theoretische Konzepte wie Realismus, visuelle Hierarchie und Wahrnehmungskontinuität die Wirkung nachvollziehbar machen (s. Abb. 10.4).

Vergleichende Einordnung

Die Gegenüberstellung von *Sable* und *Red Dead Redemption 2* verdeutlicht, dass Darstellungsästhetiken weder entlang einfacher Stilbegriffe noch entlang technischer Leistungsparameter vergleichbar sind. Beide Spiele nutzen unterschiedliche Konfigurationen formaler, medialer und wahrnehmungsbezogener Parameter, um jeweils kohärente visuelle Welten zu erzeugen.

Darstellungsebenen		**Analysekategorien** **Theoretische Konzepte** - *Womit wird erklärt?*	**Operative Kategorien** *Woran wird es in der Praxis festgemacht?*	**Analyse Parameter** *Was wird konkret beschrieben?*
Aspekte visueller Darstellung, die in der konkreten Spielerfahrung gemeinsam wirken und analytisch voneinander unterscheidbar sind		Hoher Realismusgrad. Formen, Proportionen und Oberflächen halten sich an realweltliche Vorbilder. Hohe Detailtiefe und naturalistische Darstellung		
	Formale Darstellungsebene *Was wird visuell gestaltet?*	Hohe Detaildichte erfordert eine präzise Organisation der visuellen Hierarchie.	hohem Realismusgrad, ausgeprägter Materialdarstellung und detaillierter Umweltgestaltung. Die formale Gestaltung zielt auf visuelle Plausibilität und Wiedererkennbarkeit realweltlicher Strukturen	Formen, Farben und Oberflächen (Materialität, Textur) sind naturalistisch, nah an der Realität dargestellt. physikalisch plausibles Materialverhalten (Schnee, Schlamm, Stoffe) differenzierte Licht- und Wettersimulation naturalistische Proportionen und Bewegungsabläufe detailreiche Umweltgestaltung
	Mediale & technische Inszenierungsebene Wie wird es medial realisiert?	Sehr realistische 3D Modelle mit sehr hoher Polygonanzahl, Fokus auf Performance, Shader,	Darstellungsform: 3D Raum, frei navigierbar Kameraperspektive: 3rd Person, situativ in filmische Einstellungen Close-Up, Italian Shot	Inszenatorische Aspekte: atmosphärische Lichtsysteme, volumetrische Effekte und eine dynamische Umwelt; weite Horizontlinien, volumetrischen Nebel, komplexe Tiefenstaffelung, perspektivische Landschaftsinszenierung
	Bedeutungs- und Wahrnehmungsebene *Wie wird es wahrgenommen und interpretiert?*	Wahrnehmung orientiert sich an physikalischer Plausibilität, realistische, glaubhafte Weltdarstellung. Figuren heben sich durch Licht, Bewegung, Kontext und filmische Einstellungen vom Hintergrund ab	3D Open World; genreästhetischer Erwartungsrahmen: die visuelle Gestaltung aktiviert ein kollektives Bildgedächtnis des Western und strukturiert die Interpretation der Spielwelt entsprechend.	Wahrnehmungsqualitäten: Eindruck von Weltkohärenz und physischer Präsenz. Kontinuität und Wiedererkennbarkeit.
		Eine visuelle Darstellungsästhetik lässt sich innerhalb dieses Rasters als Komposition mehrerer Parameter beschreiben.		

Abb. 10.4 Analyse der Darstellungsästhetik von Red Dead Redemption 2 in der 3x3-Matrix. (Quelle: Trautzsch 2026)

Im Vergleich zu *Sable* wird deutlich, dass visuelle Wirkung hier nicht aus Reduktion, sondern aus Verdichtung entsteht. Orientierung und Bedeutung ergeben sich aus der Konsistenz und Detailfülle der Spielwelt, nicht aus ikonischer Vereinfachung.

Literatur

Merzougui, J. (2026, 27. Februar). *Aplat : Définition, Usage et Techniques Visuelles.* Rétines | Photographes. https://retines.fr/blog/aplat/

Shedworks. (2021). Sable. Raw Fury.

Trautzsch, N. (2026). *Darstellungsästhetik als Analyse- und Gestaltungsmodell digitaler Spiele: Skizzierung einer Taxonomie.* https://doi.org/10.56250/4117

Filme

Besson, L. (Director). (1997). The Fifth Element [Film]. Gaumont.

Cameron, J. (Director). (1989). The Abyss [Film]. Lightstorm Entertainment; 20th Century Fox.

Lisberger, S. (Director). (1982). Tron [Film]. Walt Disney Productions.

Scott, R. (Director). (1979). Alien [Film]. Brandywine Productions; 20th Century Fox.

Teil IV

Vorproduktion und visuelle Konzeption

Teil IV widmet sich der Vorproduktion als jener Phase, in der aus einer ersten Idee ein tragfähiges gestalterisches, spielerisches und technisches Konzept entsteht. Im Mittelpunkt stehen die grundlegenden Fragen eines Projekts: Welche Vision verfolgt das Spiel? Für wen wird es entwickelt? Welche Erfahrung soll es ermöglichen? Und welche visuelle und atmosphärische Richtung unterstützt diese Erfahrung?

In dieser frühen Konzeptions- und Planungsphase werden Referenzen recherchiert, Moodboards erstellt, erste Skizzen entwickelt und zentrale Entscheidungen zu Stil, Genre, Kamera, Spielwelt, Figuren, Interface und Atmosphäre getroffen. Die visuelle Gestaltung wird dabei von Beginn an mit Gameplay, Narration und Technik abgestimmt. Vorproduktion bedeutet deshalb nicht nur Ideenfindung, sondern auch Auswahl, Prüfung und Konkretisierung.

Gleichzeitig wird untersucht, ob die gestalterische Vision technisch, zeitlich und organisatorisch umsetzbar ist. Prototypen, Blockouts, Test-Assets und Vertical Slices helfen dabei, Spielmechaniken, Bildsprache, Produktionsaufwand und mögliche Risiken frühzeitig einzuschätzen. Entwürfe werden nicht lediglich ausgearbeitet, sondern erprobt, verglichen, verworfen und weiterentwickelt. Für die Game Art ist diese Phase besonders bedeutsam, weil hier die visuelle Sprache eines Projekts entsteht und für das Team nachvollziehbar dokumentiert wird. Eine sorgfältige Vorproduktion reduziert spätere Unsicherheiten, ohne den kreativen Prozess vollständig festzulegen. Sie schafft gemeinsame Orientierung, erleichtert Abstimmungen und macht gestalterische Entscheidungen überprüfbar.

Teil IV zeigt damit, wie aus Recherche, Entwurf, Experiment und Evaluation ein belastbares Fundament für die anschließende Produktion entsteht. Ziel ist noch nicht das fertige Spiel, sondern eine gestalterische Richtung, die ausreichend präzise ist, um Entscheidungen zu tragen, und zugleich offen genug bleibt, um im weiteren Prozess angepasst und weiterentwickelt zu werden.

11 Dokumente, Recherche, Kommunikation

In Teil IV schauen wir uns an, wie die zuvor dargestellten Modelle und theoretischen Konzepte in der gestalterischen Arbeitspraxis konkret eingesetzt werden. Im Fokus steht zunächst die Vorproduktion, und damit die Frage, wie aus initialen Spielideen visuelle Spielkonzepte entstehen, wie diese weiterentwickelt und wie sie schließlich in spielbare Räume, Objekte und Spielwelten und ästhetische Spielerfahrungen als Gesamtkomposition überführt werden.

Wie bereits beschrieben wird die visuelle Gestaltung hier als fortlaufender, iterativer Arbeitsprozess verstanden. Konzepte entstehen nicht vollständig im Vorfeld, sondern entwickeln sich durch Entwurf, Feedback und Anpassung nach und nach weiter. Ziel dieses Teils ist es, die zuvor erarbeiteten Grundlagen in einen praktischen Zusammenhang zu stellen, er folgt zudem dem Verlauf realer Gestaltungs- und Produktionsprozesse, formalisiert dargestellt in einem linearem Ablauf, unterteilt nach Vorproduktion und Produktion in Abb. 11.1. Ausgehend vom Briefing der Produktion als initialer Start für Vorproduktion eines Spiels, führt der Prozess über die Phasen und Methodik der Recherche, Inspiration zum Visual Concept und endet bei der Ausarbeitung Entwürfen für grafische Prototypen und Model/Design-Sheets.

Dabei werden typische Vorgehensweisen, Methoden, Ansätze, Prinzipien und Lösungsansätze wie sie in der Game Design Praxis auftreten beschrieben.

Die Kapitel sollen nachvollziehbar machen, wie visuelle Gestaltung im Produktionsalltag funktioniert, welche Entscheidungen an welchen Stellen getroffen werden und wie theoretisches Wissen dabei als Orientierung dient.

Ergänzende Information Die elektronische Version dieses Kapitels enthält Zusatzmaterial, auf das über folgenden Link zugegriffen werden kann [https://doi.org/10.1007/978-3-658-53102-7_11].

N. Trautzsch, *Darstellungsästhetiken in Games*,
https://doi.org/10.1007/978-3-658-53102-7_11

Abb. 11.1 Übersicht über Vorproduktionsphasen. (Quelle: Trautzsch 2026a)

11.1 Briefing, Pitch Deck und GDD

Die Entwicklung eines Videospiels beginnt mit einem durchdachten Briefing der Produktion, manchmal werden dafür auch englische Begriffe wie *Designbrief* oder Dokument-Eigennamen die von Studio zu Studio variieren können genannt. Inhaltlich werden in diesem Dokument Spielvision, Ziele, Anforderungen und strategische Rahmenbedingungen definiert und damit die Grundlage für die weitere Arbeit gelegt. Allerdings beginnt nicht jedes Spiel mit einem formalisierten Briefing, manchmal stehen zunächst nur eine Idee, eine Skizze oder ein prägnanter Satz, der die Kernelemente des Spiels beschreibt. Auf dieser Basis entsteht später das Game Design Dokument (nachfolgend GDD genannt) und innerhalb dessen, das Visual Concept (oder Art-Bible genannt), das die visuelle DNA bzw. das „Look and Feel" des Spiels bestimmt (Rehfeld 2020, S. 46). Briefing und GDD dienen beide der Planung und Konzeption, unterscheiden sich jedoch in Zweck, Umfang und Detailgrad. Das Briefing ist meist knapp gehalten und dient dazu, innerhalb des Teams ein erstes gemeinsames Ziel des Projekts zu schaffen sowie Interesse bei Entscheidungsträger:innen, Publishern oder Entwickler:innen zu wecken. In dieser Funktion ist das Briefing in seiner verdichteten Form auch als eine Art Elevator Pitch verstanden werden, also als kurze, prägnante Darstellung einer Idee oder eines Projekts, die darauf zielt, Interesse zu wecken und die charakteristischen Merkmale schnell erfassbar zu machen (Kenton 2025).

Jesse Schell beschreibt das Game Briefing entsprechend als frühen Schritt, um die Spielidee, technische Anforderungen, Zielplattform, Genre und Spielmechaniken in verdichteter Form zu kommunizieren (Schell 2020, S. 529–538). Bereits in dieser frühen Phase sollte eine Hookline verfasst werden: eine knappe, prägnante Verdichtung der Spielidee, die Aufmerksamkeit erzeugt und die Essenz des Projekts auf den Punkt bringt. Ein

Text aus 2–5 Sätzen der auch auf einer Spielverpackung stehen könnte, es vermittelt den ersten Eindruck und soll den Leser anregen das Spiel spielen zu wollen. Ähnlich wie im Marketing oder in der Musik benennt sie den unverwechselbaren Kern des Spiels in einer Form, die leicht kommunizierbar und erinnerbar bleibt. Das Briefing definiert also Ausrichtung, Anforderungen und Einschränkungen als Rahmenbedingungen für das gesamte Spiel und somit auch der visuellen Gestaltung. Es dient als Orientierungshilfe für Game Artists und Designer:innen und soll eine konsistente Kommunikation der Spielvision ermöglichen. Eine präzise Zieldefinition für ein Briefing in Kürze zu verfassen klingt zunächst einfach, aber diese auf den Punkt in Textform zu formulieren ist oft eine Herausforderung. Schell fragt: Was ist die Leitidee, das Thema deines Spiels? Das Thema beschreibt den inhaltlichen Kern eines Spiels. Es bildet die wichtigste Leitidee, an der sich alle gestalterischen und spielerischen Elemente orientieren sollten. Bleibt dieser thematische Zusammenhang unklar, verliert das Spiel oft an Richtung und damit auch an Relevanz für seine Zielgruppe. Häufig gründen Spielthemen auf bestimmten Erlebnissen oder Erfahrungen; das Spiel zielt dann darauf, deren wesentliche Qualität für die Spielenden erfahrbar zu machen (Schell 2020, S. 106).

Fragen

Was ist das Erlebnis das dein Spiel ausmacht?
Was daran macht Spaß?
Was ist die Spielerfahrung?
Was macht es besonders?
Wie soll sich das Spiel anfühlen und warum sollte ich es spielen?

Diese Fragen zu stellen und zu beantworten ist eine wertvolle Unterstützung. So können gestalterische Entscheidungen priorisiert werden. Wichtig ist, dass Ziele benannt und kommuniziert werden, auch wenn sie sich im weiteren Verlauf verändern.

Neben den genannten Kernaspekten kann das Briefing auch bereits eine detailliertere Projektübersicht mit Angaben zu Genre, Setting, Zielgruppe und Setting und Thema enthalten. Daran schließt sich häufig eine grobe Spieleranalyse an, etwa in Form von Spielerbedürfnissen, Personas oder Erkenntnissen aus Markt- und Konkurrenzbeobachtung. Ein weiterer Kernbestandteil können erste ästhetische Richtlinien sein, mittels Beschreibungen des angestrebten Art Styles, erste Concept Art oder Mock-ups und Referenzmaterialien. Darüber hinaus können auch Bewegungsästhetiken, Game Play beschrieben werden, hinzu kommen technische Anforderungen, beispielsweise mit Blick auf die angestrebte Veröffentlichungs-Plattformen. Neben diesen ästhetischen und technischen Festlegungen berücksichtigt ein Design Brief auch narrative und thematische Aspekte, da die visuelle Gestaltung die Spielwelt und ihre Geschichte mittragen soll. Ebenso relevant ist ein Produktionsplan der Zeit- und Ressourcenplanung abbildet, also die Zuordnung von Personal, Budget, Software und Produktionsphasen. Ein Game-Briefing sollte insbesondere technische Anforderungen, Plattform, Genre und Perspektive präzise benennen, da diese

Parameter das Design und die Produktion wesentlich beeinflussen (Rehfeld 2020, S. 43–51). Ein klar strukturiertes Briefing unterstützt damit nicht nur die künstlerische Vision, sondern auch die organisatorische Steuerung des Projekts.

Lesbar und planbar enthält das Briefing somit die Rahmenbedingungen für die Umsetzungsmöglichkeiten der Assets und Darstellungsästhetik. Spezifische Vorgaben für die Umsetzung der Darstellung können auch funktionaler Natur sein, etwa Lesbarkeit oder Wiedererkennbarkeit, beabsichtigte Wirkung oder bereits inhaltliche Aspekte betreffen, wie Art Stil, Referenzen, Atmosphäre oder narrative Einbettung. Meiner Einschätzung und Erfahrung nach sollten allerdings unbedingt künstlerische Interpretationsspielräume offen bleiben. Diese Offenheit ist ein wichtiger Teil des Entwicklungsprozesses für die Game Artists. Gestaltung beginnt hier mit künstlerischer Einfühlung, Intuition, Referenzen, hier entsteht die Magie, die dem Spiel, den Charakteren Leben einhaucht. Dieser Punkt der Einfühlung ist ausschlaggebend auch für die Spielerfahrung die durch alle Bauteile komponiert wird – vor dem evidenzbasierten, datengetriebenem Game Design Aspekt. Ob diese Welt, das Spiel dann emotional, narrativ und auch von Game Play (siehe Kap. 18 – Animation) trägt ist nach dem ersten Prototyping des Konzeptes mittels Spieletests herauszufinden.

Das GDD

Mit oder direkt aus dem Briefing entsteht das Game Design Document (GDD): ein wachsendes, dynamisches Arbeitsdokument, das als Tool und „Informations-Hub" für das gesamte Entwicklungsteam dient. Es kann unterschiedliche Formate haben: einerseits ist es als Online-Wiki nutzbar oder als gemeinsam zu bearbeitendes Word Dokument. Natürlich unbedingt hinterlegt in einem „version control repository", eine zentrale Plattform, um digitale Dokumente sicher zu speichern, zu verwalten und zu teilen (GitLab o. D.).

Das GDD bündelt die konzeptionelle Vision ebenso wie Spielmechanik, Story, Charaktere, Leveldesign, Grafik, Sound, Musik, Interface und Steuerung. Dazu gehört auch das Visual Concept mit Entwürfen, Konzeptzeichnungen, Moodboards und Referenzen. Während das Briefing die Spielidee verdichtet kommuniziert, fungiert das GDD als eigentliche Arbeits- und Dokumentationsgrundlage des Projekts. Ein gutes GDD weckt Interesse, indem es die Spielidee nicht nur auflistet, sondern als nachvollziehbaren Ablauf vermittelt. Es führt durch die Logik des Spiels aus der Perspektive der Spielenden: von ihren Zielen über ihre Interaktionen mit der Welt, ihren Hindernissen und Gegenspielern bis hin zu den Wegen, diese zu überwinden. Dadurch entsteht ein roter Faden, der die Lektüre spannend hält. Zugleich sollte ein gutes GDD eine klare emotionale Ausrichtung besitzen. Es macht deutlich, welche Gefühle das Spiel hervorrufen soll – etwa Staunen, Spannung, Furcht oder Begeisterung – und beschreibt Gameplay so, dass diese emotionale Wirkung nachvollziehbar wird. Schließlich ist ein gutes GDD in der Motivation der Spielenden verankert. Es geht davon aus, was Spielende wollen, was sie brauchen und welche Handlungen sie ausführen müssen, um ihr Ziel zu erreichen. So wird deutlich, dass Gameplay nicht isoliert entsteht, sondern aus den Zielen und Bedürfnissen der Spielenden heraus aufgebaut ist (Rogers 2024, S. 89–90).

Ein Teil des GDDs beschreibt die Story des Spiels, sie bildet das erzählerische Gerüst, das Motivation und emotionale Bindung stiften kann, auch wenn nicht jedes Genre auf eine ausgearbeitete Handlung angewiesen ist. Selbst bei stark mechanikorientierten Spielen kann eine Rahmenerzählung zur Einbettung und Attraktivität beitragen. Das Setting wiederum beschreibt die Welt, in der sich diese Handlung entfaltet: die visuelle, räumliche und kulturelle Umgebung, die dem Spiel seine eigene Identität verleiht. Spielziel und Gameplay bilden schließlich die Kernstruktur des Spielerlebnisses. Das Spielziel gibt Richtung und Zweck vor, also das, was erreicht werden soll. Das Gameplay beschreibt die konkreten Aktionen, Mechaniken und Interaktionen, durch die Spielende dieses Ziel verfolgen. Es umfasst die Steuerung von Figuren und Objekten, die Reaktionen der Spielwelt sowie die Herausforderungen, denen Spielende begegnen. In ihrem Zusammenspiel bestimmen Spielziel und Gameplay wesentlich, wie tief Spielende in die Spielwelt eintauchen, welche Strategien sie entwickeln und wie nachhaltig die Spielerfahrung wirkt. Ein GDD kann verschiedene oder alle dieser Spielelemente beschreiben, unterschiedlichen Umfang und Struktur besetzen. Scott Rogers gibt in seinem Buch Level up! In Level 4 dazu eine sehr gute praktische Anleitung wie ein GDD geschrieben werden kann (2024, S. 88–118).

Charakteristisch für das GDD ist sein prozesshafter Status. Neuere Entscheidungen und Dokumentation zu Software, Arbeitsprozess und Referenzen werden fortlaufend hinzugefügt. Es wird im Verlauf der Entwicklung kontinuierlich angepasst und aktualisiert. Das GDD ist kein starres Enddokument, sondern ein lebendiges Werkzeug der Abstimmung, Orientierung und Weiterentwicklung.

11.2 Recherche, Mitbewerber- und Referenzanalyse

In der Vorproduktionsphase wird das GDD durch User Research, Markt- und Konkurrenzanalysen sowie die Untersuchung von Zielgruppe, Bedürfnissen und Spielerwartungen erweitert. Recherche beginnt häufig mit dem Blick auf bestehende Spiele und visuelle Lösungen. Wettbewerbs- und Referenzanalysen dienen nicht der Nachahmung, sondern der Orientierung. Sie helfen dabei, Konventionen zu erkennen, Erwartungshaltungen gegenüber Genre und Thema zu verstehen und gestalterische Spielräume abzustecken. Dabei geht es weniger um einzelne Stilelemente als um grundlegende Fragen: Welche Darstellung und welches Game Play sind im jeweiligen Genre etabliert? Welche Probleme wurden wie gelöst? Wo entstehen visuelle Überschneidungen, wo bewusste Abgrenzungen? Die Analyse vorhandener Spiele ermöglicht es, Entscheidungen nicht isoliert, sondern im Kontext eines Marktes und einer visuellen Kultur zu treffen. Ein visuelles Konzept für ein Spiel entsteht auf Grundlage einer systematischen Design-Research-Phase. Bevor gestalterische Entscheidungen in Form, Farbe oder Materialität übersetzt werden, müssen sie durch Erkenntnisse über Zielgruppe, Markt, Konkurrenz und die narrative Vision des Spiels fundiert sein. Ein begründeter Art-Stil entsteht damit aus der Verbindung von kreativer Gestaltung, nutzerzentriertem Design und strategischer Analyse.

In der Vorproduktion werden dafür qualitative und quantitative Informationen zusammengeführt. Ziel ist es, die Erwartungen und Bedürfnisse der Spielenden zu verstehen, die Ästhetiken und Mechaniken konkurrierender Spiele zu analysieren und auf dieser Basis eine eigenständige Positionierung zu entwickeln. Ein tragfähiges visuelles Konzept soll daher nicht nur ästhetisch überzeugen, sondern auch zur Zielgruppe, zum Genre und zu den Produktionsbedingungen des Projekts passen.

Mitbewerberanalyse

Markt-, Mitbewerber- und Zielgruppenanalysen stammen ursprünglich aus Marketing und strategischer Unternehmensführung. Im Game Design dienen sie dazu, thematisch ähnliche und erfolgreiche Spiele systematisch zu untersuchen, um Stärken, Schwächen, Chancen und Risiken für das eigene Projekt abzuleiten (Rehfeld, 2020, S. 36–39). Für die Ästhetik des Spiels liefern solche Analysen eine Entscheidungsgrundlage, auf deren Basis Visual Artists und Art Directors einen Darstellungsstil entwickeln können, der sowohl zur Zielgruppe als auch zu den technischen und ökonomischen Rahmenbedingungen des Projekts passt. Die Mitbewerberanalyse ähnlicher Spiele dient dazu, Potenziale, Segmente, Trends und Spielgewohnheiten zu erfassen und sie für die Entwicklung des eigenen Spiels und dessen erfolgreiche Entwicklung und Positionierung zu nutzen. Für die Positionierung gehören Fragen nach Plattformen, Technologien, Kaufverhalten, Genretrends oder neuen Gameplay-Mechaniken. Die Mitbewerberanalyse richtet den Blick auf direkte und indirekte Konkurrenzprodukte: Welche Spiele arbeiten mit ähnlichem Setting, Thema oder Gameplay? Welche Darstellungsästhetiken, technischen Mittel und Qualitätsniveaus setzen sie ein? Welche Zielgruppen sprechen sie an, und was bildet ihren jeweiligen USP? Für die praktische Umsetzung empfiehlt sich ein visueller Produktvergleich in Form einer Matrix oder Tabelle, in der etwa Features, Spielmechaniken, Darstellungsästhetik, Spielerschaft und technologische Aspekte gegenübergestellt werden (Kauer-Franz und Franz, 2022).

Je nach Zielsetzung können auch Kennzahlen wie Verkaufszahlen, Downloadraten oder Nutzerbewertungen relevant sein. Solche Daten helfen einzuschätzen, welche Art von Art-Stil unter bestimmten Zeit-, Ressourcen- und Produktionsbedingungen realistisch umsetzbar ist. Die Ergebnisse der Konkurrenzanalyse unterstützen so die strategische Entscheidung, ob ein bestehender visueller Stil bewusst aufgegriffen, variiert oder zugunsten einer Nische unterlaufen werden soll. Besonders wichtig ist dabei die Balance zwischen Wiedererkennbarkeit und Innovation. Ein eigenständiger Look kann ein Spiel unverwechselbar machen, während vertraute Gestaltungsmuster die Zugänglichkeit für die Zielgruppe erleichtern. Zugleich zeigt die Analyse, welche technischen Mittel – etwa Shader, Beleuchtung oder Texturen – in ähnlichen Produktionen wirksam eingesetzt werden, um bestimmte ästhetische Effekte zu erzeugen.

Letztlich ermöglicht eine fundierte Recherche- und Konkurrenzanalyse die Entwicklung einer visuellen Identität, die nicht nur künstlerisch kohärent, sondern auch strategisch im Markt positionierbar ist. Der Art-Stil erscheint damit nicht als rein intuitive Stilentscheidung, sondern als Ergebnis eines reflektierten Abgleichs von Ästhetik, Zielgruppe,

Ressourcen und Wettbewerb. Referenzen können über Games hinausgehen. Film, Illustration, Comics, Kunst, Architektur oder Fotografie liefern visuelle oder erzählerische Inspiration, die sich auf Spiele übertragen lassen. Entscheidend ist, Referenzen nicht als Vorlagen, sondern als Analyseobjekte zu nutzen. Sinnvoll ist es sie auf ihre Wirkung, Ästhetik, Komposition, Struktur und Funktion hin, zu untersuchen und in den eigenen Kontext zu übersetzen.

11.3 Zielgruppenanalyse: Spielermotivation und visuelle Erwartungen

Zur vorbereitenden Analyse gehören auch die Untersuchung der relevanten Spielerzielgruppe und ihre Erwartungen, die sie Genre, Darstellungsästhetik und Art Style mitbringen.

Spieler:innen lesen visuelle Gestaltung nicht voraussetzungslos, sondern vor dem Hintergrund vertrauter Genrekonventionen, ästhetischer Präferenzen und bisheriger Spielerfahrungen. Für die Gestaltung bedeutet das, dass Art Style, visuelle Komplexität, Lesbarkeit und atmosphärische Dichte immer auch in Relation zu den Wahrnehmungs- und Erwartungshorizonten der Zielgruppe entwickelt werden müssen. Unterschiedliche Spieler:innen suchen unterschiedliche Erfahrungen, und diese Erwartungen wirken sich direkt auf visuelle Entscheidungen aus. Entscheidend ist, früh zu klären, für wen ein Spiel entwickelt wird. Diese Zielgruppe beeinflusst nicht nur das Spieldesign, sondern auch Fragen der Technologie und der gewählten Plattform. Gemeint sind damit die Personen, an die sich das Spiel richtet und für die es später angeboten wird. Beschreiben lässt sich eine Zielgruppe über verschiedene Merkmale, etwa Alter, Fähigkeiten, bevorzugte Genres, Geschlecht, Einkommen oder Wertvorstellungen (Rehfeld, 2020, S. 33–36).

Hierbei geht es nicht darum, die Zielgruppe und Spieler vollständig zu definieren oder festzuschreiben. Vielmehr dient die Analyse der potenziellen Spielergemeinschaft und die Schaffung einer Protopersona dazu, gestalterische Schwerpunkte zu erkennen und visuelle Entscheidungen daran auszurichten, welche Form von Spielerfahrung unterstützt werden soll. Visuelle Dichte, Detailgrad, Abstraktionsniveau und Tonalität lassen sich so bewusster wählen und begründen.

Spiele werden für Spielende entworfen (Schell, 2020, S. 174–195). Entsprechend gehört die Auseinandersetzung mit Zielgruppen, Spielerwartungen und Nutzungskontexten zu den grundlegenden Kompetenzen der Spielentwicklung. Jesse Schell betont, dass ein überzeugendes Spielerlebnis nur entstehen kann, wenn Entwickler:innen verstehen, was bei ihrem Publikum ankommt – und dies im Idealfall sogar besser einschätzen können als das Publikum selbst (Schell, 2020, S. 175). Für Game Design und Game Art bedeutet das, dass ästhetische, ludische und narrative Entscheidungen nicht isoliert getroffen werden, sondern in Bezug auf konkrete Spielergruppen.

Die Zielgruppenanalyse dient dazu, Erwartungen, Bedürfnisse und Motivationen der Spielenden zu erkennen, um darauf aufbauend Design, Features, Atmosphäre und Inhalte abzustimmen. Wer verstehen will, warum bestimmte Spiele funktionieren, muss auch verstehen, für wen sie funktionieren. Die zu entwickelnde Kompetenz liegt hier darin, Spielende nicht abstrakt als „Nutzer:innen" zu behandeln, sondern ihre Wünsche, Spielgewohnheiten und Erwartungshorizonte als Gestaltungsgrundlage zu begreifen. Eine wichtige Orientierung bietet dabei das MDA-Framework. Marc LeBlancs Spielfreuden beschreiben acht ästhetische Erfahrungsqualitäten, die erklären, warum Menschen spielen und welche emotionalen Erlebnisse sie suchen: Sinneseindruck, Fantasie, Narration, Herausforderung, Gemeinschaft, Entdeckung, Selbstausdruck und Hingabe (Hunicke et al., 2004). Die Kenntnis dieser Spielfreuden und ihrer Funktion unterstützt Designer:innen, nicht nur Mechaniken zu planen, sondern auch zu entscheiden, welche Form von Erfahrung ein Spiel ermöglichen soll (s. Abb. 11.2). Der gezielte Einsatz dieser Spielfreuden hilft, Mechaniken, audiovisuelle Gestaltung und atmosphärische Mittel gezielt auf die Bedürfnisse der Zielgruppe abzustimmen (Schell, 2020, S. 214–217).

Abb. 11.2 Die Acht Spielfreuden nach LeBlanc. (Quelle: Trautzsch, 2026a nach Hunicke et al., 2004)

Bartle teilte Spieler in vier Spielertypen ein, es wurde jedoch klar, dass diese nicht konsequent dogmatisch anwendbar sind (Bartle 2003, S. 173–177). Allerdings besitzen die meisten Spieler Anteile von jedem Spielertyp, oder wechseln ihre Spielertypen-Identität je nach Spiel oder Genre.

Nick Yee untersuchte dazu Gewohnheiten von Spieler:innen in einer Langzeitstudie, und entwickelte aus den Ergebnissen empirisch ein Modell, das Spielmotivationen in übergeordnete Motivationscluster einteilt: Action-Soziales, Meisterschaft und Leistung sowie Immersion-Kreativität (Yee und Ducheneaut, 2019). Seine Untersuchungen zeigen, dass Spieler:innen meist nicht nur einem Typus entsprechen, sondern unterschiedliche Motive kombinieren. Auch wenn das Modell ursprünglich aus der Analyse von Online-Spielen stammt, lässt es sich auf visuelle Gestaltung übertragen. Spiele, die stark auf Leistung und Fortschritt ausgerichtet sind, profitieren häufig von klaren, funktionalen Darstellungen, eindeutiger Rückmeldung und gut lesbaren Systemen. Immersionsorientierte Spielerfahrungen stellen hingegen höhere Anforderungen an Atmosphäre, Kohärenz und Weltgestaltung. Soziale Motivationen wiederum beeinflussen Sichtbarkeit von Avataren, Identität und Wiedererkennbarkeit.

Für Designer und Artists bedeutet das: Zielgruppen lassen sich nicht auf einfache Schemata reduzieren. Zu erlernen ist daher die Fähigkeit, Motivationslagen differenziert zu lesen und gestalterische Angebote entsprechend zu entwickeln.

Eine weitere Größe der Spieleranalyse ist der Nutzungskontext: Wo, wie lange, auf welchem Gerät und in welcher sozialen Konstellation gespielt wird, beeinflusst Gestaltung und Spielerfahrung erheblich (Kauer-Franz und Franz, 2022, S. 51–52). Ein Spiel für längere Sessions am PC oder auf der Konsole kann andere Anforderungen an Komplexität, Immersion und audiovisuelle Dichte stellen als ein mobiles Spiel für kurze Unterwegs-Situationen. Ebenso unterscheiden sich Einzelspieler- und Gruppenerfahrungen grundlegend in ihren Anforderungen an Narration, Kommunikation, Kooperation oder Wettbewerb. Zu den Kompetenzen eines Game Designers oder Artists gehört es daher, Spielgestaltung nicht losgelöst vom Nutzungskontext zu denken, sondern Mechanik, Interface, Ästhetik und Rhythmus auf konkrete Spielsituationen abzustimmen.

Um diese Erkenntnisse im Entwicklungsprozess sinnvoll einzubetten, wird häufig eine Protopersona erstellt (Kauer-Franz und Franz, 2022, S. 439). Sie ist eine vereinfachte, hypothesenbasierte Darstellung typischer Spielender in einer frühen Projektphase und basiert zunächst auf vorhandenem Wissen, Team-Erfahrungen und Marktbeobachtung. Im weiteren Verlauf kann sie durch Umfragen, Interviews, Marktforschung oder Feedback validiert und zu einer fundierten Persona weiterentwickelt werden (Kauer-Franz und Franz, 2022, S. 436–438). Eine Protopersona bündelt typischerweise demografische Annahmen, Interessen, Ziele, technische Erfahrung, Spielverhalten, Herausforderungen, Motivationen und Nutzungskontexte.

Die zu erlernende Kompetenz besteht dabei nicht nur im Erstellen solcher Modelle, sondern in der Einfühlung mit ihnen: als Arbeitswerkzeug, das Orientierung gibt, aber mit wachsendem Wissen überprüft und weiterentwickelt werden muss. Designer:innen müssen Bilder und Objekte nicht nur lesen, sondern auch so gestalten können, dass sie Bedeu-

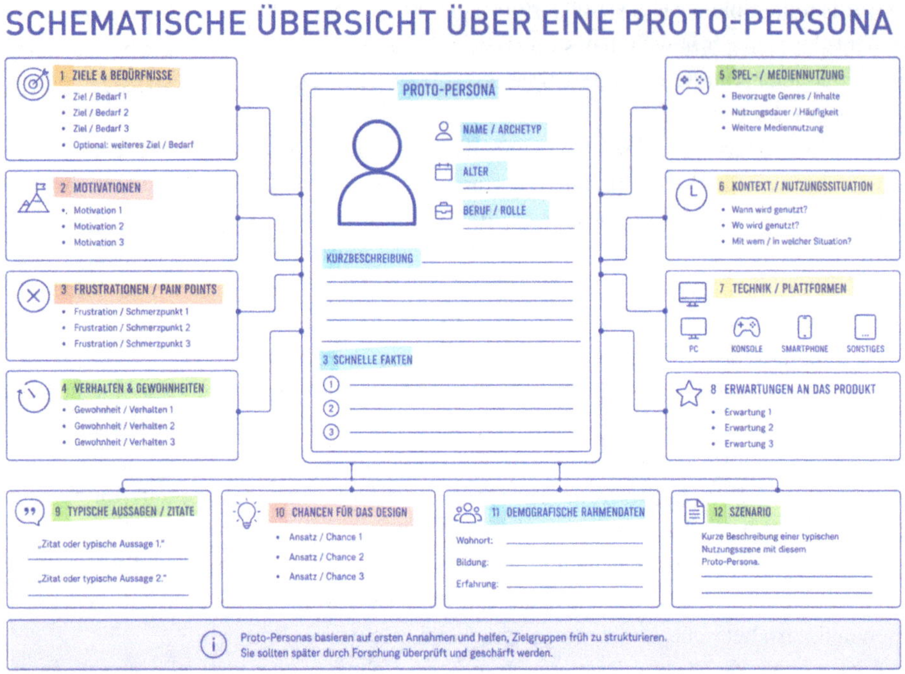

Abb. 11.3 Schematische Übersicht möglicher Elemente einer Protopersona. (Quelle: Trautzsch, 2026a)

tung vermitteln. Dafür brauchen sie ein Verständnis kultureller Zuschreibungen und die Fähigkeit, diese gezielt einzusetzen. Produktive Semiotik übersetzt dieses Wissen in Gestaltung. Empathie hilft dabei, Perspektiven zu wechseln und Wirkung mitzudenken. (Trautzsch, 2026b, S. 88).

Inhaltlich umfasst eine Protopersona umfasst in der Regel mehrere miteinander verbundene Bereiche. Dazu gehören zunächst grundlegende Identifikationsmerkmale, etwa ein fiktiver Name und häufig auch ein Bild, damit die Persona im Team leichter erinnerbar und als konkrete Bezugsfigur vorstellbar wird (s. Abb. 11.3). Hinzu kommen demografische Annahmen wie Alter, Beruf, Lebenssituation oder Wohnumfeld. Ergänzt wird dies durch psychografische Merkmale, also Interessen, Werte, Vorlieben und Persönlichkeitszüge. Besonders relevant für die Spielentwicklung sind außerdem Bedürfnisse, Ziele und Motivationen: Warum spielt diese Person, was sucht sie im Spiel, was erwartet sie von einem neuen Titel? Daran schließen sich technische Erfahrung und Medienkompetenz an, also die Frage, mit welchen Plattformen, Genres oder Steuerungsformen sie vertraut ist. Ebenso wichtig sind Angaben zu Spielverhalten und Nutzungskontext, etwa wann, wie oft, auf welchen Geräten und in welchen Situationen gespielt wird. Hinzu kommen mögliche Herausforderungen oder Pain Points, also Aspekte, die frustrieren, überfordern oder vom Spielen abhalten könnten. Schließlich enthält eine Protopersona oft auch Annahmen zu Erwartungen an Darstellung, Qualität, Atmosphäre und Gameplay, weil gerade diese

Wahrnehmungshorizonte für Art Style, Darstellungsästhetik und User Experience entscheidend sind (s. Abb. 11.3).

Wie bereits angerissen ist eine Protopersona zunächst hypothesenbasiert, sie bildet Annahmen ab, die im weiteren Projektverlauf überprüft und verfeinert werden muss. Diese Annahmen können später durch qualitative und quantitative Methoden evaluiert werden, etwa durch Umfragen, Interviews, Nutzertests, Marktanalysen, Community-Beobachtungen oder die Auswertung von Spielerfeedback. Auch Experteneinschätzungen und Vergleichsanalysen ähnlicher Spiele können helfen, einzelne Aspekte zu bestätigen oder zu korrigieren. Auf diese Weise wird aus einer ersten Protopersona schrittweise eine belastbarere Persona, die stärker empirisch fundiert ist. Der eigentliche Wert der Protopersona liegt deshalb nicht in ihrer vermeintlichen Genauigkeit, sondern darin, dass sie als Arbeitsinstrument frühe Entscheidungen strukturiert, Diskussionen fokussiert und zugleich offen für Revision bleibt.

Fazit

Briefing und Recherche bilden die Grundlage für alle weiteren gestalterischen Schritte. Sie helfen dabei, Ziele zu klären, Kontexte zu verstehen und visuelle Entscheidungen vorzubereiten. In dieser Phase wird noch nicht entworfen, aber bereits gestaltet: durch Auswahl, Gewichtung und Interpretation von Informationen.

Literatur

Bartle, R. A. (2003). *Designing virtual worlds.* New Riders.

GitLab. (o. D.). *What is version control?* about.gitlab.com. https://about.gitlab.com/topics/version-control/

Hunicke, R., LeBlanc, M., & Zubek, R. (2004). *MDA: A formal approach to game design and game research.* In Proceedings of the AAAI Workshop on Challenges in Game AI (Vol. 4, No. 1). AAAI Press.

Kauer-Franz, M., & Franz, B. (2022). *Usability und User Experience Design: Das umfassende Handbuch für Studium und Beruf.* Rheinwerk Verlag.

Kenton, W. (2025, 25. Oktober). *Elevator Pitch Guide: Definition, Uses & Examples.* Investopedia. Abgerufen am 23. April 2026, von https://www.investopedia.com/terms/e/elevatorpitch.asp

Rehfeld, G. (2020). *Game Design und Produktion: Grundlagen, Anwendungen und Beispiele* (2., aktualisierte Aufl.). Carl Hanser Verlag.

Rogers, S. (2024). *Level up! The guide to great video game design* (3rd ed.). John Wiley & Sons.

Schell, J. (2020). *Die Kunst des Game Designs: Bessere Games konzipieren und entwickeln.* MITP-Verlags GmbH & Co. KG.

Trautzsch, N. (2026a). Darstellungsästhetik als Analyse- und Gestaltungsmodell digitaler Spiele: Skizzierung einer Taxonomie. https://doi.org/10.56250/4117

Trautzsch, N. (2026b). *Aspekte holistischer Game-Design-Forschung Hermeneutik, Semiotik und Empathie als methodische Grundlagen des Game Designs.* In: Simond, S., Burbach, J., Inderst,

R., Plank, M., Schüler, B., Trautzsch, N. & Zimprich, T. *GAMEPATHY #2: Fachtagung für Gamedesign & Digitalspielforschung 2024* https://doi.org/10.56250/4107
Yee, N. & Ducheneaut, N. (2019). *An empirical model.* https://quanticfoundry.com/wp-content/uploads/2019/04/Gamer-Motivation-Model-Reference.pdf

12 Inspiration, Entwurf und Konzeption

Auf Briefing und Recherche folgt die Phase der Inspiration und Konzeption, in der erste visuelle Konzepte entstehen. In ihr werden erste inhaltliche und visuelle Richtungen formuliert, ohne bereits in die konkrete Ausarbeitung einzelner Assets einzusteigen. Ziel dieses Kapitels ist es, Inspiration nicht als zufälligen Impuls, sondern als gezielten, steuerbaren Prozess zu verstehen, der in eine tragfähige visuelle Konzeption überführt wird.

Inspiration und Konzeption markieren den Übergang von Analyse zu Gestaltung. Sie übersetzen gesammelte Informationen, Ziele und Rahmenbedingungen in erste visuelle Ordnungen, die Orientierung für die weitere Entwicklung bieten.

12.1 Visual Thinking als gestalterische Kompetenz: Inspiration als gezielter Prozess

Inspiration wird häufig als spontaner oder persönlicher Moment beschrieben. Im der Game Design Praxis ist sie jedoch eng an Recherche, technische und inhaltliche Rahmenbedingungen gebunden. Inspiration entsteht dort, wo das Thema untersucht, visuelle Eindrücke bewusst betrachtet und in Beziehung zu den Projektzielen gesetzt werden. Dabei geht es nicht darum, möglichst viele Einflüsse zu sammeln, sondern relevante auszuwählen. Thomas und Martin Poschauko beschreiben die ganze Umwelt als Inspirationsquelle, den Gestalter als Schöpfer mit Wille zur Eigenheit (Poschauko und Poschauko 2010, S. 185). Eine ganz freie Wahrnehmung wird zur freien Gestaltung, eine im Wind flatternde Folie wird zum Meer, ein Holzstapel zum Schlachtengemälde, ein freier Blick,

Ergänzende Information Die elektronische Version dieses Kapitels enthält Zusatzmaterial, auf das über folgenden Link zugegriffen werden kann [https://doi.org/10.1007/978-3-658-53102-7_12].

N. Trautzsch, *Darstellungsästhetiken in Games*,
https://doi.org/10.1007/978-3-658-53102-7_12

erschaffen aus dem kreativen Schaffen, dem guten Gefühl des Spiels und Euphorie als kreative Kraft (Poschauko und Poschauko 2010, S. 187–192). Ein ganz wichtiger Punkt: Als Game Designer erschaffen wir Welten, Spiele die Spaß machen sollen und unterhalten sollen, somit ist es natürlich naheliegend bei Erschaffen selbst Spaß und Freude zu haben. Freie Inspiration, Wahrnehmung, Hinsehen und Zuhören, Rausgehen, weg vom Computer (Poschauko und Poschauko 2010, S. 182–183), ganz experimentell den Möglichkeitsraum der Gestaltung und Ästhetik, Narration und des Spiels zu erkunden ist immer wieder notwendig.

Inspiration wird nach und in der experimentellen Phase produktiv, wenn sie an Fragestellungen gekoppelt ist: Welche Stimmung soll erzeugt werden? Welche Spielerfahrung wird angestrebt? Welche visuellen Mittel unterstützen Gameplay und Narration? Diese Fragen strukturieren den Inspirationsprozess und verhindern beliebige oder rein ästhetische Entscheidungen die rein als künstlerisch angesehen werden können. Inspiration ist somit weniger Ausgangspunkt als Zwischenschritt. Sie baut auf Recherche auf und bereitet die Konzeption vor.

Visual Thinking ist eine zu empfehlende Kompetenz im kreativen Prozess. Theoretisch wurde der Begriff vor allem durch Rudolf Arnheim geprägt, der Wahrnehmung selbst als Form des Denkens versteht (Arnheim 1969). Für die Designpraxis wurde dieser Ansatz unter anderem von Robert H. McKim weitergeführt, der visuelles Denken mit Skizzieren, Entwurfsprozessen und kreativer Problemlösung verknüpft (McKim 1972). Im Kontext von Game Art und Concept Development bezeichnet Visual Thinking die Fähigkeit, gestalterische Ideen nicht nur sprachlich oder abstrakt zu formulieren, sondern sie frühzeitig über visuelle Mittel zu entwickeln, zu prüfen und zu kommunizieren. In der Spieleentwicklung bildet Visual Thinking eine Kernkompetenz, um Ideen sichtbar zu machen, Varianten zu erproben, Zusammenhänge zu strukturieren und den Entwurfsprozess voranzutreiben.

Praktisch kann dies durch Referenzsammlungen, Moodboards, Visual Sketching, Thumbnails, Silhouetten, Paintovers, Diagramme oder Concept Art umgesetzt werden. Das Sammeln, Erstellen und Auswerten von Bildern, Farben, Formen und Kompositionen hilft dabei, visuelle Stile zu erfassen und erste ästhetische Entscheidungen vorzubereiten.

Ergänzt werden diese visuellen Werkzeuge durch Methoden der Ideengenerierung. Dazu gehören etwa Mindmapping, das komplexe Themen in visuelle Übersichtspläne überführt (Solarski 2012, S. 150–151), sowie Brainstorming und Brainwriting, die freie, unzensierte Ideenproduktion fördern und originelle Lösungsansätze ermöglichen (Schell 2020, S. 140). Jesse Schell verweist darüber hinaus auf das kreative Unterbewusstsein, den „inneren Partner" und weitere Techniken des Brainstormings und der Ideenfindung, die dazu dienen, Denkprozesse zu öffnen und neue Perspektiven zu ermöglichen (Schell 2020, S. 135–144).

Zu den stärker strukturierten Verfahren gehören die assoziative Methode, etwa über Analogiebildung und Variation, mit der sich neue Verbindungen zwischen scheinbar unabhängigen Konzepten herstellen lassen (Heimann und Schütz 2017, S. 592), sowie der morphologische Kasten, der unterschiedliche Merkmalskombinationen systematisch durchspielt. Auch die Methode der sechs Denkhüte erweitert den Blick, indem Probleme nacheinander aus unterschiedlichen Perspektiven betrachtet werden. Solche Verfahren helfen, kreative Prozesse nicht dem Zufall zu überlassen, sondern gezielt zu strukturieren.

Ebenso wichtig ist jedoch die offene Form der Inspiration: aufmerksames Zuhören und Hinschauen, Beobachtungen in Natur, Architektur, Museen oder Stadträumen sowie die Frage „Was wäre, wenn?" spielen besonders im Worldbuilding eine wichtige Rolle. Auch die Fantasiereise kann hier als Methode dienen, indem sie gedanklich andere Welten oder Szenarien erschließt und dadurch neue gestalterische Ansätze ermöglicht.

Zusammen bilden diese Methoden einen Werkzeugkasten der Ideenfindung, der analytisches Denken, intuitive Prozesse und visuelle Exploration miteinander verbindet. Sie helfen dabei, kreative Prozesse zu initiieren, zu strukturieren und zu vertiefen – mit dem Ziel, visuell überzeugende, atmosphärisch dichte und spielerisch anschlussfähige Konzepte zu entwickeln.

12.2 Moodboard und Referenzboard

Ein weiteres praktisches Werkzeug dieser Phase sind Moodboards und Referenzboards. Sie dienen als visuelle Orientierungshilfen: Sie bündeln Eindrücke, vermitteln Atmosphäre und unterstützen die Entwicklung einer konsistenten visuellen Sprache (Solarski 2012, S. 151–152). Während Moodboards eher die Tonalität und die Atmosphäre eines Spiels transportieren, sammeln Referenzboards konkrete Vorlagen und Vergleichsbilder für bestimmte Gestaltungselemente.

Hier werden bestehende Spiele, Illustrationen, Architekturbeispiele oder technische Umsetzungen gesammelt und vergleichend betrachtet. Referenzen dienen nicht als Vorlagen, sondern als Analyseobjekte: sie helfen, funktionale Aspekte wie Lesbarkeit, Maßstab oder Detailgrad einzuschätzen (s. Abb. 12.1).

Beide Formate erfüllen eine kommunikative Funktion. Sie machen visuelle Vorstellungen sichtbar und diskutierbar und unterstützen frühe Abstimmungsprozesse im Team.

12.3 Konzeption durch Concept Art

Darstellungsästhetik entsteht nicht auf einer einzelnen Ebene, sondern aus dem Zusammenspiel mehrerer gestalterischer Ebenen, die unterschiedliche Funktionen für Wahrnehmung, Bedeutung und Spielbarkeit übernehmen (Trautzsch 2026). Concept Art dient dabei in der Spieleentwicklung nicht primär der Illustration fertiger Inhalte, sondern der visuellen Konzeption. Es übersetzt abstrakte Anforderungen, Spielmechaniken, Stimmungen und narrative Zielsetzungen in bildhafte Entwürfe und macht gestalterische Annahmen sichtbar.

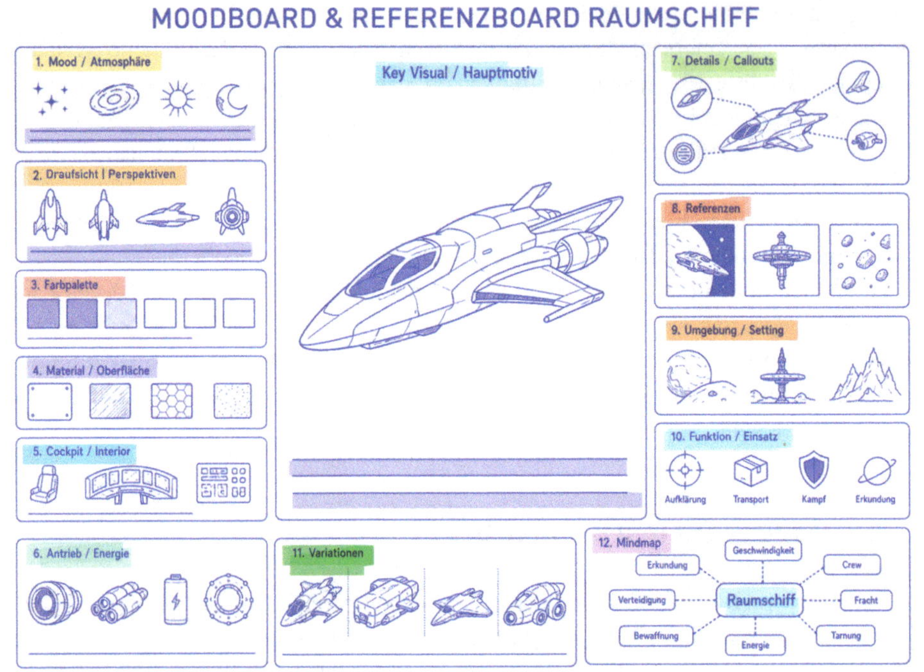

Abb. 12.1 Schematische Darstellung möglicher Bausteine eines Mood & Referenzboards (plus Mindmap). (Quelle: Trautzsch 2026)

Concept Art legt den Stil, Tonalität und visuelle Logik fest, als das Look & Feel einer Spielwelt fest, also die wahrnehmbare Gesamtwirkung eines Spiels: die Kombination aus visueller Gestaltung, Stimmung, Rhythmus und emotionaler Tonalität (Schell 2020, S. 528–536).

Durch gezielte Entscheidungen für Abstraktionsgrad, Farbklima, Lichtführung, Materialität und Formensprache werden erste Antworten auf die Frage gegeben, wie sich eine Spielwelt anfühlen soll. In diesem Sinne ist Concept Art weniger Endprodukt als Denk- und Kommunikationswerkzeug. Eine ästhetische Orientierung, die den Rahmen für alle weiteren Gestaltungsentscheidungen setzt. Dabei steht nicht Detailgenauigkeit im Vordergrund, sondern Wirkung. Concept Art fragt weniger, wie etwas exakt gebaut wird, sondern wie es wahrgenommen werden soll.

Concept Art kann auch erste Ideen für Charaktere, Umgebungen, Objekte und andere visuelle Elemente eines Spiels zu erforschen und zu visualisieren. Auf Grundlage des Briefings, der Recherche und in enger Abstimmung mit GDD, Design- und Entwicklungsteam werden die ersten Entwürfe häufig explorativ entwickelt. Spätere Illustrationen werden konkreter und enthalten bereits differenzierte Angaben zu Farbe, Textur und Oberflächencharakter.

Wichtig ist, Concept Art nicht als verbindliche Vorlage zu verstehen. Konzeptionelle Bilder sind bewusst offen angelegt und verändern sich im Verlauf der Entwicklung. Sie dienen als Referenzpunkte, an denen sich weitere gestalterische Entscheidungen orientieren, ohne diese festzuschreiben. In dieser Funktion unterstützen sie die Kommunikation im Team, indem sie unterschiedliche Perspektiven – Design, Technik, Produktion – auf eine gemeinsame visuelle Grundlage beziehen. Als Teil der Konzeption bildet Concept Art eine Brücke zwischen Inspiration und Entwurf. Es konkretisiert visuelle Ideen so weit, dass Atmosphäre und Look and Feel greifbar werden und im weiteren Produktionsprozess überprüfbar bleiben. Damit leistet Concept Art einen wesentlichen Beitrag zur Entwicklung einer konsistenten visuellen Identität, die das Spielerlebnis von Beginn an prägt.

12.4 Visuelles Worldbuilding: Entwurf von Casts, Set und Objekten

Wenn man mit dem Gestalten der Spielwelt und des Themas beginnt, gerät man schnell in die Versuchung, Worldbuilding primär als narrativen Akt zu verstehen: als Arbeit an Lore, Geschichte, Mythologie, an all dem, was eine Welt von innen heraus mit Bedeutung füllt. Ein Ansatz ist Narrative Design mittels Text und Maps. Doch Spielende sehen, bevor sie lesen; sie lesen, bevor sie verstehen, und sie verstehen, bevor sie sich binden. Diese Reihenfolge ist Teil der bereits besprochenen Wahrnehmungspsychologie und hat unmittelbare Konsequenzen für das Design. Noch bevor eine Spielmechanik vollständig verstanden oder eine Geschichte eingeordnet wird, wird die Welt bereits gelesen: an Figuren, Räumen, Objekten, Proportionen, Blickachsen, Materialien und Atmosphären.

Die visuelle Gestaltung digitaler Spiele ist eng mit Erzählung und Immersion verbunden, da Spielwelten über ihre räumliche und atmosphärische Inszenierung als bedeutungstragende Erfahrungsräume lesbar werden (Jenkins 2004, S. 121–123).

Visuelles Worldbuilding bezeichnet die Methode, in dem eine Spielwelt nicht nur beschrieben, sondern sichtbar, lesbar und erfahrbar gemacht wird. Praktisch umgesetzt wird dies doch die oben beschriebene Concept Art. Mittels diese Entwürfe entsteht aus dem Zusammenspiel von Figuren, Räumen, Objekten, Maßstäben, Materialien und atmosphärischen Inszenierungen.

Die Spielwelt schätzen Spielende in den ersten Momenten intuitiv ein: ob er sicher, navigierbar oder handlungsrelevant ist. Diese Einschätzung geschieht nicht über Analyse, sondern unmittelbar über das visuelle Erscheinungsbild von Objekten, Räumen und Figuren (Totten 2019). Spieldesign macht damit das Lesbare zur Grundlage des Spielbaren. Gleichzeitig lebt eine glaubwürdige Welt von ihrer inneren Konsistenz. Randy Ellefson betont in 185 Tipps on Worldbuilding (2020), dass Welten nicht deshalb überzeugen, weil jeder Winkel vollständig ausformuliert ist, sondern weil ihre Teile einer gemeinsamen Logik zu folgen scheinen. Mittels Concept Art und visuellem Worldbuilding wird diese Konsistenz direkt visuell durch wiederkehrende Formen und Materialien, durch die Kohärenz von Licht und Schatten, durch ein gemeinsames Vokabular von Stil, Oberfläche und Raumstruktur hergestellt.

Visuelles Worldbuilding verbindet damit Fragen der Darstellungsästhetik mit Fragen des Leveldesigns, der Benutzerführung und der impliziten Narration. Christopher W. Totten betont in seiner architektonischen Perspektive auf Level Design, dass Spielräume nicht nur funktional organisiert, sondern als bedeutungstragende und emotional wirksame Erfahrungsräume gestaltet werden (Totten 2019, S. 6). Weltgestaltung ist in diesem Sinne kein dekorativer Zusatz, sondern ein strukturierender Teil des Spiels: Sie organisiert Wahrnehmung, lenkt Handlung, erzeugt Atmosphäre und stiftet Vertrauen in die innere Geschlossenheit der Welt.

Das nächste Kapitel widmet sich deshalb drei Grundkategorien des visuellen Worldbuildings, die zusammen die sichtbare Welt eines Spiels formen: den Figuren als Trägern von Identität (Character Design), dem Raum als erfahrbarer Struktur (Environment Design) und den Objekten als funktionalen Zeichen (Prop Design). Jede dieser Kategorien folgt eigenen ästhetischen Gesetzmäßigkeiten und erfüllt eigene Kernfunktionen. Erst in ihrem Zusammenspiel entsteht jedoch jene visuelle Kohärenz, durch die eine Spielwelt nicht nur gezeigt, sondern als zusammenhängend, glaubwürdig und erfahrbar wahrgenommen wird (s. Abb. 12.2).

Character Design – Das Casten der Schauspieler: die Figur als Träger von Identität
Figuren sind die unmittelbarsten Bedeutungsträger einer Spielwelt. Bevor ein Charakter handelt, spricht oder erzählerisch eingeordnet wird, wird er bereits gelesen: als Silhouette, als Proportion, als Ausdruck (Solarski 2017, S. 188–191). In dieser ersten visuellen Erfassung liegt bereits viel von dem, was eine Figur im Spiel leisten muss. Character Design beginnt daher nicht mit Details, Kleidung, Frisur oder Itens, sondern mit der Frage, wie eine Figur auf den ersten Blick wirkt und wie eindeutig sie im Spielkontext lesbar ist (Vgl. Teil II Grundformen und ihre Wirkung).

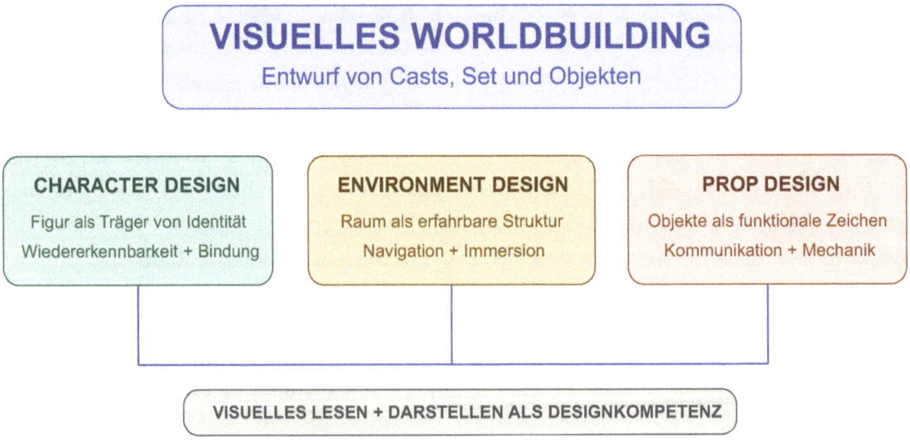

Abb. 12.2 Bausteine des visuellen Worldbuildings. (Quelle: Trautzsch 2026)

Auf Basis des Briefings der Produktion und der Vorgaben des Art Directors werden Ziel, Kontext, technische Vorgaben, Darstellungsstil, Genre, Zielgruppe, Ton, Geschichte des Charakters aufgeführt. Zusätzlich können Erscheinung und Persönlichkeit das Character-Design Briefing erweitern (Publishing und 3dtotal 2019, S. 40–41). Ein guter Zugang erfolgt auch hierfür im präferierten Muster: Recherche, Inspirationsmethoden wie Mind-Mapping, Entwurfsmethoden wie Thumbnailing (Publishing und 3dtotal 2019, S. 41–46).

Eine gut lesbare Silhouette ist dabei in Medium Spiel, in Interaktion und Bewegung grundlegend. Charaktere erscheinen in Bewegung, auf Distanz, vor komplexen Hintergründen oder unter Zeitdruck. In solchen Situationen muss ihre Form auch ohne Detailinformation erkennbar bleiben. Chris Solarski weist darauf hin, dass Figuren im Spielkontext oft genau unter solchen Bedingungen wahrgenommen werden und ihre Lesbarkeit dann wesentlich über die Silhouette funktioniert. (Solarski 2017, S. 188) Ein guter Charakter ist bereits als reduzierte Form verständlich: Rolle, Gewichtung und Präsenz werden sichtbar, noch bevor Farbe oder Oberflächendetail hinzukommen. Die Silhouette ist damit keine bloße Stilfrage, sondern eine funktionale Voraussetzung für schnelle Orientierung und klare Differenzierung.

Ebenso wichtig ist die Proportion. Sie bestimmt wesentlich, wie eine Figur gelesen wird. Große Köpfe und kleine Körper wirken verspielt oder kindlich, breite Schultern und schwere Massenverteilung eher stark oder aggressiv, lange und schmale Gliedmaßen eher elegant oder agil. (Solarski 2017, S. 189–190) Solche Wirkungen sind nicht beliebig, sondern greifen auf kulturell geprägte und wahrnehmungspsychologisch stabile Muster zurück. Proportion macht Persönlichkeit, Rolle und Zugehörigkeit sichtbar, noch bevor ein Charakter narrativ eingeführt wird. Diese Lesarten sind kulturell vorgeformt, greifen aber auf tief verankerte Wahrnehmungslogiken zurück, die aus der Erfahrung mit realen Körpern abstrahiert wurden. Cuphead treibt dieses Prinzip in die Konsequenz, indem es die Proportionslogik des amerikanischen Cartoon-Kinos der 1930er-Jahre — Gummigliedmaßen, Kugelköpfe, expressive Mimik — als formgebendes Prinzip übernimmt und daraus eine gestalterische Kohärenz gewinnt, die jeden Charakter sofort als Teil derselben Welt ausweist.

Hinzu kommt der Ausdruck. Gemeint ist damit nicht nur Mimik, sondern die Gesamtheit kleiner gestalterischer Entscheidungen: Mimik, Haltung, Pose, Kleidung, Farbigkeit, Materialität, Kostüm und Ausrüstung und die Art, wie diese Elemente den Körper formen und modifizieren (Publishing und 3dtotal 2019, S. 45). Erst dadurch wird eine Figur mehr als eine funktionale Spielfigur. Sie trägt dann Spuren ihrer Geschichte, ihrer Rolle und ihres Umfelds. Ellefson weist darauf hin, dass glaubwürdige Welten sich gerade dadurch auszeichnen, dass ihre Teile einer gemeinsamen inneren Logik folgen, sie stehen in einem Verhältnis zu ihrer Umgebung — sie tragen sichtbare Spuren ihrer Geschichte, ihrer Zugehörigkeit, ihrer Funktion (Ellefson 2020). Für Charaktere bedeutet das: Sie stehen nicht für sich allein, sondern sind sichtbar in ihre Welt eingebunden — durch visuelles Storytelling ihrer Herkunft, kulturelle Zuordnung oder soziale Rolle.

Dark Souls exerziert dies mit besonderer Konsequenz: Rüstungen und Gewänder sind so entworfen, dass sie von ihrer Herkunft erzählen — von der Gesellschaft der Kesselmacher, vom Orden der Sonnenkritter, von den Legionen Farrams —, und diese erzählerische Einschreibung in das Material macht jeden NPC zu einem Fragment einer Weltgeschichte, die nirgendwo explizit erzählt wird.

Character Design ist deshalb die Schnittstelle von Narration, Gameplay und Stil. Figuren müssen nicht nur interessant aussehen, sondern im Spiel auch funktionieren. Sie müssen als Spielfigur, Gegner:in, NPC oder Boss lesbar sein, in die ästhetische Logik der Welt passen und zugleich emotional anschlussfähig bleiben. Die Kernfunktion des Character Designs liegt daher in drei Bereichen: Wiedererkennbarkeit, emotionale Bindung und spielerische Klarheit. Wenn diese drei Ebenen zusammenkommen, entsteht eine Figur, die nicht nur gestaltet ist, sondern das Spielgeschehen tatsächlich trägt.

Environment Design – das Scouten der Locations: Der Raum als erfahrbare Struktur

Environment Design macht Räume begehbar und erlebbar, es strukturiert Wahrnehmung, Handlung und Atmosphäre. Level Design an der Schnittstelle zum Environment Design ist eine räumliche Disziplin, die aus architektonischen Prinzipien heraus Benutzererfahrung und emotionale Reaktion mit formt. Spielräume organisieren Bewegung, Blickführung, Spannung, Übergänge und Aufenthaltsqualitäten (Totten 2019, S. 213–216).

Der Environment Artist arbeitet dabei wesentlich über Maßstab, Orientierung und Atmosphäre. Maßstab bestimmt, wie monumental, intim, bedrohlich oder offen ein Raum wirkt. Orientierung entsteht über Landmarken, Sichtachsen, Kontraste, Wegeführung und rhythmische Gliederung. Atmosphäre ergibt sich aus Licht, Materialität, Dichte, Farbigkeit, Wettersituationen und Geräuschräumen. Ein Raum kann weit, schwer, verlassen, heilig, funktional oder chaotisch wirken, lange bevor eine Figur spricht oder ein Text erscheint.

Die grundlegende Herausforderung liegt im Balancing zwischen Navigation und Immersion. Ein Raum, der primär der Navigation dient, ist lesbar gegliedert, hierarchisch strukturiert, mit klaren visuellen Ankerpunkten und einem deutlichen Richtungsgefühl, er funktioniert wie eine gut gemachte Infografik. Ein Raum, der primär der Immersion dient, ist reich, unübersichtlich, bewohnt von Details und atmosphärischer Widersprüchlichkeit, er funktioniert wie ein gemaltes Bild. Wenn das Ziel und der Spielspaß die Exploration ist, ist das eine passende Lösung. Hier muss ein ausgewogenes Gleichgewicht gefunden werden damit der Raum nicht entweder zur sterilen Orientierungstafel oder zur unbespielbar überladenen Kulisse wird. Die Lösung liegt in der Komposition und Strukturierung des Raumes die bestimmte Informationen als handlungsrelevant in den Vordergrund treten lässt, während andere als atmosphärische Schicht im Hintergrund bleiben. *Journey* (Thatgamecompany 2012) ist in dieser Hinsicht ein Grenzfall, der die Hierarchie nahezu vollständig auflöst: Die Weite der Sanddünen, der ferne Berg als einziger kontinuierlicher Zielpunkt, das Fehlen jeder Karte oder Minimap — all das lässt Navigation und atmosphärisches Erleben so eng zusammenfallen, dass der Weg durch die Welt selbst zur Aussage wird. Der dreieckige Charakter und die dreieckige Umgebung haben eine harmonische Figur-Grund Beziehung (Solarski 2012, S. 206).

Maßstab ist dabei ein oft unterschätztes Gestaltungsmittel. Wie groß ein Raum im Verhältnis zur Spielfigur ist, kommuniziert unmittelbar emotionale und narrative Information: Räume, die den Spieler überragen, erzeugen Ehrfurcht, Bedrohung oder Überwältigung; Räume, die auf Augenhöhe bleiben, vermitteln Vertrautheit und Kontrolle. (Swink 2009, S. 144–147) *Shadow of the Colossus* (Japan Studio 2005) instrumentalisiert diesen Effekt systematisch: Jeder Koloss ist so dimensioniert, dass die Spielfigur zur kaum sichtbaren Größe schrumpft, und diese Maßstabsverschiebung ist keine technische Spielerei, sondern die eigentliche ästhetische und emotionale Aussage des Spiels, die Frage nach der Angemessenheit des Kampfes, lange bevor er beginnt (Solarski 2012, S. 154).

Totten (2019) betont in diesem Zusammenhang die Bedeutung architektonischer Logik für die Glaubwürdigkeit eines Raums, nicht im Sinne einer fotorealistischen Rekonstruktion realer Bauweisen, sondern im Sinne einer inneren Stimmigkeit: Räume, die so wirken, als wären sie zu einem Zweck gebaut worden, als würden Menschen oder andere Wesen in ihnen leben oder gelebt haben. *Disco Elysium* (ZA/UM 2019) realisiert diese Logik auf ungewöhnliche Weise: Das heruntergekommene Revachol der Nachkriegszeit ist in jedem Straßenzug, jedem Hinterhof, jeder schäbigen Hoteletage so präzise als Produkt einer spezifischen historischen Katastrophe entworfen, dass der Raum selbst zum politischen Kommentar wird — der stille Erzähler ist hier lauter als jede Dialogzeile. Aus der Perspektive des Character-zentrierten Environment Designs werden Architekturen, Bauweisen, Stil und Funktion ebenfalls durch die Bewohner, die Umgebung und ihre Ressourcen beeinflusst (Solarski 2012, S. 211–214)

Die Kernfunktionen des Environment Designs: Navigation, Immersion und implizite Narration, sind damit keine voneinander unabhängigen Ziele, sondern miteinander verschränkte Designdimensionen, die im besten Fall so ineinandergreifen, dass der Spieler sie nicht mehr als separate Leistungen des Designs wahrnimmt, sondern als Einheit: als bewohnten Raum in einer glaubwürdigen Umwelt.

Prop Design – Vehikel, Flora, Fauna, Architekturen, Objekte

Props, die Bezeichnung für Gegenstände, Werkzeuge, Dekorationselemente und Requisiten einer Spielwelt, sind die kleinteiligste, in ihrer Gesamtwirkung aber kaum zu unterschätzende Ebene des visuellen Worldbuildings. Während Figuren und Räume die großen strukturellen Bedeutungsträger einer Welt sind, sind Props das dichte Geflecht ihrer materiellen Kultur: Sie erzählen von Technologieniveau und sozialer Organisation, von Handel und Krieg, von den kleinen Gewohnheiten des Alltags einer Welt, die irgendwo und irgendwann ist.

Dabei ist zunächst zwischen interaktiven und dekorativen Objekten zu unterscheiden. Interaktive Props sind Teil der Spielmechanik: Hebel, Türen, Truhen, Sammelobjekte, Crafting-Stationen, Deckungselemente oder zerstörbare Gegenstände. Dekorative Props tragen stärker zur Weltkohärenz, zeitlichen Einordnung und Stimmung bei. Diese Unterscheidung innerhalb des Prop Designs muss, wenn das Design funktioniert, für den Spieler unmittelbar lesbar sein. Das Problem, das in schlecht lesbaren Spielwelten immer wieder auftritt, ist die visuelle Ununterscheidbarkeit beider Kategorien — wenn der Spieler nicht sicher sein kann, ob ein Gegenstand interaktierbar ist oder nicht, generiert das entweder frustrierendes Ausprobieren oder, schlimmer, das Übersehen wichtiger spielmechanischer oder narrativer Optionen. *The Legend of Zelda: Breath of the Wild* (Nintendo 2017) löst dies mit einer ästhetischen Konsequenz, die selten so klar artikuliert wurde: Interaktive Objekte — Kisten, Schreine, Waffen — folgen einer eigenen formalen Sprache aus geometrisch pointierten Formen und leuchtenden Materialien, die sich systematisch von der organischen Textur der Umgebung absetzt; der Spieler lernt diese Grammatik innerhalb der ersten Spielstunden.

Props sind aber nicht nur Kommunikationsmittel der Spielmechanik; sie sind auch Träger von der Geschichte der Spielwelt (Solarski 2017, S. 191). Ein Schwert mit einer bestimmten Form, einer bestimmten Ornamentik, einem bestimmten Grad an Abnutzung erzählt etwas über die Kultur, aus der es stammt, über die Person, die es trägt oder trug, über den Krieg, in dem es gedient hat. *Bloodborne* (FromSoftware 2015) ist hier ein Paradebeispiel für das, was man als prop-basiertes Lore-Design bezeichnen könnte: Die Waffen und Werkzeuge der Jäger sind so entworfen, dass ihre Mechanik, Transformationen, verborgene Klingen, medizinisches Gerät als Kampfmittel, bereits die Geschichte der Gesellschaft erzählt, die sie hervorgebracht hat; wer genau hinsieht, versteht die Welt von Yharnam aus dem Material, das sie hinterlassen hat, ohne eine einzige Dialogzeile gelesen haben zu müssen.

Die Kernfunktion des Prop Designs liegt damit in der Kommunikation von Interaktionsmöglichkeiten, sowohl im spielmechanischen Sinne als auch im erzählerischen. Ein gutes Prop Design macht Objekte nicht nur glaubwürdig, sondern auch verständlich. Es zeigt, was berührt, bewegt, gesammelt, benutzt, geöffnet oder vermieden werden kann. Gleichzeitig verdichtet es Welt im Detail: Materialien, Gebrauchsspuren, kulturelle Stile und funktionale Konstruktionen geben Hinweise darauf, wie diese Welt organisiert ist und wer in ihr lebt.

Die drei Bereiche des visuellen Worldbuildings, Figur, Raum, Objekt formen zusammen das visuell Lesbare einer Spielwelt: die Nutzung der Wahrnehmung und Fähigkeit des Spielers, aus dem Sichtbaren das Unsichtbare zu erschließen, aus Form Bedeutung zu destillieren, aus dem Design eine Welt zu bewohnen. Diese Lesefähigkeit ist keine passive Rezeption, sondern eine aktive ständige mentale Modellbildung unseres Gehirns (Schell 2020, S. 190) und ihre Ermöglichung ist die eigentliche Designaufgabe des visuellen Worldbuildings.

12.5 Das Visual Concept als One-Page Design

Um nun eine klare Übersicht über alle visuellen Elemente, Level, Charaktere, Props, Hintergrundstory und Referenzen zu schaffen, und die ästhetische Vision eines Spiels zu bündeln ist es sinnvoll ein Visual Concept Dokument zu erstellen. Es fasst gestalterische

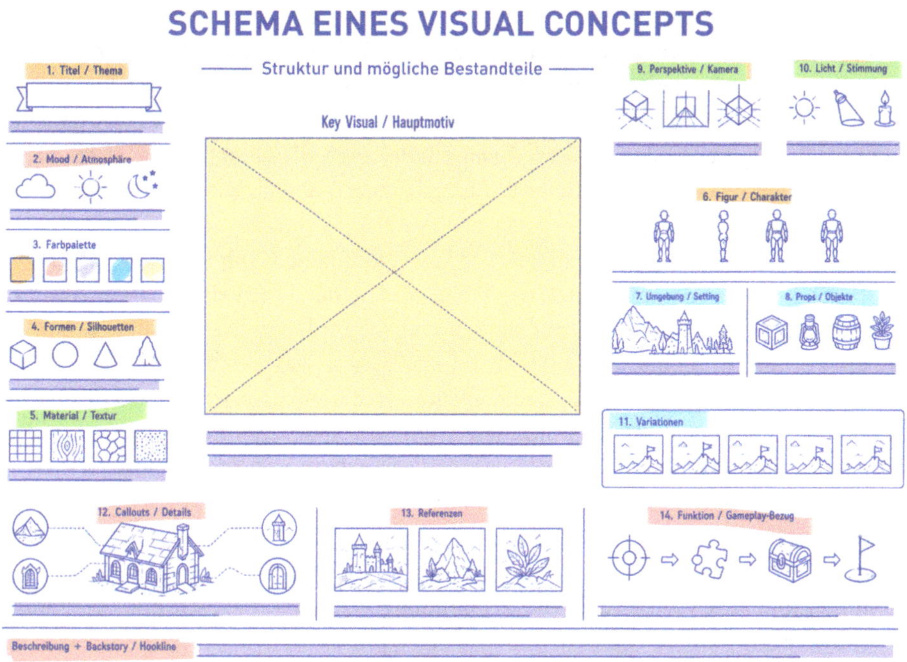

Abb. 12.3 Schematische Darstellung möglicher Bausteine eines Visual Concept als One Page Design. (Quelle: Trautzsch 2026)

Entscheidungen visuell zusammen und dient als Referenz für den weiteren Produktionsverlauf. Ein Visual Concept ist kein abgeschlossenes Werk, sondern ein Arbeitsdokument. Es bündelt Atmosphäre, Referenzen, Modell Ansichten, Level Design, Story, Ästhetiken und schematische Regeln in einer übersichtlichen Form (s. Abb. 12.3).

Umfangreiche Textdokumentationen werden in Entwicklungsprozessen nicht immer vollständig gelesen (Rogers 2024, S. 23), gerade deshalb ist Kommunikation die wichtigste Kompetenz eines Game Designers und Artists. Ziel ist es Dokumentationen so zu gestalten, dass sie visuell, klar, übersichtlich und schnell erfassbar sind. Schell betont, dass eine Game-Design-Übersicht in erster Linie eine grobe Darstellung des Spielinhalts sowie eine Beschreibung der Zielgruppe für das Management enthalten sollte, ohne sich in Details zu verlieren. Zugleich sei eine solche Übersicht für das gesamte Team hilfreich, um ein Gespür für das Gesamtkonzept des Spiels zu entwickeln (Schell 2020, S. 532–533). Daraus ergibt sich die Notwendigkeit, Informationen knapp, präzise und strukturiert zu kommunizieren – unterstützt durch Zwischenüberschriften, hervorgehobene Schlüsselbegriffe und didaktisch klare Anordnung.

Besonders geeignet ist hierfür ein „One-Page-Design", wie es Stone Librande in seinem GDC-Vortrag 2010 in San Francisco vorschlägt. Im Sinne Stone Librandes ist das One Page Design kein Pitch, kein Konzeptdokument und keine Illustration. Es ist ein

Denk- und Kommunikationswerkzeug, das hilft, Spiel, Welt, Assets, Gameplay und Darstellung auf einen Blick zu erfassen. Schell fasst dieses Prinzip pointiert zusammen: „Jedes Spiel sollte in einem Diagramm von der Größe eines Posters erklären können, wie das ganze Spiel zusammenpasst" (Schell 2020, S. 532). Im Kern handelt es sich dabei um eine visuelle Übersicht oder eine Art „Landschaftskarte", die komplexe Zusammenhänge auf einen Blick erfassbar macht. Die Wirkung solcher Formate wird häufig unterschätzt (Riendeau 2023).

Für ihre Wirksamkeit spricht auch, dass das menschliche Gehirn visuelle Informationen besonders schnell verarbeitet. Heimann und Schütz verweisen darauf, dass ein Großteil der Informationen visuell aufgenommen wird und visuelle Reize deutlich schneller erfasst werden als Text (Heimann und Schütz 2017, S. 53–54). Eine visuelle Übersicht kann daher nicht nur Zusammenhänge verdichten, sondern auch narrative und funktionale Beziehungen sichtbar machen. Bilder transportieren Emotionen, ordnen Informationen und erzeugen – insbesondere in Verbindung mit kurzen Notizen oder erklärenden Texten – einen Eindruck von Übersicht und Einsicht. Zugleich bleibt visuelle Information häufig besser im Gedächtnis als rein textbasierte Darstellung (Heimann und Schütz 2017, S. 54).

Stone Librandes Vortrag über die Verwendung von „One-Page-Designs" (Librande 2010) die er 2010 auf der GDC in San Francisco präsentierte haben damit die kommunikative Praxis in der Spieleentwicklung nachhaltig geprägt. Ihre Stärke liegt in der Fähigkeit, komplexe Designzusammenhänge in einer kompakten, visuellen Form zu bündeln und so die gemeinsame Verständigung über ein Spielprojekt wesentlich zu erleichtern.

Ein gutes One-Page-Design zeigt sofort, wie hilfreich visuelle Ordnung sein kann. Statt lange Textpassagen lesen, gedanklich übersetzen und auf ihre Bedeutung hin prüfen zu müssen, lässt sich eine gut gebaute Übersicht oft sehr viel schneller erfassen. Genau darin liegt die Stärke der Visualisierung in einem Übersichtsdokument: Sie macht Zusammenhänge, Prioritäten und Zuordnungen auf einen Blick sichtbar. Gerade in Lern- und Produktionskontexten nimmt das Unsicherheit aus dem Prozess, weil Informationen nicht nur erklärt, sondern auch visuell strukturiert werden. Die Grundidee ist einfach und wirkungsvoll: Alles, was für das Verständnis eines Systems, Spiels oder Problems wichtig ist, wird auf einer einzigen Seite so angeordnet, dass Beziehungen, Abläufe und Schwerpunkte unmittelbar lesbar werden. Das erinnert stark an Architekturpläne oder Blueprints — also an Darstellungen, die nicht erst über viele Seiten Text funktionieren, sondern über Sichtbarkeit, Anordnung und klare Struktur.

Gerade deshalb wurden One-Page-Designs in der Spieleentwicklung so wichtig. Sie helfen nicht nur beim Dokumentieren, sondern auch beim Denken, Planen und Kommunizieren. Sie bündeln Informationen, reduzieren Komplexität und einen Bezugspunkt für spätere Entwurfs- und Produktionsschritte. Gleichzeitig bleibt es offen für Anpassung, da sich Anforderungen im Projektverlauf verändern können.

Fazit

Inspiration und Konzeption übersetzen Analyse in eine neue gestalterische Richtung. Sie unterstützen dabei die Ästhetik und Spielwelt Objekte zu entwickeln, ohne sie vorzeitig festzuschreiben. Durch Moodboards, Referenzen, frühe Repräsentationen und schematische Modelle entsteht eine visuelle Grundlage, die Orientierung für alle Game Art Spezialisten bietet und zugleich flexibel bleibt.

Literatur

Arnheim, R. (1969). Visual thinking. University of California Press.
Ellefson, M. (2020). *185 tips on worldbuilding: For writers, game designers, and other creative people.* Independently published.
Jenkins, H. (2004). Game design as narrative architecture. In N. Wardrip-Fruin & P. Harrigan (Eds.), First person: New media as story, performance, and game (S. 118–130). MIT Press.
McKim, R. H. (1972). Experiences in visual thinking. Brooks/Cole.
Poschauko, M. & Poschauko, T. (2010). *Nea Machina: die Kreativmaschine.*
Publishing, D. 3. & 3dtotal, P. (2019). Creating Characters for the Entertainment Industry. 3dtotal Publishing.
Riendeau, D. (2023, August 8). *Video: One-page designs.* Game Developer. https://www.gamedeveloper.com/design/video-one-page-designs
Rogers, S. (2024). *Level up! The guide to great video game design* (3rd ed.). John Wiley & Sons.
Schell, J. (2020). *Die Kunst des Game Designs: Bessere Games konzipieren und entwickeln.* MITP-Verlags GmbH & Co. KG.
Solarski, C. (2012). *Drawing basics and video game art: Classic to cutting-edge art techniques for winning game design.* Watson-Guptill.
Solarski, C. (2017). *Interactive Stories and Video Game Art: a storytelling framework for game design*
Swink, S. (2009), *Game Feel: A Game Designer's Guide to Virtual Sensation*, Morgan Kaufmann
Totten, C. W. (2019). *An architectural approach to level design (2nd ed.).* CRC Press.
Trautzsch, N. (2026). *Darstellungsästhetik als Analyse- und Gestaltungsmodell digitaler Spiele: Skizzierung einer Taxonomie.* https://doi.org/10.56250/4117

Ludographie

FromSoftware. (2015). *Bloodborne* [Video game]. Sony Computer Entertainment.
Heimann, M., & Schütz, M. (2017). Wie Design wirkt: Psychologische Prinzipien erfolgreicher Gestaltung. Rheinwerk Design.
Japan Studio. (2005). *Shadow of the Colossus* [Video game]. Sony Computer Entertainment.
Librande, S. (2010). One-page designs [Konferenzvortrag]. Game Developers Conference (GDC), San Francisco, CA, USA. https://www.gdcvault.com/play/1012356/One-Page
Nintendo. (2017). The Legend of Zelda: Breath of the Wild. [Video game]. Nintendo.
Thatgamecompany. (2012). Journey [Video game]. Sony Computer Entertainment.
ZA/UM. (2019). *Disco Elysium* [Video game]. ZA/UM.

rEntwurfsmethoden und Visual Thinking 13

Nach der Phase der Inspiration und Konzeption beginnt die eigentliche Entwurfsarbeit. Dieses Kapitel widmet sich konkreten praktischen Methoden, mit denen visuelle Konzepte weiter ausgearbeitet und überprüft werden. Entwurfsmethoden dienen dabei nicht der Ausarbeitung fertiger Lösungen, sondern der systematischen Annäherung an geeignete gestalterische Entscheidungen. Sie ermöglichen es, Varianten zu erzeugen, Annahmen zu testen und visuelle Konzepte unter realen Bedingungen zu prüfen.

13.1 Variation und Komposition: Entwurfsmethoden

Divergentes Denken stammt aus dem Design Thinking (Runco und Acar 2012) und zielt darauf, ein Thema in möglichst viele Richtungen zu öffnen und zunächst eine große Zahl an Ideen zu erzeugen, ohne diese sofort nach Machbarkeit oder Relevanz zu bewerten. Gerade im Game Design ist das wichtig, weil hier originelle Spielwelten, Formen, Charaktere und narrative Ansätze entwickelt werden müssen. Der kreative Prozess beginnt daher oft mit einer Phase der Offenheit: Ideen werden gesammelt, skizziert, variiert und visualisiert. Methoden wie freies Zeichnen, schnelle Visualisierungen, *visual thinking* genannt oder das Erstellen von Sketchnotes (Sketchnotes und Sketchnoting – Dein Kreatives Werkzeug 2024) helfen, erste Vorstellungen greifbar zu machen und eine Grundlage für spätere Auswahl- und Verfeinerungsprozesse zu schaffen. Wichtig ist es hierbei Abstand zur Perfektion einzunehmen: Wichtig ist der innere Prozess und die Erkenntnisse, nicht die perfekten Zeichnungen. Um sich das abzutrainieren, hilft es absichtlich schlecht zu zeichnen oder sich knappe Zeitvorgaben vor einen Entwurf Selbst zu geben.

Die formale Variation erweitert das eigene Vokabular (Poschauko und Poschauko 2010, S. 124), Varianten werden erzeugt, angesehen, verglichen und beurteilt, ohne diesen

N. Trautzsch, *Darstellungsästhetiken in Games*,
https://doi.org/10.1007/978-3-658-53102-7_13

Vergleich hätten sich die Eigenschaften eines Entwurfs allein nicht hervorgehoben (Poschauko und Poschauko 2010, S. 125). Eine Bewertungsskala ist mit mehr Auswahl an Entwürfen und Möglichkeiten umfangreicher und zeigt wesentliche Aspekte eines Designs auf die man zuvor nicht erlaubt oder gesehen hätte. Innovativere und Gestaltungen in verschiedenen Tonalitäten und Formen sind möglich.

▶ Entwürfe und Skizzen sind dabei ein wesentliches Werkzeug. Sie erlauben es, Formen, Strukturen und Kompositionen schnell zu erkunden, ohne sich früh auf Details festzulegen. Auf diese Weise entsteht eine visuelle Spielwiese, auf der Ideen ausprobiert, verworfen, kombiniert und weiterentwickelt werden können. Skizzieren dient damit nicht nur der kreativen Exploration, sondern bereitet zugleich die spätere präzisere Ausarbeitung funktionaler und visuell überzeugender Game Art vor. Entwurfsmethoden sind so auch gleichsam Werkzeuge des Denkens. Sie helfen, Komplexität zu reduzieren, Alternativen sichtbar zu machen und Entscheidungen vorzubereiten. In der Game-Art-Praxis werden sie flexibel eingesetzt und häufig kombiniert.

13.2 Silhouetten- und Thumbnailmethoden

Silhouetten- und Thumbnail Zeichnungen gehören zu den grundlegenden Entwurfsmethoden visueller Gestaltung für Charakter Design, Prop und Environment Design. Sie erlauben es, Formen, Proportionen und Gesamtwirkungen zu untersuchen, ohne sich frühzeitig mit Details zu beschäftigen. Gerade in frühen Entwurfsphasen unterstützen sie schnelles Arbeiten und das Erzeugen mehrerer Varianten.

Silhouetten Entwürfe, meist in einer vollflächigen Farbe gehalten, konzentrieren sich auf die äußere Form eines Objekts oder Charakters, zunächst sollten Variantenbildung bei einfachen Formen bleiben. Ziel ist es, die Lesbarkeit, Charakter, Klarheit und Wirkung schnell an einer Form und vielen Entwürfen zu prüfen, bevor weitere Detailarbeit erfolgt. Solarski beschreibt diese Methode als einen Weg, Schlüsselbegriffe eines Charakterkonzepts bereits in der abstrakten Grundform sichtbar zu machen:

> „Wenn Sie sich jedes Referenzbild genauer ansehen, zeichnen Sie es als einfache Silhouette ohne Details. Sie suchen nach einem Design, das die Schlüsselwörter des Charakterkonzepts abstrakt vermittelt“ (Solarski 2012, S. 151).

Durch das Erproben und Vergleichen verschiedener Silhouetten können Designer:innen schnell herausfinden, welche Formen am stärksten wirken und auch in kleiner Darstellung oder aus der Distanz lesbar bleiben. Solarski betont dabei auch die Notwendigkeit der formalen Zuspitzung:

> „Daher ist es wichtig, Elemente der Silhouette zu übertreiben, um visuelles Interesse und Klarheit zu erzielen. Erstellen Sie Charaktere mit Silhouetten, die leicht zu unterscheiden sind

Abb. 13.1 Silhouetten Methode am Beispiel Character Design. (Quelle: Trautzsch 2026)

und eine starke Persönlichkeit suggerieren, ohne dass unterstützende Details erforderlich sind“ (Solarski 2012, S. 155).

In der praktischen Arbeit geschieht dies oft über einfarbige Flächen, Variantenbildung einzelner Elemente, Bewertung der Erkennbarkeit und anschließende Verfeinerung durch Details, Linien oder Farbe.

Abb. 13.1 zeigt wie Charaktere durch Kombination und Ausschnitt von Formen entstehen. Auch hier wird aus der Charakter aus der aufgebauten vollfarbigen Silhouetten Grundform mit dem Radiergummi „Ausgeschnitzt“. Analog kann man mit einem hellen Acrylstift in die Form malen, oder Silhouetten Form in hellerem Farbton anlegen und mit Schwarz Details hineinmalen.

Durch Variation der Formgröße, -anordnung und -ausschnitt entstehen nach und nach ganz unterschiedliche Charakterdesigns (Bryant 2019, S. 61–63), hierbei ist zu beachten, dass asymmetrische Proportionen spannender wirken als symmetrische Proportionen.

- In Games ist diese Reduktion besonders relevant, da Lesbarkeit häufig auch unter Bewegung, wechselnden Perspektiven oder geringer Bildschirmgröße gewährleistet sein muss.

Abb. 13.2 Thumbnail Methode am Beispiel Environment Design. (Quelle: Trautzsch 2026)

Ein weiteres effektives Werkzeug in der frühen Ideenphase ist das Thumbnailing. Dabei werden sehr kleine, reduzierte Skizzen angefertigt, um Kompositionen, Grundformen, Bilddynamik oder Layouts schnell zu testen (Solarski 2012, S. 154–156). Die geringe Größe zwingt dazu, sich auf das Wesentliche zu konzentrieren: Stimmung, Hierarchie, Lichtwirkung und grundlegende Struktur. Thumbnails helfen, viele Varianten in kurzer Zeit zu erzeugen, ohne sich in Details zu verlieren. Gerade deshalb sind sie nützlich, um visuelle Hierarchie und Fokus früh zu prüfen (s. Abb. 13.2).

Ein wunderbare Methode, um Inspiration zu finden ist es monochrome Flecken auf ein Papier zu verteilen und in diese Gesichter und Details einzuzeichnen, sie mit Armen und Beinen und Character Props zu versehen (Publishing und 3dtotal 2019, S. 48–51).

Mit einem elliptisch-harten Pinsel werden die grundlegende Form aufgebaut, mit Strukturpinseln Licht und Schatten hinzugefügt, im dritten Schritten werden Details hinzugefügt die Tiefe und Lebendigkeit erzeugen. Abb. 13.2 zeigt den Aufbau einer fliegenden Stadt auf einem Wal. Nach und nach werden durch einfach Striche und vollflächigem, abgestuftem Farbauftrag die Strukturen hinzugefügt und herausgearbeitet. Die kleineren Bilder sind Beispiele für unterschiedliche Landschaftsentwürfe, die bereits eine Geschichte erzählen können (s. Abb. 13.2).

Zusammen ermöglichen diese Entwurfsmethoden, visuelle Ideen nicht nur zu finden, sondern systematisch weiterzuentwickeln. Variation, Komposition, Thumbnailing und Silhouetten Arbeit helfen dabei, aus offenen kreativen Prozessen schrittweise klare, lesbare und überzeugende Gestaltungen zu formen.

13.3 Collage-, Lego- und Modellbauverfahren

Neben zeichnerischen Methoden können räumliche und kombinatorische Verfahren für Entwürfe eingesetzt. Collagen ermöglichen es, bestehende Bildfragmente neu anzuordnen und visuelle Stimmungen oder Materialkombinationen schnell zu testen. Sie eignen sich besonders für Environment- und Konzeptarbeit, bei der Atmosphäre und Maßstab eine Rolle spielen.

Lego- oder Modellbauverfahren übertragen dieses Prinzip in den dreidimensionalen Raum. Einfache Formen, Blöcke oder modulare Elemente werden genutzt, um Räume, Proportionen und Wege zu untersuchen (s. Abb. 13.3). Diese Verfahren sind bewusst grob gehalten. Ihr Wert liegt nicht in der visuellen Qualität, sondern in der räumlichen Klarheit.

Solche Methoden erleichtern den Übergang vom abstrakten Konzept zur räumlichen Umsetzung und machen technische Probleme früh sichtbar. Clay Modelling wird wieder zunehmend für Character Design und Prop Design verwendet. Ein wunderbares Beispiel ist das Design des Kratos für God of War II. Das Video ist auf YouTube einsehbar und sehr zu empfehlen (Adam Savage's Tested 2022).

Abb. 13.3 Legoprototypen für das Projekt Game Art. (Quelle: Benjamin Lorenz 2024)

Literatur

Adam Savage's Tested. (2022, 8. November). *God of War Ragnarök's New Character Designs!* [Video]. YouTube. https://www.youtube.com/watch?v=xn7gF2cnFQw

Bryant, S. (2019). Happy whimsical monster. In *Character Design Quarterly: Sample issue 2019* (pp. 62–66). 3dtotal Publishing.

Poschauko, M. & Poschauko, T. (2010). *Nea Machina: die Kreativmaschine.*

Publishing, D. 3. & 3dtotal, P. (2019). Creating Characters for the Entertainment Industry. 3dtotal Publishing.

Runco, M., & Acar, S. (2012). Divergent Thinking as an Indicator of Creative Potential. Creativity Research Journal, 24(1), 66–75. https://doi.org/10.1080/10400419.2012.652929

Sketchnotes & Sketchnoting – Dein kreatives Werkzeug! (2024, 14. November). Sketchnotes – Effektives, Kreatives Werkzeug! https://sketchnotes.com/

Solarski, C. (2012). *Drawing basics and video game art: Classic to cutting-edge art techniques for winning game design.* Watson-Guptill.

Trautzsch, N. (2026). *Darstellungsästhetik als Analyse- und Gestaltungsmodell digitaler Spiele: Skizzierung einer Taxonomie.* https://doi.org/10.56250/4117

Lorenz, B. (2024). LEGO-Prototypen für das Projekt „Game Art" an der IU Internationalen Hochschule [Fotografie, unveröffentlicht].

Vorgaben für die Produktion: Kommunikation über Design- und Model Sheets

14

Für die finale Umsetzung müssen die Entwürfe ausgewählt, konkretisiert und mit Details für die jeweilige technische Umsetzung in einem Design Sheets, Model Sheets oder Layoutübersichten verfeinert werden. Backstory, Kontextinformationen, Referenzen, Notizen und mehrere Detailansichten vervollständigen die Informationen, die der 2D Artist oder der 3D Modeller benötigt, um das Design umsetzen zu können. Diese „Baupläne" beschreiben nicht nur das Erscheinungsbild eines Elements, sondern auch seine Struktur, Varianten und Anwendungsregeln.

Ein Model Sheet oder Design Sheet dient dazu, einen Entwurf so aufzubereiten, dass er im Team eindeutig verstanden und weiterverarbeitet werden kann. Es bildet die Brücke zwischen Konzept und Produktion und macht gestalterische Entscheidungen für nachfolgende Arbeitsschritte nachvollziehbar. Solche Sheets dienen als visuelle Referenz und als Leitfaden für die weitere Ausarbeitung und helfen, Designs über verschiedene Produktionsschritte hinweg konsistent zu halten (Solarski 2012, S. 156–159).

14.1 Bauteile eines Model Sheets

Welche Inhalte ein Model Sheet benötigt, hängt vom jeweiligen Asset ab. Grundsätzlich geht es darum, ein Objekt oder einen Charakter so darzustellen, dass Form, Proportion, Funktion und wichtige Details klar erkennbar sind. In der Regel gehören dazu mindestens eine Frontalansicht und eine Seitenansicht, häufig ergänzt durch Rückenansicht und ¾-Ansichten. Bei Charakteren kann zusätzlich eine T-Pose sinnvoll sein, insbesondere wenn eine 3D-Umsetzung mit Rigging geplant ist.

Darüber hinaus können expressive Posen, Mimik, Gestik sowie Detailansichten von Kleidung, Accessoires, Haaren oder anderen markanten Elementen aufgenommen werden.

N. Trautzsch, *Darstellungsästhetiken in Games*,
https://doi.org/10.1007/978-3-658-53102-7_14

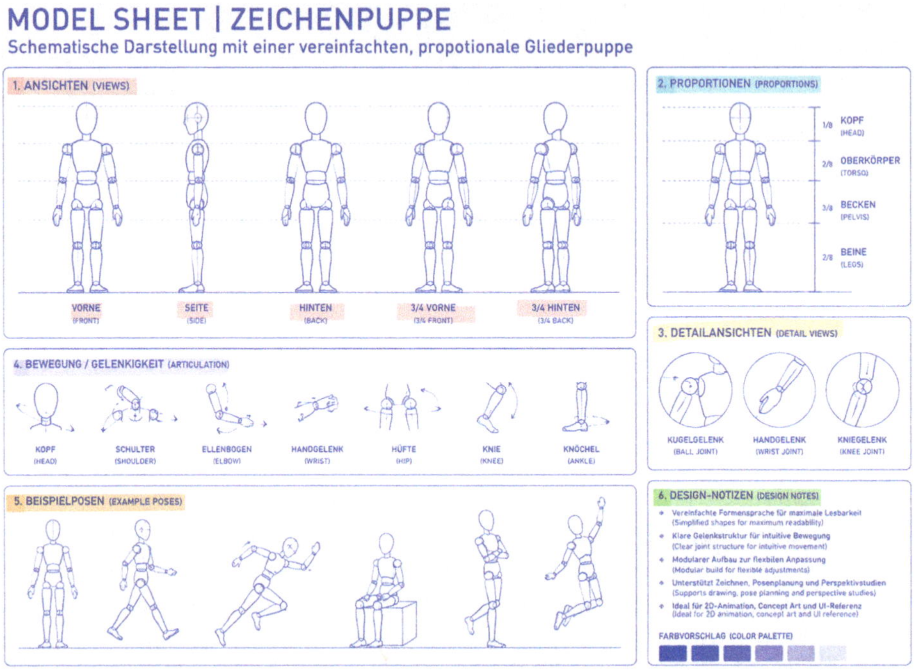

Abb. 14.1 Schematische Übersicht über Bausteine eines Model Sheets für einen Character.

Ebenso wichtig sind Angaben zu Farbschema, Materialität, Oberflächenwirkung und – falls nötig – kurze Hinweise auf narrative Funktion oder Charaktereigenschaften. Entscheidend ist nicht die Menge der Information, sondern ihre Relevanz für die weitere Umsetzung (s. Abb. 14.1).

(Quelle: Trautzsch 2026)

Wright beschreibt das Model Sheet als Sammlung passgenauer Zeichnungen aus verschiedenen Perspektiven, die den späteren Nachbau eines Modells ermöglichen (Wright 2005, S. 4). Verschiedene Ansichten sind einerseits für den präzisen 3D-Nachbau hilfreich, und erlauben Rückschlüsse auf mögliche Bewegungsabläufe (siehe Kap. 18 – Animation).

14.2 Worauf kommt es in der Praxis an?

In der praktischen Arbeit steht vor allem Präzision im Vordergrund. Ein Model Sheet muss so aufgebaut sein, dass Größenverhältnisse, Symmetrie, Ausrichtung und Volumen klar nachvollziehbar bleiben. Dafür werden häufig zunächst Turnarounds des Charakters oder verschiedene Top-Down- oder isometrischen Perspektiven Aufrisszeichnungen – ähnlich Architekturzeichnungen von Levels, Umgebungen und Objekten hergestellt. Zunächst wird auf Basis des Grundentwurfs ein schnelle Skizze aller Perspektiven auf das Objekt durch Grundformen beispielsweise erzeugt, erste groben Linien des Entwurfs für jede Perspektive sind ausreichend. Darauf folgt die Verfeinerung der Skizze bis zur finalen Umsetzung der Präsentation (Publishing und 3dtotal 2019, S. 52–53). Referenzlinien unterstützen den zeichnerischen Prozess, etwa Bodenlinie, Mittellinie sowie horizontale und vertikale Hilfslinien für Augenhöhe, Schultern, Hüften oder andere wichtige Konstruktionspunkte. Solche Linien helfen, Proportionen über mehrere Ansichten hinweg stabil zu halten und erleichtern nachfolgenden Teammitgliedern die Umsetzung, um die Proportionen und Skalierung richtig umzusetzen.

Wichtig ist außerdem, von großen Formen zu kleinen Details zu arbeiten. Zunächst werden Hauptvolumen und Proportionen des Gesichts, der Figuren oder auch Übertreibung der Form geklärt, erst danach folgen kleinere Merkmale und Oberflächendetails (Publishing und 3dtotal 2020, S. 98–105). Bei symmetrischen Figuren kann es sinnvoll sein, zunächst nur eine Hälfte auszuarbeiten und diese anschließend zu spiegeln, um konsistente Proportionen zu sichern. Symmetriewerkzeuge, einfache Konstruktionsformen und saubere Hilfslinien sind deshalb keine bloßen technischen Hilfen, sondern Werkzeuge, um Gestaltung in eine belastbare Produktionsform zu überführen.

Nicht alles, was in einer freien Konzeptzeichnung überzeugend wirkt, lässt sich unmittelbar in 3D übertragen. Ein gutes Model Sheet muss deshalb auch dort Klarheit schaffen, wo die ursprüngliche Illustration perspektivisch, stilisiert oder unvollständig ist. Ziel ist es, Unklarheiten sichtbar zu machen und Entscheidungen so weit vorzubereiten, dass der nächste Arbeitsschritt nicht auf Vermutungen, sondern auf einer nachvollziehbaren Grundlage aufbauen kann.

14.3 Was soll mit einem Model Sheet erreicht werden?

In der Praxis erfüllt ein Model Sheet oder für Props auch Design Sheet genannt (s. Abb. 14.2) vor allem drei Funktionen: Es sichert Konsistenz, weil Figuren, Objekte oder Umgebungen aus verschiedenen Perspektiven eindeutig festgelegt werden; es dient als Referenz, auf die Animator:innen, 3D-Artist:innen oder andere Teammitglieder zurückgreifen können; und es verbessert die Kommunikation, weil die gestalterische Vision nicht nur beschrieben, sondern sichtbar gemacht wird. Ein Model Sheet sorgt damit dafür, dass ein Entwurf nicht bei einer stimmungsvollen Konzeptzeichnung stehen bleibt, sondern in eine verlässliche Produktionsgrundlage übersetzt wird.

Es soll Gestaltung so weit präzisieren, dass daraus konsistente, umsetzbare und wiederholbare Assets entstehen können. Es reduziert Missverständnisse, schafft eine gemeinsame visuelle Sprache im Team und sorgt dafür, dass Entwürfe auch in späteren Produktionsschritten ihre Identität behalten. Damit ist das Model Sheet eines der wichtigsten Werkzeuge, um künstlerische Idee und technische Umsetzung miteinander zu verbinden.

Diese Dokumente unterstützen die Zusammenarbeit im Team. Sie reduzieren Interpretationsspielräume und sorgen dafür, dass visuelle Konzepte konsistent umgesetzt wer-

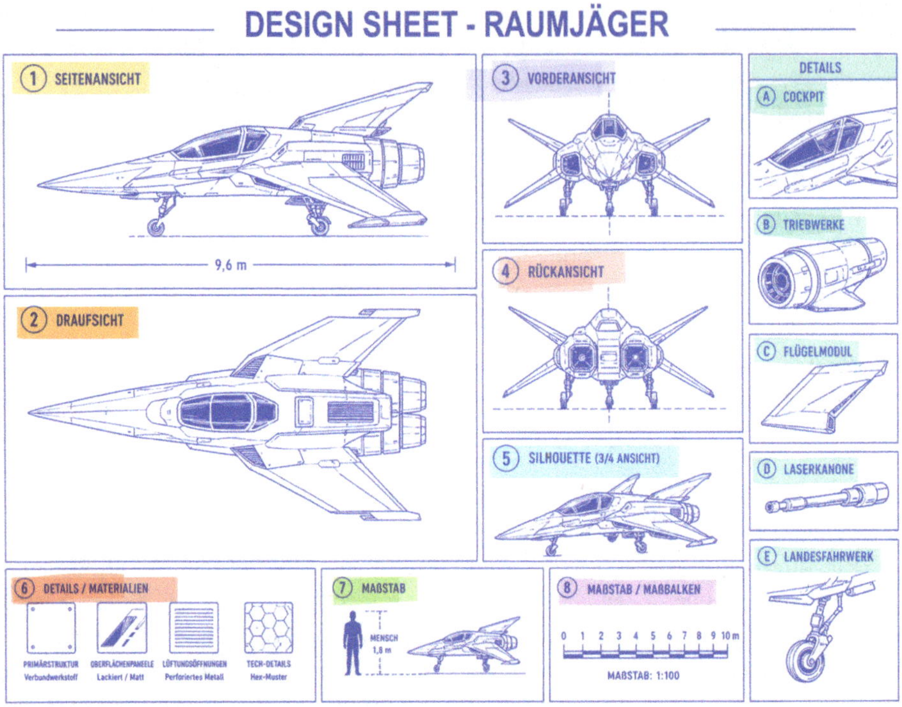

Abb. 14.2 Design Sheet für ein Raumschiff.. (Quelle: Trautzsch 2026)

den können. Gleichzeitig bleiben sie Arbeitsdokumente, die sich im Projektverlauf weiterentwickeln.

Dokumentation dient hier nicht nur der Nachvollziehbarkeit von Prozessen, Methoden und Umsetzungen, sondern auch der Koordination der Spezialisierungen und Kommunikation im Team.

Fazit

Entwurfsmethoden übersetzen visuelle Konzepte in überprüfbare Formen. Sie ermöglichen es, Ideen zu variieren, zu vergleichen und schrittweise zu präzisieren. Durch Silhouetten, räumliche Verfahren, Prototyping und Dokumentation entsteht ein Arbeitsprozess, der gestalterische Entscheidungen vorbereitet und absichert.

Literatur

Publishing, D. 3. & 3dtotal, P. (2019). Creating Characters for the Entertainment Industry. 3dtotal Publishing.

Publishing, D. 3. & 3dtotal, P. (2020). Fundamentals of Character Design: How to Create Engaging Characters for Illustration, Animation and Concept Art. 3dtotal Publishing.

Solarski, C. (2012). *Drawing basics and video game art: Classic to cutting-edge art techniques for winning game design.* Watson-Guptill.

Trautzsch, N. (2026). *Darstellungsästhetik als Analyse- und Gestaltungsmodell digitaler Spiele: Skizzierung einer Taxonomie.* https://doi.org/10.56250/4117

Wright, J. A. (2005). *Animation writing and development: From script development to pitch.* Focal Press.

Mock-Ups und Prototyping im Kontext Game Design 15

Inspiration und Konzeption bleiben nicht auf Sammlung und Auswahl beschränkt. Inspiration entsteht im Machen: im Zeichnen, Skribbeln, im visuelle Erkunden von Formen, Themen und Story. Und Material und Ideen, Collagieren, Kleben, Bauen, Modellieren. Also ausprobieren, indem wir visuelle Repräsentationen erzeugen (Muller). Sie unterstützen – in dem wir hinsehen und vergleichen – den Denk und Einfühlungsprozess. Donal Schön nennt das Konzept „Reflection-in-Action", und beschreibt dieses Geschehen als „reflective conversation with the situation' beschreibt." (Lindberg 2013, S. 74).

Ein kreativer Kreislauf: wir erstellen die Repräsentationen, eben in Form von Skizzen, Entwürfen, Modellen, sehen diese an und bewerten währenddessen die Passagenauigkeit der Darstellung in Bezug zu unserem angestrebten Wahrnehmungsgefühls des Objektes und Vision der Spielwelt. Solche Repräsentationen, Konzeptzeichnungen und Raumdarstellungen machen erste Lösungsansätze anschaulich und helfen dabei, sie im Verhältnis zu den Bedingungen und Anforderungen des jeweiligen Problemkontexts zu prüfen.

15.1 Mock-Ups

Ein Mock-up ist eine visuelle oder räumliche Voransicht eines Entwurfs, die dazu dient, das Endprodukt früh sichtbar, überprüfbar und kommunizierbar zu machen. Es ist noch kein funktionsfähiges Produkt, sondern eine Repräsentation, mit der Wirkung, Aufbau und Zusammenhang eines Designs vor der endgültigen Umsetzung geprüft und kommuniziert

N. Trautzsch, *Darstellungsästhetiken in Games*,
https://doi.org/10.1007/978-3-658-53102-7_15

werden können. Ein Mock-up ist als Begriff Synonym auch ein Prototyp, wenn es einen Teil der Funktionalität eines Systems bietet und es ermöglicht, das Design zu testen (Grimsgaard 2022, S. 533–534).

Bezogen auf Spieleproduktion und Präsentationstechniken kann ein Game-Mockup kann eine statische Darstellung der In-Game Kameraperspektive plus HUD sein oder eine interaktive Anwendung, das viele der endgültigen Designelemente enthält, aber nicht spielbar ist. Das kann durch implementierte Animationen innerhalb einer Grafik Software erfolgen, oder auch durch Staging, Inszenierung der Grafik-Assets in der Game Engine und die Bildschirmaufnahme des Play-Ansicht. Ein Klick-Dummy kann auch die Benutzeroberfläche das graphical-user-interface (GUI) und die Informationsstruktur benutzbar abbilden und die grundlegenden interaktiven Funktionen demonstrieren. Das kann ebenfalls in der Game Engine mit Grafiken ohne Coden umgesetzt werden, in Grafikprogrammen und via wireframe Software wie *Figma* oder *Miro*.

Mock-Ups sind also eine Art „Anschauungsmodell" oder Demonstrationsmodell und sie erlauben einen ersten eindrücklichen Einblicke in die Spielwelt mit Perspektive, Player Character, HUD und visuellem Stil zu präsentieren. Mock-Ups sind eine Visualisierungs-, Präsentations- und Prototype Methode die einen Anwendungsfall, die Wirkung des Endprodukts und als greifbares Ergebnis darstellt. Achtung: funktionsfähig ist es meist nicht, es wird nur veranschaulicht und bei interaktiven Produkten die Funktionsweise mittels klickbarer Prototype dargestellt.

Mock-ups vermitteln, ob eine visuelle Idee mit Gameplay, Perspektive oder technischer Umsetzung vereinbar ist. Erste Umsetzungen von Grafik und Darstellungsstil können getestet werden und zur Planung des Weiteren Designprozesses und Workflow genutzt werden. In diesem Sinne fungieren sie als einfache Vorführmodelle, die die Vision des Endprodukts bereits sichtbar machen.

Es gibt Lo-fi Mock-ups, die ohne visuelle Ausgestaltung arbeiten nur mit Liniendarstellungen der Formen, schwarz-weiß, wie ein Drahtgittermodell oder Bauplan-Zeichnung. Und es gibt High-fidelty Mock-ups, die wiederum von der grafischen bis zur fotorealistischen Darstellung ausgestaltet sein können (s. Abb. 15.1).

Abb. 15.1 Mock-Up einer Spielwelt, mit festgelegter Kameraperspektive, In Game Prototyp-Grafik, Proportion und GUI / HUD (Head up Display) Elementen, Vorstellung einer Vision/eines Levels. (Quelle: Trautzsch 2026)

15.2 Blockouts und Greyboxing

In Präsentationen gewinnen Konzepte und Ideen an Aussagekraft, wenn sie im Spielkontext überprüft werden. Erste spielfähige Prototypen übertragen diese Konzepte in eine spielnahe Umgebung, etwa durch einfache Szenen im 3D Programm oder in der Engine mittels interaktiver Platzhalterobjekte. Diese Platzhaltertechnik wird innerhalb einer 3D Software Blockout genannt und Grayboxing mittels Gameobjects und Collidern innerhalb einer Engine. Dabei werden Spielräume, Objekte und Interaktionszonen zunächst mit einfachen Volumen und Platzhaltern aufgebaut, um Größe, Proportion, Distanzen, Raumwirkung und Hierarchien zu testen, bevor detaillierte Art Assets entstehen. Im Blockout wird sichtbar, ob ein Asset, Prop oder Raum lesbar ist, ob Wege, Blickachsen und Interaktionspunkte funktionieren und ob die räumliche Organisation die gewünschte Spielerfahrung unterstützt.

Samantha Kio Kung, eine Environment Game Artist zeigt wie sie auf Basis ihrer Skizzen mittels einfachen Grundformen in SketchUp und importierte menschliche Dummies zur Größenorientierung eine Ansicht renderte als Vorlage für die Perspektive ihrer 2D Grafik (Art Rocket 2022). Block-Outs können helfen Perspektive, Skalierung, Proportion und

Funktion zu Prototypen und zu testen. Greyboxing innerhalb der Engines sind sinnvoll um direkt Environment, Level zu überprüfen. Neil Blevins zeigt auf seinem Blog wie Greyboxing innerhalb einer Engine aufgebaut und für erste Perspektiv und Gameplay Tests genutzt werden kann. Es können Fragen nach Größe und Skalierung beantwortet werden. Beispielsweise: Ist dieser Gang breit genug, damit ein Fahrzeug hindurchfahren kann? Sind diese Plattformen nah genug beieinander, damit dein Charakter von einer zur nächsten springen kann? Gibt es große Bereiche, durch die man sich bewegen muss, die aber langweilig sind? (Blevins 2024).

Damit ist Prototyping und Greyboxing nicht nur ein technischer Zwischenschritt, sondern ein Mittel, räumliche Dramaturgie und Orientierung früh zu überprüfen (Totten 2019). Für die Asset-Produktion bedeutet das, dass auch einzelne Game Assets zunächst in ihrer funktionalen und volumetrischen Rolle gedacht werden müssen: Wie groß ist ein Objekt im Verhältnis zur Spielfigur? Welche Form ist primär, welche Details sind sekundär? Was muss schon im Blockout lesbar sein, und was kann erst in späteren Produktionsschritten ausgearbeitet werden?

Gerade im Zusammenspiel mit Gameplay werden hier Fragen der Lesbarkeit, Orientierung und Rückmeldung sichtbar (s. Abb. 15.2).

Des Weiteren dienen funktionsfähige Prototypen dazu Spielideen, Game Play, Raum und Wirkung frühzeitig zu testen. Noch bevor finale Assets produziert oder komplexe Systeme ausgebaut werden, werden im Prototyp die grundlegenden Zusammenhänge von Core Loop, Spielmechaniken, Raum, Maßstab und Spielerführung sichtbar und testbar. Core Loops sind wiederkehrenden Struktur aus Handlung, Systemreaktion und Feedback, in denen sich Spielhandlung organisiert und Erfahrung erzeugt (Sicart 2015). Im Sinne

Abb. 15.2 Mock-Up einer Spielwelt, die Kameraperspektive, In Game Grafik, proportion und GUI Elemente für das Point- and Click Adventure „Das Sanatorium". (Quelle: Trautzsch 2025)

eines *playcentric design* wird Prototyping dabei nicht als Vorstufe zum eigentlichen Design verstanden, sondern als wesentlicher Teil des Entwurfsprozesses, in dem durch frühes Testen, Playtesting und Überarbeiten Erkenntnisse über das Spiel gewonnen werden (Fullerton 2018). Auch Rapid Prototyping folgt diesem Prinzip: Ideen werden früh, schnell und wiederholt in spielbare Formen übersetzt, um Annahmen zu überprüfen, Probleme sichtbar zu machen und gestalterische Entscheidungen abzusichern. Prototypen sollen daher nicht schön, sondern aufschlussreich sein.

15.3 Varianten von Prototypen

Prototype Ansätze gibt es in vielen Varianten, die sich jeweils für ein bestimmtes Ziel besonders eignen. Game Design Patterns helfen einen Software-Prototypen mit praxisbewährter Methodik erfolgreich zu realisieren. Staffan Björk und Jussi Holopainen haben in ihrem Buch „Patterns in Game Design" (2005) viele dieser zusammengetragen, auch wenn das Buch bereits ein älter ist, so enthalten viele Patterns nützliche Anwendungsszenarien für die Praxis.

Exploratives Prototyping
Exploratives Prototyping dient dazu, Anforderungen, Ideen und Funktionen früh sichtbar zu machen und besser zu verstehen. Es hilft, offene Fragen zu klären: Was soll das System leisten? Welche Funktionen sind wichtig? Welche Annahmen müssen überprüft werden? Der Prototyp ist dabei vorläufig und dient vor allem der Orientierung. Ziel ist eine präzisere Grundlage für die weitere Entwicklung (Knäpper 2024).

Experimentelles Prototyping
Experimentelles Prototyping untersucht, ob eine Idee technisch, gestalterisch oder spielerisch machbar ist (Knäpper 2024). Im Mittelpunkt steht das Ausprobieren: Funktionen, Mechaniken oder Darstellungsweisen werden getestet, um daraus Erkenntnisse zu gewinnen. Der Prototyp muss nicht Teil des späteren Produkts werden. Häufig wird er nach der Testphase verworfen, weil sein Zweck vor allem im Lernen, Prüfen und Verstehen liegt.

Evolutionäres Prototyping
Beim evolutionären Prototyping wird ein Prototyp schrittweise weiterentwickelt, bis daraus das spätere Produkt entsteht. Anforderungen, Funktionen und Gestaltung werden dabei fortlaufend angepasst. Feedback von Nutzer:innen oder Tests fließt direkt in die nächste Version ein (knäpper 2024). Dieser Ansatz eignet sich besonders für Projekte, bei denen sich Ziel, Umfang oder Gestaltung erst im Prozess genauer herausbilden.

Horizontale Prototypen
Ein Horizontaler Prototyp bildet die Breite eines Spiels oder Systems ab, aber noch nicht dessen volle Tiefe. Er ist bestens geeignet, um eine breite Sicht auf ein System abzubilden

(Block 2024), in dieser Form ist ein Mock-Up auch ein Horizontaler Prototyp. Man zeigt also viele Bereiche, Funktionen oder Spielsysteme in einer frühen, oft groben Form.

Im Game Design könnte ein horizontaler Prototyp etwa zeigen:

- Hauptmenü, Inventar, Dialogsystem, Kampfsystem, Levelnavigation und Questlog,
- aber alles noch mit Platzhaltergrafiken, einfachen Animationen und unfertigen Inhalten.

Der Zweck ist nicht, einen finalen Spielausschnitt zu präsentieren, sondern zu prüfen, ob die Gesamtstruktur funktioniert. Man fragt: Sind die wichtigsten Systeme vorhanden? Greifen sie sinnvoll ineinander? Verstehen Spieler:innen die Grundlogik? Fehlt ein zentrales System? Ist der Umfang realistisch? Erste Dialoge, UI-Varianten, grobe Level-Skizzen, Dummy-Assets, Gegnerideen oder Queststrukturen werden erzeugt. Der Einsatz von KI-Systemen kann hier die schnelle Sichtbarmachung eines breiten Möglichkeitsraums unterstützen (siehe Kap. 21 – Der Game Designer, der Artist und die KI).

Damit wird der Zusammenhang unterschiedlicher Systeme früher überprüfbar.

Vertical Slice oder Vertikaler Prototyp

Ein Vertical Slice funktioniert anders, er bildet die Ebenen der technischen Umsetzung eines Systems ab (Block 2024). Er zeigt nicht die ganze Breite eines Spiels, sondern einen kleinen, repräsentativen Ausschnitt. Man könnte sagen: Ein Vertical Slice ist ein „dünnes Stück" durch alle relevanten Produktionsschichten. Man nennt sie auch Machbarkeitsstudien oder im englischen „Proof of Concept" (Block 2024).

Ein Vertical Slice kann zum Beispiel ein zehnminütiger spielbarer Abschnitt sein, der bereits zeigt:

- finale oder fast finale Grafikqualität,
- typische Spielmechanik,
- Sounddesign,
- Animation,
- UI,
- Gegnerverhalten,
- Leveldramaturgie,
- Atmosphäre,
- technische Performance.

Der Zweck ist hier: Das Team, ein Publisher oder eine Förderinstitution soll erkennen können, wie sich das fertige Spiel anfühlen wird. Ein Vertical Slice beantwortet also nicht nur die Frage „Funktioniert das System?“, sondern: „Überzeugt die Erfahrung in ihrer späteren Qualität?“

Einzelne Elemente eines solchen Ausschnitts sollten schneller auf ein höheres Ausarbeitungsniveau zu bringen: Concept Art, Texturen, Dialogvarianten, Animationen, Stimmungsbilder, UI-Entwürfe oder narrative Varianten. Gleichzeitig bleibt beim Vertical Slice die ästhetische Kontrolle besonders wichtig, weil der Ausschnitt repräsentativ für die spätere Qualität des Spiels stehen soll.

▶ Während Horizontal Prototypes die Breite eines Systems sichtbar machen, zielen Vertical Slices auf Tiefe und Repräsentativität. Ein Vertical Slice zeigt einen kleinen Ausschnitt des Spiels in einer Qualität, die der späteren Spielerfahrung bereits nahekommt. KI-Systeme können hier unterstützen, visuelle, narrative oder interaktive Elemente schneller auszuarbeiten, sie ersetzt jedoch nicht die kuratorische Entscheidung darüber, welche Elemente den Stil, das Spielgefühl und die ästhetische Identität des Projekts tatsächlich tragen.

Zu den wichtigsten Kompetenzen, die in dieser Phase erlernt werden, gehören deshalb die Fähigkeit, schnell vereinfachte Entwurfsstände zu erzeugen, räumliche und formale Entscheidungen anhand ihrer Funktion zu prüfen, Größen- und Proportionsverhältnisse zu beurteilen und gestalterische Hierarchien so anzulegen, dass Spielende sich orientieren und handeln können. Prototyping ist damit eine Phase des bewussten Reduzierens: Es testet nicht das fertige Bild, sondern die Tragfähigkeit seiner Grundlagen (siehe Kap. 21 – Der Game Designer, der Artist und die KI).

Literatur

ArtRocket_En. (2022, 30. September). *Using 3D Models and Perspective to Create a Fantasy Blacksmith Workshop*. Art Rocket. https://www.clipstudio.net/how-to-draw/archives/160064

Björk, S. & Holopainen, J. (2005). Patterns in Game Design. https://www.researchgate.net/publication/236157130_Patterns_in_Game_Design

Blevins, N. (2024, 5. Oktober). *Soulburn Studios Art Lessons*. Abgerufen am 24. April 2026, von http://www.neilblevins.com/art_lessons/greybox/greybox.htm

Block, S. (2024, 25. Februar). Prototypen – Rock the Prototype – Softwareentwicklung & Prototyping. Rock The Prototype – Softwareentwicklung & Prototyping. https://rock-the-prototype.com/prototypen/

Fullerton, T. (2018*). Game design workshop: A playcentric approach to creating innovative games* (4th ed.). CRC Press.

Grimsgaard, W. (2022). Design and strategy : A step-by-step guide. Taylor & Francis Group.

Knäpper, N. (2024, 12. November). *Was ist Prototyping?* OMR Reviews. https://omr.com/de/reviews/contenthub/was-ist-prototyping

Lindberg, T. S. (2013). *Design-Thinking-Diskurse: Bestimmung, Themen, Entwicklungen.*

Sicart, M. A. (2015). *Loops and metagames: Understanding game design structures.* In Proceedings of the 10th International Conference on the Foundations of Digital Games.
Totten, C. W. (2019). *An architectural approach to level design (2nd ed.).* CRC Press.
Trautzsch, N. (2026). *Darstellungsästhetik als Analyse- und Gestaltungsmodell digitaler Spiele: Skizzierung einer Taxonomie.* https://doi.org/10.56250/4117

Teil V

Produktion und Integration in die Game Engine

Teil V verfolgt den Weg von der gestalterischen Konzeption über die Produktion konkreter Inhalte bis zu ihrer Integration in die Game Engine. Aufbauend auf der Vorproduktion wird gezeigt, wie visuelle Ideen schrittweise in spielbare Assets, Animationen, Effekte, Sounds und Szenen überführt werden. Im Mittelpunkt steht dabei die Frage, wie sich gestalterische Entscheidungen unter realen technischen und organisatorischen Produktionsbedingungen bewähren.

Die praktische Umsetzung ist kein isolierter oder linearer Arbeitsschritt. Modelle, Texturen, Animationen, Beleuchtung und Effekte entstehen in wiederkehrenden Schleifen aus Gestaltung, Erprobung und Überarbeitung. Dabei müssen visuelle Qualität, spielerische Funktion, technische Anforderungen und verfügbare Ressourcen kontinuierlich aufeinander abgestimmt werden. Produktion bedeutet deshalb nicht lediglich, zuvor festgelegte Konzepte auszuführen, sondern sie im konkreten Arbeitsprozess weiterzuentwickeln und an neue Erkenntnisse anzupassen.

Mit der Integration in die Engine werden die erstellten Inhalte schließlich Teil eines interaktiven Systems. Import, Staging, Material- und Farbgestaltung, Beleuchtung, Animation, Sound und visuelles Feedback greifen ineinander und bestimmen, ob eine Gestaltung im tatsächlichen Spielkontext funktioniert. Erst hier zeigt sich, ob Assets aus der vorgesehenen Kameraperspektive lesbar sind, Bewegungen verständlich kommuniziert werden, Räume Orientierung ermöglichen und Darstellung, Interaktion und Spielsystem zu einer kohärenten Erfahrung zusammenfinden.

Die Integration bildet daher keinen bloßen Abschluss der Produktion, sondern einen weiteren Schritt im iterativen Designprozess. Visuelle Entscheidungen werden unter realen Spielbedingungen überprüft, angepasst und verfeinert. Professionelle Game Art zeigt sich dabei als koordinierte Praxis, die gestalterisches Urteilsvermögen mit technischem Systemverständnis, Kommunikation und kollaborativer Abstimmung verbindet.

Mit Teil V endet die prozessuale Betrachtung der visuellen Spieleentwicklung. Der letzte Teil vollzieht einen Perspektivwechsel und richtet damit den Blick auf die Reflexion der eigenen Praxis, auf aktuelle Entwicklungen wie den Einsatz von KI sowie auf Fragen der Professionalisierung. Dabei geht es weniger um Produktionsschritte als um Haltung, Verantwortung und langfristige Entwicklung im Berufsfeld der Game Art.

Asset-Produktion 16

Nach dem Abschnitt der Vorproduktion, beginnen wir mit der Produktion der Assets in 2D oder 3D oder in einem Mix-Stil. Setzen die Model Sheets und Baupläne in grafische Darstellungen je nach Perspektive um, modellieren Low-Poly oder High Poly Objekte, modifizieren, verändern und bearbeiten diese mit Werkzeugen. Erstellen Oberflächenbeschaffenheiten, erstellen also Texturen, mixen mit Shadern und setzen Rigs in Modelle ein, um diese zu animieren, in frame-by-frame oder

Mit Animationssystemen der Engine und Code. Die Objekte werden exportiert und importiert, wir setzen die Szene zusammen, setzen Lichter, die die Atmosphäre, die wir erreichen wollen erzeugt, bauen Soundeffekte und Musik ein, erstellen Staub- und Windeffekte, Feuer, Wasser, Lichtbearbeitung. Jedes einzelne Asset, jede Entscheidung ist ein Bauteil für die Darstellungsästhetik. Und oft genau wird man bauen, testen, ansehen, bewerten, verwerfen, verbessern. Willkommen in der Produktionsphase! (Abb. 16.1)

Ziel dieses Teils ist es, die in der Vorproduktion erstellten Baupläne, Model Sheets, Design Sheets, Konzepte, Vorführmodelle umzusetzen. Ausgehend vom Briefing der Produktion, der Modell Vorgaben und Vorlagen, führt der Prozess jetzt in die konkrete Produktion. Letztlich müssen wir nun nicht mehr über Gestaltungsfragen nachdenken, alle Baupläne liegen vor uns, hier und da muss noch etwas Magie und technisches Know-how für die richtigen Shader und Effekte für Umsetzung der angestrebten Darstellungsästhetik eingesetzt werden. Aber generell sind alle Entscheidungswürfel gefallen. Dieses Kapitel zeigt sinnvolle Vorgehensweisen und Techniken in der 2D Produktion, 3D Produktion, für Animation und Integration in die Engine auf. Es werden übergeordnete Schemas, Prinzipien der 3D Modellierung und Funktionsweise der 3D Software aufgezeigt. Allerdings

---

Ergänzende Information Die elektronische Version dieses Kapitels enthält Zusatzmaterial, auf das über folgenden Link zugegriffen werden kann [https://doi.org/10.1007/978-3-658-53102-7_16].

N. Trautzsch, *Darstellungsästhetiken in Games*,
https://doi.org/10.1007/978-3-658-53102-7_16

Abb. 16.1 Übersicht über Produktionsphasen. (Quelle: Trautzsch 2026)

wird nicht im Detail ausgeführt, welche Buttons im Einzelnen gedrückt werden müssen. Genau das muss im jeweiligen speziellen Anwendungsfall und im Erlernen der Software via „Benutzung“ selbstständig erforscht werden.

Ausgewählte YouTube Beiträge, sowie Handbücher und E-Books zeigen genaue Vorgehensweisen innerhalb der Software und Engines. Ich nutze für dieses Buch direkt die von Unity Technologies bereitgestellten E-Books zur Umsetzung von 2D Games, Level Design und Visuellen Effekten, da diese direkt die genaue Umsetzung in der Engine zeigen und leicht und kostenfrei zugänglich sind.

16.1 2D-Asset-Produktion

Die Produktion von 2D-Assets überführt die vorangegangenen konzeptionellen Entscheidungen und Entwürfe in konkrete, einsetzbare Spielinhalte. In dieser Phase wird visuelle Gestaltung verbindlich: Formen, Farben, Proportionen und Bewegungen wurden festgelegt und müssen nun mittels technischer Werkzeuge in der Software umgesetzt werden. Ziel dieses Kapitels ist es, die 2D-Asset-Produktion als systematischen Prozess zu beschreiben, der gestalterische Qualität, technische Umsetzbarkeit und spielerische Anforderungen miteinander verbindet.

2D-Assets treten in unterschiedlichen Formen auf – als Hintergründe, Figuren, Objekte, Interface-Elemente oder Effekte. Unabhängig von ihrer Funktion folgen sie gemeinsamen Prinzipien der Lesbarkeit, Konsistenz und Integration in den Spielkontext. Auch für die Produktion der 2D Assets ist es nicht zwingend notwendig bereits viel Zeichenkenntnisse zu haben. Man muss nur beginnen und dann dranbleiben. Die angestrebte Darstellungsästhetik genau ansehen, analysieren und entsprechend technische

Umsetzung Selbst umsetzen und via Shader und Material, VFX, Licht tweaken, modulieren, iterieren.

Für eine realistischere Darstellungsästhetik sind mehr zeichnerische Grundlagen und Vorkenntnisse notwendig. Und ja, auch im digitalen Zeichnen, sind die klassischen Zeichen-Grundlagen wie Anatomie- und Lichtstudien wichtig. Den digitalen Tools sollte nicht zu viel beigemessen werden, ja sie können viel Zeichenerfahrung durch beispielsweise die Stabilisierung der Pinselführung simulieren, aber sie ersetzen kein Wissen über Proportionen, Farblehre, Licht und Tiefe oder Kontraste.

Für den Einstieg in das visuelle Arbeiten eignet sich Papier besonders gut, idealerweise in Form eines kleinen Skizzenbuchs im A5-Format (s. Abb. 16.2). Erste Übungen können aus einfachen Farbflächen, farbigen Silhouetten, schnellen Kritzeleien, Scribbles und Skizzen bestehen. Zeichnerische Fähigkeiten entstehen nicht durch Perfektion, sondern durch regelmäßige Praxis. Bereits kurze, tägliche Übungseinheiten können helfen, Wahrnehmung, Linienführung und gestalterische Sicherheit auszubilden.

Ein Skizzenbuch kann im Alltag zu einem mobilen Denk- und Beobachtungsraum werden: im Café, in der Stadt, unterwegs oder in der Natur. Entscheidend ist dabei nicht die fertige, makellose Zeichnung, sondern das Tun selbst. Kleine Studien, viele Varianten und wiederholtes Üben sind oft produktiver als der Anspruch, sofort eine perfekte Illustration zu erzeugen. Grundlagen wie Komposition, Licht und Schatten sowie das Erfassen von Proportionen entwickeln sich schrittweise durch Beobachtung, Wiederholung und Experiment.

Abb. 16.2 Skizzenbuch Praxis. (Quelle: Trautzsch 2026)

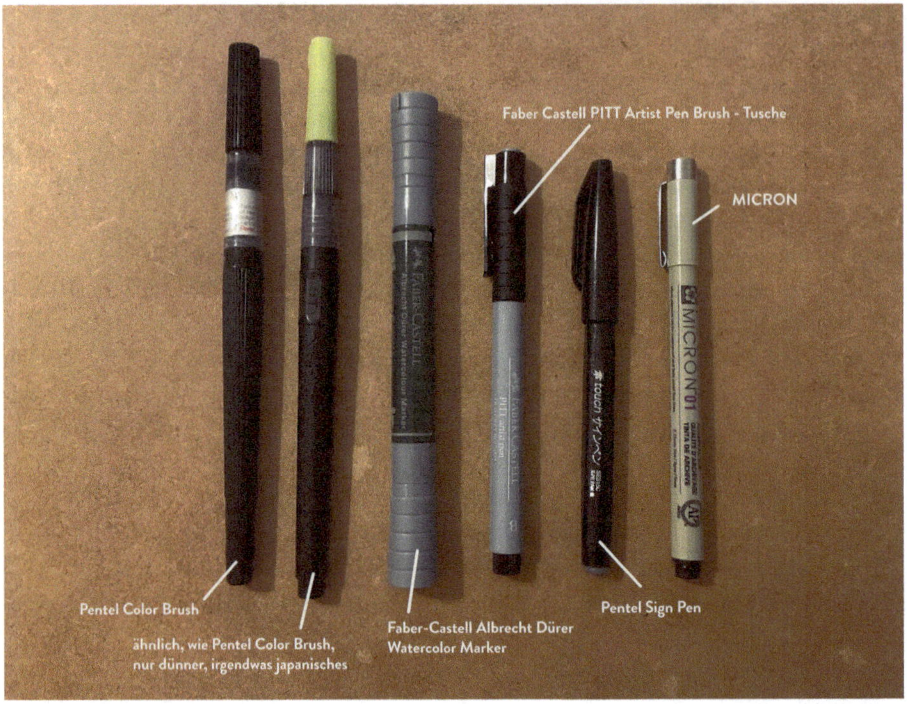

Abb. 16.3 Tuschezeichner, Brush Pens und Watercolor Zeichenstifte. (Quelle: Trautzsch 2026)

Wer Anatomie, Haltung und Pose besser verstehen möchte, kann durch Livezeichnen und Aktzeichnen die eigene Beobachtungsgabe und Linienführung gezielt schulen. Für den Anfang reichen einfache schwarze Tuschezeichner oder Fineliner aus. Ergänzend können Brush Pens mit Pinselspitze oder graue Watercolor Marker eingesetzt werden, um Schattierungen, Tiefenwirkung und schnelle Thumbnail-Studien anzulegen (s. Abb. 16.3).

16.2 Darstellung in Abhängigkeit von der Kameraperspektive

Die Produktion von 2D-Assets ist sehr eng an die Kameraperspektive des Spiels gebunden. Perspektive bestimmt Maßstab, Detailgrad und Komposition und beeinflusst, wie Assets im Kontext des Raumes wahrgenommen und gelesen werden. Eine seitliche Objekt-Ansicht stellt andere Anforderungen als eine Draufsicht oder eine isometrische Perspektive. Die Grafik muss aus ebendieser Perspektive jeweils gezeichnet oder umgesetzt werden. Das ist bei manchen perspektiven einen größere Herausforderung als bei Anderen.

In seitlich scrollenden Spielen stehen Silhouette und klare Konturen im Vordergrund. Figuren und Objekte müssen sich eindeutig vom Hintergrund abheben, auch bei Bewegung und wechselnden Lichtverhältnissen. In Draufsichten oder isometrischen Perspektiven rücken Flächenorganisation, Wiedererkennbarkeit von Formen und konsistente

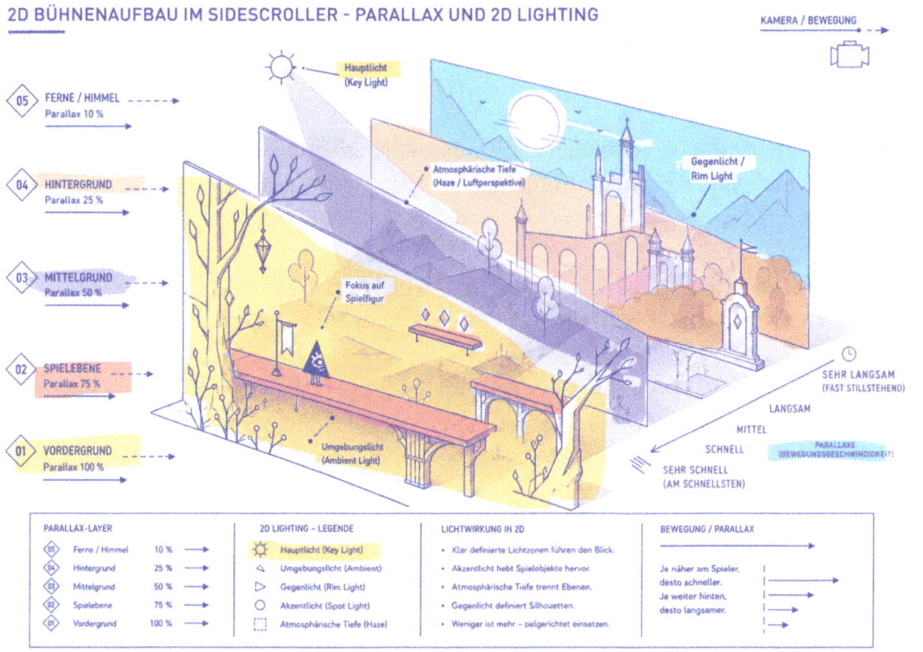

Abb. 16.4 Beispiele Kameraperspektive und 2D Darstellung. (Quelle: Trautzsch 2026)

Lichtlogik stärker in den Fokus. Gestaltung reagiert hier auf Übersicht und Orientierung. In 2,5 D Spielen steht die 2D Grafik wie eine flache Scheibe in oder auf einer 3D Bühne, die mit Tiefe, Depth of Field (DoF) oder anderen Inszenierungsstrategien arbeiten kann (s. Abb. 16.4). Ein Beispiel ist *Octopath Traveller* (Aquire 2018) oder *Cult of the Lamb* (Massive Monster 2022)[1]

Die Kameraperspektive wirkt damit als limitierender gestalterischer Rahmen, innerhalb dessen Entscheidungen getroffen werden müssen. Sie beeinflusst nicht nur das Aussehen einzelner Assets, sondern auch deren Verhältnis zueinander.

16.3 Prototypische 2D Grafiken und Block-Outs in der Produktionsphase

Wir haben uns in der Vorproduktion die Block-Out Methode angesehen. Diese kann auch für den Übergang vom Entwurf zur 2D Produktion über vereinfachte Vorstufen erfolgen. Prototypische Grafiken und in der angestrebten Kameraperspektive gerenderte 3D Block-Outs übersetzen Konzepte in die richtige produktionsnahe Formen und Perspektive und unterstützen den Spielentwicklungsprozess in der Game Engine bereits, ohne detaillierte

[1] Vgl. Teil III Kap. 9 Darstellungsästhetiken

Ausarbeitung. Größe, Skalierung, Maßstab, Komposition können mit diesen prototypischen Grafiken bereits überprüft werden und Anpassungen schnell vorgenommen werden. Nützlich können auch prototypische farbige Grundformen Objekte, Flächen oder sogar Dummy Assets sein.

Diese Vorgehensweise verhindert aufwendige Überarbeitungen in späteren Produktionsphasen und unterstützt einen kontrollierten Übergang zur Ausarbeitung.

16.4 Illustrative, pixelbasierte und vektorbasierte Darstellungstechniken und -Ästhetiken

Die Produktion von 2D-Grafiken umfasst eine Vielzahl an Möglichkeiten unterschiedlicher gestalterischer und technischer Verfahren. Unabhängig davon, ob ein Spiel illustrativ, pixelbasiert, vektoriell oder hybrid arbeitet, geht es immer darum, visuelle Informationen so zu gestalten, dass sie im Spielkontext lesbar, ästhetisch-stilistisch passend zur Zielformulierung, damit konsistent und technisch einsetzbar bleiben. 2D-Assets müssen im Spielraum bestehen, auf unterschiedlichen Bildschirmgrößen funktionieren, mit Animation, Interface und Levelaufbau zusammenspielen und sich in das Gesamtkonzept des Spiels einfügen.

Grundsätzlich lassen sich bei 2D-Assets drei verschiedene Umsetzungs- und gleichzeitig Art Stil Ansätze unterscheiden:

Illustrative Verfahren für pixelbasierte Darstellungstechniken arbeiten mit Linien, Flächen, Farbverläufen, Texturen, Licht und Schatten und erlauben eine starke stilistische Prägung. Oder nach McCloud: eine ikonisierte Darstellung. Sie eignen sich besonders dort, wo Atmosphäre, Materialität und malerische Dichte wichtig sind.

Pixel-Art basierte Ansätze setzen dagegen auf bewusste Reduktion der Pixelanzahl, eine bewusste Limitierung um nostalgische Gefühle, Zielgruppen beliebte Art Styles , Game Play und Wirkung der Ästhetik zu erreichen. In Pixel Art Umsetzungen kann eine klare Kontrolle über Form und Skalierung erhalten werden. Sie erzeugen Klarheit, Rhythmus und Wiedererkennbarkeit durch eine begrenzte Anzahl von Bildpunkten und ein strenges Verhältnis von Form zu Auflösung.

Vektorbasierte Verfahren wiederum arbeiten mit mathematisch definierten Kurven und Flächen, häufig über Bézierkurven, und ermöglichen präzise Konturen, saubere Skalierbarkeit und damit Performance und eine klare Trennung von Formelementen. Welcher Ansatz gewählt wird, hängt nicht nur vom gewünschten Art Stil ab, sondern auch von Produktionsaufwand, technischer Integration und den Anforderungen des Gameplays.

▶ Die Entscheidung für einen passenden Art Stil ist also auch immer gleichzeitig eine Entscheidung über die Produktionsweise und damit Einsatz und Notwendigkeit von Ressourcen.

2D Illustratives Produktionsverfahren und Techniken

Die Produktion illustrativer 2D-Grafiken umfasst alle Verfahren, bei denen Assets als gemalte, gezeichnete oder malerisch aufgebaute Bilder entstehen. Anders als bei streng rasterbasierten oder vektoriellen Verfahren stehen hier Linienqualität, Pinselstruktur, Flächenaufbau, Licht, Schatten und Oberflächenwirkung im Vordergrund. Solche Ansätze erlauben eine starke stilistische Prägung und eignen sich besonders für Spiele, die über Atmosphäre, Materialität, Farbigkeit und eine erkennbare Handschrift wirken sollen. Gleichzeitig stellen sie hohe Anforderungen an Lesbarkeit, Ebenenorganisation, Auflösung und technische Weiterverarbeitung.

In der Praxis entsteht ein illustratives 2D-Asset meist Schicht für Schicht. Am Anfang steht eine grobe Skizze, die zunächst nur Form, Haltung, Proportion und Grundidee festhält. Diese Skizze muss noch nicht sauber oder ausformuliert sein: sie dient dazu, ein Motiv schnell auf die Arbeitsfläche zu bringen und erste Entscheidungen sichtbar zu machen.

Danach wird die Zeichnung verfeinert: Linien werden geklärt, Proportionen angepasst, Flächen genauer abgegrenzt.

Im nächsten Schritt folgt eine erste Farbbasis, mit der Farbpalette, Kontrast und Grundstimmung geprüft werden. Erst danach werden Licht und Schatten aufgebaut, Volumen ergänzt und Oberflächen ausgearbeitet. Im letzten Schritt folgen Details, Oberflächenbeschaffenheiten, kleine Highlights und Akzente. Achtung: gerade bei illustrativen Assets ist dabei Zurückhaltung wichtig, zu viele Details und dünne Linien können Unruhe erzeugen und die Lesbarkeit im Spielkontext schwächen!

Die Arbeit erfolgt in der Regel in einer Grafiksoftware mit Ebenensystem. Häufig genutzt werden Adobe Photoshop, Clip Studio Paint, Procreate, Krita, Autodesk SketchBook und GIMP. Diese Programme erlauben den Umgang mit Ebenen, Pinseln, Masken, Auswahlwerkzeugen, Transformationsfunktionen, Farbkorrekturen und Filtern. Für illustrative 2D-Produktion ist der sichere Umgang mit Ebenen besonders wichtig: Skizze, Reinzeichnung, Farbbasis, Licht, Schatten, Effekte und Korrekturen sollten so angelegt werden, dass sie getrennt bearbeitet, angepasst oder ausgetauscht werden können. Das erleichtert nicht nur die Überarbeitung, sondern auch die spätere Animation und technische Integration.

Zu den grundlegenden Arbeitskompetenzen gehören der Umgang mit Ebenen, Zeichenwerkzeugen und Pinseln, Auswahl- und Transformationswerkzeugen, Kolorierung, Bildanpassungen und Filtern (Procreate Handbook: Brushes). Wer illustrativ arbeitet, muss außerdem entscheiden, ob mit klaren Outlines, weicheren malerischen Übergängen, texturierten Pinseln oder eingescannten analogen Vorlagen gearbeitet wird um den gewünschten Art Stil zu erreichen. Gerade Licht und Schatten, Materialität der Oberfläche, die das Licht bricht, Raum und Luft, Tageslicht, Zeit, Wetter und eine gezielte Abstimmung der Farbtöne spielen hier eine große Rolle, weil sie nicht nur Volumen und Tiefe, sondern auch Stimmung und Fokus erzeugen. Game Artists und Illustratoren studieren Licht und Schatten und erzeugen eine Illusion der physikalischen Welt (Publishing 2022, S. 10–11). Gleichzeitig darf die malerische Qualität nicht dazu führen, dass Figuren, Objekte oder

Interaktionspunkte im Spielraum verschwimmen. Illustrative 2D-Grafik muss daher immer zwischen Atmosphäre und funktionaler Lesbarkeit vermitteln.

Der bewusste Umgang mit Farben und Farbpaletten ist essenziell. Eine festgelegte Palette hilft, Kohärenz über viele Assets hinweg zu sichern und verhindert, dass einzelne Elemente stilistisch aus dem Rahmen fallen. Farbe steuert nicht nur die Stimmung, sondern auch Gewichtung und Hierarchie: Was ist Vordergrund, was Hintergrund, was interaktiv, was rein atmosphärisch? Ebenso müssen Beleuchtung und Inszenierung früh mitgedacht werden. Ein Asset sollte nicht nur für sich funktionieren, sondern im Zusammenspiel mit Levelhintergrund, Interface, Animation und Spielkamera.

Für die technische Weiterverarbeitung sind Dateiformate entscheidend. Arbeitsdateien sollten in einem Format gespeichert werden, das Ebenen erhält, etwa als .psd bei Photoshop oder als programmabhängige Quelldatei. Für den Austausch und die Integration in die Engine werden häufig .png-Dateien verwendet, da sie verlustfrei komprimiert werden und Transparenz unterstützen. Das ist besonders wichtig bei Figuren, Props oder einzelnen Bildelementen ohne festen Hintergrund. .jpg eignet sich eher für flächige Hintergrundbilder oder Referenzen, bei denen keine Transparenz benötigt wird und eine leichte Kompression akzeptabel ist. Für Animations-Spritesheets ist ebenfalls .png üblich, während die zugrunde liegende Arbeitsdatei oft als .psd erhalten bleibt, weil dort Ebenen, Einzelteile und Bearbeitungsschritte noch verfügbar sind.

Auch Bildauflösung, Bildgröße und Dateigröße müssen früh bedacht werden. Ein illustratives Asset kann in hoher Auflösung entstehen, muss aber dennoch auf seine tatsächliche Nutzung im Spiel hin geplant werden. Wird es bildschirmfüllend gezeigt, als Hintergrundebene eingesetzt oder nur klein im Spielraum sichtbar? Davon hängt ab, wie fein Details wirklich sein müssen. Zu große Dateien belasten Speicher und Performance, zu kleine Auflösungen führen später zu Qualitätsverlusten. Deshalb gehört es zur 2D-Produktion, nicht nur schön zu zeichnen, sondern Assets in einer Auflösung und Dateistruktur anzulegen, die dem späteren Einsatz entspricht (Azzi 2018).

Ein weiterer wichtiger Bereich ist die Animation. Auch bei illustrativen 2D-Assets erweitert Animation das Bild um eine zeitliche Ebene. Sie vermittelt Bewegung, Gewicht, Reaktion und Zustandsänderung. Dabei geht es nicht in erster Linie um Detailfülle, sondern um Verständlichkeit und Feedback. Animation macht sichtbar, dass ein Objekt aktiv ist, getroffen wurde, sich bewegt oder auf eine Spielerhandlung reagiert. Deshalb sollte Animation früh mitgedacht werden: Welche Teile eines Assets müssen getrennt angelegt werden? Welche Bewegungsachsen sind sinnvoll? Welche Elemente müssen in mehreren Phasen gezeichnet werden? Gerade bei animierten Figuren, Effekten oder Props ist eine saubere Ebenenstruktur der Arbeitsdatei entscheidend, damit ein Asset später in Spritesheets oder andere Animationsabläufe überführt werden kann.

Produziert werden in diesem Rahmen unterschiedliche Asset-Typen: Figuren, Objekte, Hintergründe, mehrschichtige Umgebungen, Interface-nahe Illustrationen oder einzelne Effektelemente. Hintergründe arbeiten oft mit mehreren Ebenen, um Raumtiefe, Lichtstimmung und Fokus aufzubauen. Charaktere und Props müssen dagegen stärker auf Wiedererkennbarkeit, Funktion und Animation hin gestaltet werden. In allen Fällen gilt:

Illustrative 2D-Grafik ist Teil eines größeren Systems aus Spielmechanik, Orientierung, Atmosphäre und technischer Umsetzung und muss auch vom Umsetzenden so mitgedacht werden.

Wie in anderen Bereichen der Gestaltung gilt auch hier: Üben, prüfen, überarbeiten. Der sichere Umgang mit Pinseln, Farbhierarchien, Ebenen, Detailgrad und Inszenierung entsteht durch wiederholtes Arbeiten. Kleine Praxisübungen, Variationsreihen, Zeitrafferanalysen oder das Studium professioneller Prozesse können helfen, Routinen zu entwickeln und das eigene Urteil zu schärfen. Gute illustrative 2D-Assets entstehen nicht aus einem einzigen gelungenen Bild, sondern aus einem kontrollierten Produktionsprozess, in dem Gestaltung, Technik und Einsatzkontext aufeinander abgestimmt werden.

Der sichere Umgang mit 2D-Grafiken entsteht nicht nur durch Aneignung des theoretischen Wissens, sondern vor allem durch wiederholte Praxis: Formen, Proportionen, Farbentscheidungen, Lesbarkeit und Arbeitsgeschwindigkeit entwickeln sich durch ständiges Zeichnen, Überarbeiten und Vergleichen. Gerade in der Asset-Produktion ist deshalb regelmäßiges Üben entscheidend: kleine Praxisübungen, Variationsreihen, Silhouetten Studien, Farbtests oder Mini-Illustrationen helfen dabei, Routinen aufzubauen und gestalterische Entscheidungen schneller und sicherer zu treffen. Ebenso nützlich sind Zeitraffer-Videos, weil sie Arbeitsprozesse sichtbar machen: Sie zeigen, in welcher Reihenfolge Formen aufgebaut, Farben gesetzt, Korrekturen vorgenommen und Details ergänzt werden. Dadurch wird nachvollziehbar, dass gute Illustrationen selten in einem Schritt entstehen, sondern aus vielen kleinen Entscheidungen und Überarbeitungen bestehen. Eine hilfreiche Inspirations- und Lernquelle sind in diesem Zusammenhang auch die Etherington Brothers, deren zeichnerische Übungen, Tutorials und Demonstrationen anschaulich zeigen, wie Figuren, Formen, Perspektive, Materialität und Ausdruck Schritt für Schritt aufgebaut werden können (The Etherington Brothers, o.D.).

Pixel-Art Produktionsverfahren und Techniken

Pixel Art war in der frühen Geschichte digitaler Spiele zunächst keine freie Stilentscheidung, sondern das Ergebnis technischer Limitierungen (Burbach, Trautzsch 2026). Geringe Auflösungen, kleine Speichergrößen, begrenzte Farbpaletten und schwache Rechenleistung zwangen Entwickler:innen dazu, Figuren, Räume und Objekte mit wenigen Pixeln möglichst klar und ausdrucksstark zu gestalten. Gerade dadurch entstand jedoch eine eigene Bildsprache, deren Prägnanz viele frühe Spiele bis heute auszeichnet. Auch die Point-&-Click-Adventures von LucasArts zeigen, dass pixelbasierte Darstellungen weit mehr sein konnten als technische Notlösungen: Sie entwickelten atmosphärisch dichte, erzählerisch starke und visuell eigenständige Welten, in denen Reduktion, Farbe und Komposition gezielt eingesetzt wurden.

Heute ist Pixel Art nicht mehr primär technische Notwendigkeit, sondern eine bewusste ästhetische Entscheidung. Sie wird häufig mit Nostalgie verbunden, weil sie an frühe Computer- und Konsolenspiele erinnert, zugleich ist sie aber auch als eigenständige Formensprache im Indie-Bereich sehr beliebt. Spiele wie *Celeste* (Matt Makes Games 2018) oder *Hyper Light Drifter (Heart Machine,* 2016*)* zeigen, dass Pixel Art sowohl für präzise, lesbare Spielführung als auch für atmosphärisch dichte, stilistisch markante Welten eingesetzt werden kann. Dabei kann sie sehr unterschiedlich wirken: klar und funktional, malerisch verdichtet, minimalistisch oder expressiv. Auch visuelle Brüche wie Glitches, Flimmern oder digitale Artefakte können bewusst als Stilmittel eingesetzt werden, um Materialität, Instabilität oder Medialität sichtbar zu machen. Pixel Art ist damit heute nicht nur ein Verweis auf Spielgeschichte, sondern eine weiterhin produktive und beliebte Darstellungsästhetik, die Reduktion, Lesbarkeit und kulturelle Referenz miteinander verbindet.

Die Wahl eines pixelbasierten Ansatzes ist stets an das Gesamtkonzept des Spiels gekoppelt und beeinflusst sowohl Produktionsaufwand als auch technische Integration. Pixel-Art arbeitet mit bewusst gesetzten Einzelpixeln, klaren Konturen und einer einheitlichen Skalierung. Weichzeichner, automatische Glättung oder Anti-Aliasing werden in der Regel vermieden, weil sie die Schärfe der Form und die Kontrolle über das Raster abschwächen. Statt malerischer Pinselspuren steht hier die präzise Bearbeitung auf einer festen Leinwand im Vordergrund: Form, Farbe und Lesbarkeit müssen schon auf kleinster Ebene entschieden werden. Der Pixel Artist Azzi betont genau diesen Unterschied, indem Pixel Art als Verfahren beschrieben wird, bei dem die Künstlerin oder der Künstler die Pixel bewusst steuert, statt sich auf weichzeichnende Werkzeuge zu verlassen. Gerade daraus entstehen die charakteristische Klarheit, der Rhythmus und die Wiedererkennbarkeit dieses Ansatzes. „Pixel art is like 2D sculpting: You start with a base, then chisel and add pixels „(Azzi 2018, S. 87–92).

Bei Silber (2015) ist es vor allem der Gedanke, dass Pixel Art nicht einfach „kleine Grafik“ ist, sondern eine eigene gestalterische Disziplin mit klaren Regeln für Lesbarkeit, Reduktion und Produktion. (2015, S. XV) David Silber beschreibt Pixel Art für die Spieleentwicklung als ein Verfahren, bei dem mit bewusst gesetzten Pixeln gearbeitet wird, um mit möglichst wenigen Mitteln klare Formen, Volumen, Oberflächen und Animationen zu erzeugen. Er ist der Überzeugung jeder kann Pixeln, konstatiert Pixel Art sei in vielerlei Hinsicht besser als 3D Ästhetiken (S. 7–8). Entscheidend ist dabei nicht die Detailfülle, sondern die Kontrolle über jedes einzelne Bildelement. Gerade weil Pixel Art mit starker Reduktion arbeitet, müssen Form, Kontrast, Farbwahl und Schattierung besonders präzise gesetzt werden. Für die Spieleproduktion ist dieser Ansatz deshalb interessant, weil er visuelle Klarheit, stilistische Kohärenz und einen vergleichsweise kontrollierbaren Produktionsaufwand miteinander verbinden kann (Silber 2015).

Ein pixelbasiertes Asset entsteht in der Regel in klaren Arbeitsschritten (s. Abb. 16.5). Am Anfang steht eine kleine Grundskizze oder Blockform, in der nur Silhouette, Proportion und die grundsätzliche Lesbarkeit geklärt werden. Danach werden die Formen präzisiert und in saubere Pixelkanten überführt. Im dritten Schritt folgt die Farbanlage mit einer begrenzten Palette, um Kontraste, Gewichtung und Stimmung zu testen. Anschließend werden Licht und Schatten mit wenigen klar definierten Helligkeitsstufen gesetzt, sodass Volumen und Materialität angedeutet werden, ohne die Klarheit der Form zu verlieren. Erst im letzten Schritt kommen Details und kleine Akzente hinzu, etwa Materialhinweise, Highlights oder minimale Strukturen. Während des gesamten Prozesses muss das Asset immer wieder in seiner tatsächlichen Anzeigegröße geprüft werden, denn Pixel Art funk-

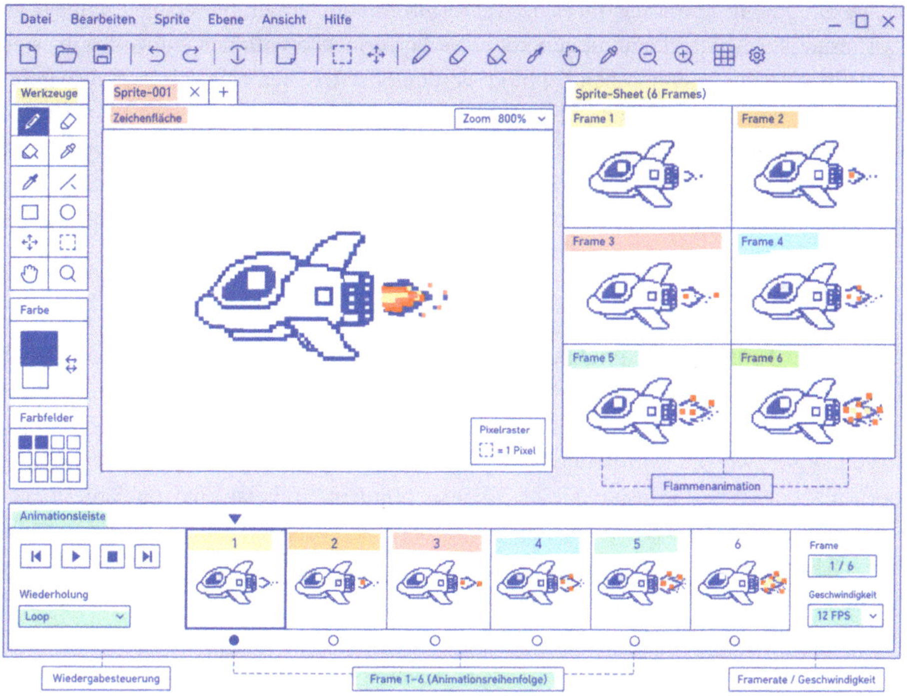

Abb. 16.5 Schematische Darstellung einer Pixel-Grafik Software: Raumschiffes im Pixel Art Stil (links) , Animationsleiste (unten) und Spritesheet (rechts). (Quelle: Trautzsch 2026)

tioniert nicht in starker Vergrößerung, sondern im finalen Maßstab des Spiels. Für diese Arbeitsweise sind vor allem Werkzeuge geeignet, die pixelgenaues Arbeiten unterstützen: ein harter Stift ohne Anti-Aliasing, Auswahl- und Füllwerkzeuge, Spiegelungsfunktionen, klare Formwerkzeuge sowie eine gut kontrollierbare Farbpalette. Wie Pixel Logic betont, entsteht Pixel Art aus der bewussten Kontrolle über Raster, Form und Farbe und nicht aus einer nachträglichen Verfeinerung weich gezeichneter Bilder.

Vektor Produktionsverfahren und Techniken

Vektorillustrationen arbeiten nicht mit Pixeln, sondern mit mathematisch definierten Formen und Bézierkurven. Dadurch lassen sich Konturen, Flächen und Übergänge sehr präzise steuern und verlustfrei skalieren. In der Praxis beginnt die Arbeit meist mit einer Grundzeichnung oder Skizze, die als Vorlage dient. Anschließend werden die wichtigsten Formen mit Kurven und Ankerpunkten nachgebaut, gegliedert und bereinigt. Danach folgt die Ausarbeitung von Flächen, Farben, Konturen und gegebenenfalls einfachen Verläufen oder Schattierungen. Dieser schrittweise Aufbau von der Grundform zur sauberen Vektorfläche ist besonders dort sinnvoll, wo klare Kanten, stilisierte Reduktion und flexible Größenanpassung gefordert sind. (Majewski 2022, S. 23) Als Arbeitsformat wird häufig die native Projektdatei der Software genutzt, für den Austausch und die Weiterverarbeitung ist .svg das gängigste Format, da es die Vektorinformation erhält. Für Game Engines kann der Einsatz von Vektorillustrationen kann aus Performance-Gründen sinnvoll sein, wenn Assets in verschiedenen Größen benötigt werden oder UI-Elemente scharf und speichereffizient bleiben sollen. Gleichzeitig muss bedacht werden, dass komplexe Vektorformen oder aufwendige Echtzeitumsetzung in der Engine je nach Plattform auch zusätzliche Rechenlast erzeugen können. Vektorillustration eignet sich daher besonders für UI, Icons, klar stilisierte Figuren oder grafisch reduzierte Spielelemente, bei denen Präzision, Skalierbarkeit und formale Klarheit im Vordergrund stehen.

Typische Fehler

Ein häufiger Fehler in der Produktion 2D-Grafiken ist ein zu früher Fokus auf Details. Noch bevor Form, Proportion, Farbverteilung und Lesbarkeit geklärt sind, werden Strukturen, Highlights oder kleine Oberflächeninformationen ausgearbeitet. Das führt oft dazu, dass ein Asset zwar auf Einzelbildebene interessant wirkt, im Spielkontext jedoch unruhig, überladen oder schwer lesbar bleibt. Ebenso problematisch ist eine unklare Ebenenorganisation. Wenn Skizze, Farbe, Schatten, Effekte und Korrekturen unsauber oder auf zu wenigen Ebenen angelegt werden, erschwert das spätere Überarbeitungen, Animation und technische Integration. Gerade in der Produktionspraxis entstehen dadurch unnötige Korrekturschleifen.

Ein weiterer typischer Fehler liegt in der unzureichenden Anpassung an den tatsächlichen Einsatzkontext. Assets werden oft zu groß, zu detailliert oder in ungeeigneter Auflösung angelegt, ohne zu berücksichtigen, wie sie später im Spiel sichtbar sind. Was in der Arbeitsdatei gut aussieht, kann im finalen Maßstab an Klarheit verlieren. Umgekehrt führen zu kleine oder falsch angelegte Dateien schnell zu Qualitätsverlusten.

Häufig tritt auch eine Überbetonung malerischer Atmosphäre zulasten funktionaler Lesbarkeit auf. Zu viele Texturen, zu weiche Übergänge, zu geringe Kontraste oder eine zu ähnliche Farbigkeit zwischen Figur und Hintergrund können dazu führen, dass Interaktionspunkte, Objekte oder Charaktere nicht mehr klar hervortreten. Gerade in Spielen muss illustrative Qualität immer mit visueller Klarheit verbunden werden.

Auch uneinheitliche Farbpaletten sind ein typisches Problem. Wenn Farben von Asset zu Asset neu entschieden werden, entsteht schnell ein inkohärenter Eindruck. Das betrifft nicht nur die ästhetische Geschlossenheit, sondern auch die Orientierung: Spielende lernen Farb- und Formcodes, und inkonsistente Entscheidungen erschweren diese Lesbarkeit. Im Bereich Animation zeigt sich oft der Fehler, dass Bewegung zu spät mitgedacht wird. Werden Assets nur als statische Bilder entwickelt, ohne ihre spätere zeitliche Nutzung zu berücksichtigen, fehlen oft sauber getrennte Bildelemente oder sinnvolle Bewegungsachsen. Dadurch wird die spätere Animation unnötig aufwendig oder formal unklar.

Schließlich ist auch die Wahl ungeeigneter Dateiformate ein wiederkehrender Fehler. Werden Arbeitsdateien nicht in einem ebenenerhaltenden Format gesichert oder transparente Assets versehentlich als .jpg exportiert, gehen wichtige Informationen verloren.

Für die Produktion ist deshalb wichtig, früh zwischen Arbeitsdatei, Exportdatei und spielinterner Nutzung zu unterscheiden.

16.5 Licht und Schatten, Staging und Inszenierung

Im Kontext der Darstellungsästhetik lässt sich der Bühnenaufbau von 2D-Spielwelten vor allem der medial-technischen Inszenierungsebene zuordnen. Gemeint ist damit die Weise, in der eine Szene nicht nur gestaltet, sondern für Wahrnehmung organisiert wird: durch Licht und Schatten, Ebenenstaffelung, Blickführung, Farbwerte, räumliche Gewichtung und atmosphärische Verdichtung. Gerade in der 2D Game Art erzeugt ein dramaturgischer Bühnenaufbau, Effekte wie Schärfentiefe (Depth of Field), Einsatz von Lichter nur Fokus und Orientierung für die Spielenden, sondern auch den räumlichen Eindruck. Erst durch die gezielte Inszenierung von Vorder-, Mittel- und Hintergrund, durch Hell-Dunkel-Kontraste, Lichtakzente und Abschattungen wird ein Raum lesbar, rhythmisiert und emotional aufgeladen. Licht macht dabei sichtbar, wo wichtige Elemente oder der richtige Weg zu finden sind, Schatten schafft Tiefe, trennt Bildebenen voneinander und kann Nähe, Gefahr, Intimität oder Ungewissheit erzeugen.

Das von Unity Technologies 2002 und 2026 erweiterte veröffentlichte E-Book zu 2D Game Art, Animation and Lighting zeigt sehr deutlich, dass Licht in 2D ein eigenes inszenatorisches System ist. Unterschiedliche 2D-Lichttypen – etwa Global Lights zur Grundstimmung, Freeform Lights zur freien Akzentsetzung oder Point/Spot Lights für gerichtete Lichtkegel – strukturieren nicht nur den Raum, sondern auch die Aufmerksamkeit der Spielenden. Hinzu kommt der Hinweis, dass Sprites möglichst nicht vollständig mit festgelegten Licht-Schatten-Verhältnissen abgeschlossen werden sollten, wenn die spätere Beleuchtung flexibel bleiben soll. Stattdessen können Licht und Schatten auf separaten Ebenen vorbereitet oder durch Normal- und Mask-Maps ergänzt werden, um plastischere Reaktionen auf Beleuchtung zu ermöglichen (s. Abb. 16.6). So wird deutlich, dass Bühnenaufbau im 2D-Spiel nicht allein in der Zeichnung liegt, sondern im Zusammenspiel von vorbereiteter Bildgestaltung und späterer technischer Lichtinszenierung.

In dieser Perspektive ist Licht kein rein realistisches Mittel, sondern ein Werkzeug der Inszenierung von Lesbarkeit und Atmosphäre. Das entspricht auch dem Grundgedanken von Artists' Master Series: Color & Light, wo Licht und Farbe als Mittel beschrieben werden, um Form, Materialität, Stimmung und Blickführung zu kontrollieren. Auf die 2D Game Art übertragen bedeutet das: Bühnenaufbau ist die bewusste Abstimmung jener visuellen Mittel, durch die eine Szene nicht nur schön, sondern spielbar, verständlich und emotional wirksam wird. Er gehört damit nicht primär zur formalen Ebene einzelner Assets, sondern zu jener medialen Organisation, die festlegt, wie eine Szene erscheint, wie sie gelesen wird und welche Atmosphäre sie entfaltet.

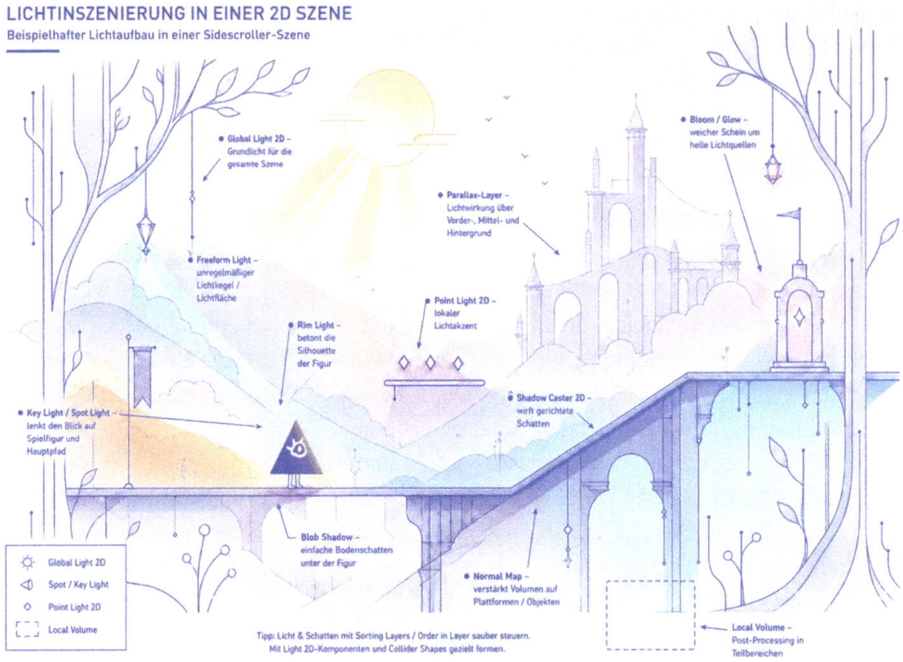

Abb. 16.6 2D Lighting auf der „Bühne" in einer Szene (Unity Scene). (Quelle: Trautzsch 2026)

16.6 Softwarelösungen und Best Practice

Die konkrete Umsetzung von 2D-Assets erfolgt mit spezialisierten Werkzeugen, doch die Software bestimmt nicht die gestalterische Idee, sondern vor allem deren praktische Umsetzbarkeit. Entscheidend ist daher weniger, ob mit Aseprite, Pixaki, Adobe Photoshop, Krita, Procreate, GIMP, Clip Studio Paint, SketchBook, Affinity Designer, Illustrator oder Inkscape gearbeitet wird, sondern ob der Produktionsprozess klar organisiert, wiederholbar und Engine-tauglich angelegt ist. Der eigentliche Mehrwert eines guten Workflows liegt darin, dass Assets nicht nur erstellt, sondern auch sauber exportiert, benannt, versioniert und ohne Reibungsverluste in die Engine integriert werden können. Pixel Logic empfiehlt mehrere Programme für die Produktion von Pixel Art (S. 10–12).

Das E-Book „2D Game Art, Animation, and Lighting for Artists" beschreibt sehr gut diesen Übergang zwischen Digital Content Creation Tools (DCC), also Programme, mit denen digitale Inhalte erstellt und bearbeitet werden und Engine (Majewski 2022, S. 24–30). Es wird deutlich, dass Produktionszeit nicht im wiederholten manuellen Export einzelner Ebenen verloren gehen sollte, sondern in der sauberen Vorbereitung eines Systems, das Assets effizient aus der Arbeitsdatei in die Engine überführt. Für Photoshop wird etwa das Exportieren sichtbarer Ebenen oder die automatisierte Erzeugung von Bilddateien aus benannten Layern beschrieben: für Affinity Photo und Designer erfolgt dies über Export Persona und klar definierte Slices, für Krita über den Export von Ebenen oder Gruppen als einzelne PNG-Dateien. In allen Fällen ist das Ziel dasselbe: klare Struktur statt improvisierter Einzelexporte.

Daraus ergeben sich einige Best Practices die im Folgenden einige beschrieben werden.

Dateiverwaltung

Zunächst sollten Dateien früh und regelmäßig gespeichert werden, idealerweise mit aktivierter Autosave-Funktion. Ebenso wichtig ist eine geordnete Ordnerstruktur, damit Zeichnungen, Assets, Varianten und Exportdateien jederzeit auffindbar bleiben. Für Produktionsprojekte empfiehlt sich eine Trennung zwischen Quelldateien, Exportdateien und Engine-Assets. Hinzu kommen konsistente Benennungskonventionen – etwa für Figuren, Props, Hintergründe, States oder Animationsphasen –, weil dadurch Assets auch in größeren Teams eindeutig zugeordnet und automatisiert verarbeitet werden können. Die Unity-Dokumentation im E-Book weist ausdrücklich darauf hin, dass Dateinamen, Layernamen und Exportpfade den weiteren Workflow erheblich beeinflussen.

Export

Ebenso wichtig ist die Frage des Dateiformats. Für den Export von Sprites ist PNG meist das praktikabelste Format, da Transparenz erhalten bleibt und die Dateien verlustfrei in die Engine überführt werden können. Das Unity-E-Book nennt PNG ausdrücklich als den bequemsten Workflow für Sprites. Arbeitsdateien sollten dagegen im jeweiligen Quelldateiformat der Software erhalten bleiben, also etwa als PSD bei Photoshop oder als projektinterne Arbeitsdatei in Krita, Clip Studio Paint oder Procreate (Majewski 2022, S. 24–30). So bleiben Ebenen, Masken und nachträgliche Korrekturen verfügbar. Besonders interessant ist hier der direkte PSD-Import in Unity: Standardmäßig wird die Datei zwar zu einem Bild zusammengeführt, mit dem 2D PSD Importer können Ebenen jedoch auch als einzelne Sprites übernommen werden (Majewski 2022, S. 30). Das ist besonders nützlich für 2D-Animationen, aber auch für mehrschichtige Illustrationen oder Background-Elemente.

Integration in Unity

Ein guter Workflow endet nicht beim Export, sondern schließt das Testen in der Engine ein. Viele gestalterische Entscheidungen – etwa zu Größe, Lesbarkeit, Layer Sorting oder Sichtbarkeit – lassen sich erst im Zusammenspiel mit Kamera, Beleuchtung und Spielkontext wirklich beurteilen. Deshalb sollten Assets nicht nur in der Grafiksoftware betrachtet, sondern möglichst früh in Unity getestet werden. Gerade bei Hintergründen, UI-Elementen oder Figuren kann die Wahrnehmung im finalen Maßstab stark von der Ansicht in der Arbeitsdatei abweichen. Auch Fragen der Sortierung, Transparenz und Animation lassen sich oft erst dort zuverlässig prüfen.

Best-Practice-Regeln

Best Practice bedeutet in diesem Zusammenhang: klare Strukturen statt improvisierter Einzellösungen. Dazu gehören geordnete Dateiverwaltung, konsistente Benennung, reproduzierbare Exporte, saubere Trennung von Quelldatei und Engine-Datei sowie frühes Testen in Unity. Gestaltung wird dadurch nicht nur kontrollierbarer, sondern auch anpassbar, teamfähig und technisch belastbar. Zur Best Practice gehört außerdem eine saubere Datensicherung. Projektordner sollten regelmäßig extern oder in einem Cloud-System, Back-up oder versioniertem Repository gesichert werden. In Teamprojekten ist darüber hinaus Versionierung essenziell, damit Änderungen nachvollziehbar bleiben und ältere Stände wiederhergestellt werden können. Klare Strukturen, Sicherungssysteme und reproduzierbare Exporte sorgen dafür, dass Gestaltung nicht nur kreativ, sondern auch produktionsfähig wird.

Schließlich gilt: Workflows sollten nicht nur festgelegt, sondern in der Engine ausprobiert und überprüft werden. Ein Asset, das in Photoshop, Krita oder Procreate überzeugend aussieht, ist noch kein fertiges „Game Ready" Asset. Erst wenn Export, Integration, Sortierung, Skalierung und Verhalten in Unity funktionieren, ist die gestalterische Idee tatsächlich in ein nutzbares Produktionsergebnis überführt.

Fazit

Die 2D-Asset-Produktion übersetzt visuelle Konzepte in konkrete Spielinhalte. Sie erfordert präzise Entscheidungen in Bezug auf Perspektive, Maßstab, Stil und Animation und steht in enger Beziehung zu Gameplay und technischer Umsetzung. Durch skizzenhafte Vorstufen, kontrollierte Ausarbeitung und konsistente Workflows entsteht eine visuelle Grundlage, die funktional und gestalterisch trägt.

Literatur

Azzi, M. (2018). *Pixel logic: A guide to pixel art.* Self-published.

Majewski, J. (2022). *2D Game Art, Animation, and Lighting for Artists.* Unity Technologies. Abgerufen am 26. April 2026, von https://unity.com/de/resources/2d-game-art-animation-lighting-for-artists-ebook

Publishing, D. (2022). *Color & light.* 3dtotal Publishing.

Silber, D. (2015). *Pixel Art for Game Developers.* In *A K Peters/CRC Press eBooks.* https://doi.org/10.1201/b18786

Trautzsch, N. (2026). *Darstellungsästhetik als Analyse- und Gestaltungsmodell digitaler Spiele: Skizzierung einer Taxonomie.* https://doi.org/10.56250/4117

Ludographie

Acquire & Square Enix. (2018). Octopath Traveler [Videospiel]. Square Enix.

Heart Machine. (2016). Hyper Light Drifter. [Video game]. Heart Machine.

Massive Monster. (2022). Cult of the Lamb [Video game]. Devolver Digital.

Matt Makes Games. (2018). Celeste. [Video game]. Matt Makes Games.

3D-Asset-Produktion

17

Die 3D-Asset-Produktion überträgt visuelle Konzepte in dreidimensionale, interaktive Spielinhalte. 3D Produktion erlaubt die Rotation um dein Objekt, und es aus allen Perspektiven zu betrachten und zu bearbeiten. Es muss nicht mehr in Perspektive gedacht und gestaltet werden, keine Ebenen, was sich vor oder hinter einem Objekt befindet. Formen und Punkte werden in dreidimensionalem Raum manipuliert und verschoben, eingefügte Lichter erzeugen selbstständig Lichtschein und Schatten auf Material und Objekte (Publishing 2021, S. 11). 3D-Assets werden als Objekte innerhalb eines Systems, das Kameraführung, Beleuchtung, Physik und Interaktion umfasst produziert. Ziel dieses Kapitels ist es, die 3D-Asset-Produktion als strukturierten Gestaltungsprozess zu beschreiben, der von der ersten räumlichen Annäherung bis zur spielbereiten Integration reicht. 3D-Art bezeichnet nicht nur das Modellieren von Objekten und Gegenständen, sondern umfasst einen großen Arbeitsbereich, in welchem es weitere Spezialisierungsfelder gibt. Neben Character Artists und Environment Artists gibt es etwa Texture Artists, Material Artists oder Technical Artists, deren Arbeit nicht nur der visuellen Ausarbeitung, sondern ebenso der technischen Umsetzbarkeit dient. 3D-Produktion ist daher immer auch Abstimmungsarbeit: Ein Asset muss nicht nur formal und ästhetisch überzeugen, sondern so angelegt sein, dass es in der Engine korrekt dargestellt, mit Materialien versehen, beleuchtet, animiert und performant verwendet werden kann. Der 3D-Artist arbeitet damit nicht isoliert, sondern im Austausch mit Design, Konzept, Animation und technischer Umsetzung.

Ergänzende Information Die elektronische Version dieses Kapitels enthält Zusatzmaterial, auf das über folgenden Link zugegriffen werden kann [https://doi.org/10.1007/978-3-658-53102-7_17].

N. Trautzsch, *Darstellungsästhetiken in Games*,
https://doi.org/10.1007/978-3-658-53102-7_17

17.1 3D Software Interface, Layout und Aufbau

Das Interface der verschiedenen Programme mag unterschiedlich dargestellt und strukturiert sein, die Prinzipien dahinter sind allerdings sehr ähnlich. Als Beispiel nehmen wir einmal Blender als 3D Software, sie ist open source und eine große Community unterstützt das Lernen mit Tools, Bücher und Tutorials dazu. Die Arbeit in 3D Programmen verläuft meist über mehrere Ansichten (Views), Editiermodi (Modes), und Editoren zugleich (Publishing 2021, S. 31–35). Typische Ansichten (Viewport Overlays) sind eine Gitternetz- oder „Wireframe“ Ansicht, eine Objektansicht (Solid View), eine Material- oder Shading-Vorschau und eine Renderansicht. Diese verschiedenen Darstellungen erfüllen unterschiedliche Funktionen: In der Gitternetzansicht wird die Struktur eines Modells sichtbar, in der Objektansicht Form und Volumen, in der Materialvorschau erste Aussagen über Oberfläche und Lichtreaktion und im Renderbild schließlich die atmosphärische und visuelle Gesamtwirkung (Publishing 2021, S. 16–30). Am Beispiel Blender sind folgende Prüf und Editier Modi zu nennen: Objekt Modes, das ganze Objekte editierbar, verschiebbar, skalierbar macht, der Editier Modus macht die geometrischen Daten sichtbar, er wird verwendet um einzelne Punkte, Polygone zu bearbeiten, Sculpt Mode für das Sculpting (138–151) und verschiedene Paint Modi um direkt auf die Textur oder direkt auf das Modell zu malen. Editoren sind Image Editors, ein 2D painting Tool, der UV-Editor mit dessen Hilfe man auf das aufgefaltete 2D Projektion des Meshes malen kann, der Shader Editor um mittels Nodes Oberflächenbeschaffenheiten und Materialien zu kombinieren. Im Compositor schließlich lassen sich post-processing vornehmen– also einer 3D Szene mit Licht, Schatten und Effekten inszenieren und rendern (Publishing 2021, S. 36–38).

3D-Programme sind also nicht nur Werkzeuge zum Erstellen von Modellen, sondern Arbeitsumgebungen, in denen Konstruktion, Kontrolle und Inszenierung parallel stattfinden.

Hier kommen unsere Referenzen, Model Sheets und Design Sheets aus der Vorproduktionsphase wieder ins Spiel. Model Sheets und Design Sheets fungieren als Bauplan für Form, Proportion, Funktion und Oberflächenlogik. Sie geben vor, wie ein Charakter oder Objekt aus verschiedenen Ansichten aufgebaut ist, welche Größenverhältnisse gelten, welche Details wesentlich sind und wie spätere Materialien oder Texturen gedacht werden müssen. Diese Baupläne können als Hintergrundbild oder als Texturgrafik auf ein „Plane“ Objekt in das 3D Programm geladen werden. In der jeweiligen Kameraansicht, also Frontal, Seitenansicht Links oder Rechts und Rückansicht kann dann das Objekt nun gemodelt, verglichen und entsprechend der vorgegebenen Form nachgebaut werden.

3D-Produktion lässt sich daher als ein Prozess verstehen, in dem Referenz, Konstruktion und Kontrolle eng miteinander verbunden sind. Model Sheets und Design Sheets liefern die visuelle Grundlage, die Arbeitsoberfläche der Software ermöglicht die räumliche und technische Ausarbeitung, und die Engine wird schließlich zum Ort der Prüfung, ob ein Asset im Zusammenspiel mit Material, Licht, Animation und Maßstab tatsächlich funktioniert. Die Einführung in die 3D-Produktion beginnt daher nicht mit der fertigen Form, sondern mit der Frage, wie Entwurf, Softwareumgebung und spätere Integration von Anfang an zusammen gedacht werden.

17.2 Prototyping mit Grundformen und Collidern, Block Out

Der Einstieg in die 3D-Produktion erfolgt in der Regel über stark vereinfachte Modelle. Grundformen und Platzhalter dienen dazu, Volumen, Maßstab und räumliche Beziehungen zu überprüfen, bevor Details ausgearbeitet werden. Diese einfachen Modelle sind funktional orientiert und unterstützen die Abstimmung mit Gameplay, Leveldesign und Kamera.

Beim Whiteboxing und Blockout wird ausdrücklich empfohlen, Objekte eindeutig zu benennen, ihre Funktion im Raum sichtbar zu machen und bei Bedarf sogar farblich oder konzeptuell zu markieren, damit andere Gewerke – insbesondere Environment Artists oder Concept Artists – die gestalterische Absicht richtig lesen können. Auch Paintovers auf Basis von Blockouts (Horvath und Nobbs 2023, S. 23–24) werden als Mittel genannt, um eine räumliche Idee visuell zu konkretisieren, bevor aufwendige 3D-Assets entstehen (s. Abb.17.1).

Colliders spielen in dieser Phase eine besondere Rolle. Sie definieren begehbare Flächen, Hindernisse und Interaktionsräume und beeinflussen damit direkt das Spielerlebnis. Die visuelle Gestaltung orientiert sich hier zunächst an Funktion und Lesbarkeit, nicht an

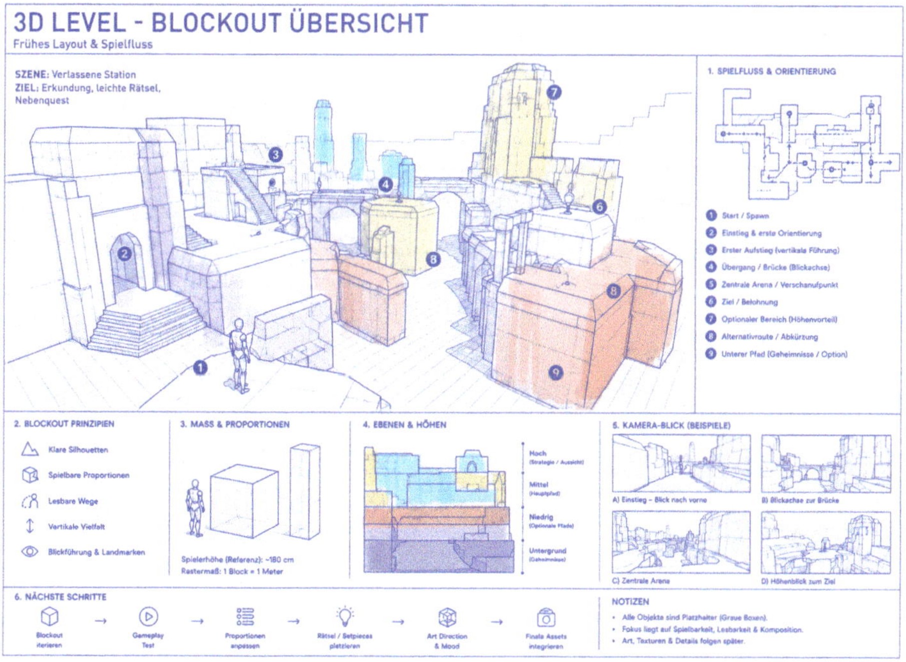

Abb. 17.1 3D Level mit Block-Out Modellen aus Grundformen. (Quelle: Trautzsch 2026)

Materialität oder Detailgrad. Prototyping ermöglicht es, räumliche Entscheidungen frühzeitig zu testen und anzupassen (Horvath und Nobbs 2023, S. 60).

17.3 Prinzipien der 3D-Modellierungs Methoden

Mit der Ausarbeitung von 3D-Assets rücken modellierungsbezogene Entscheidungen in den Vordergrund. Dazu gehören Topologie, Detailverteilung und Wiederverwendbarkeit. Modelle müssen so aufgebaut sein, dass sie sich effizient bearbeiten, animieren, texturieren und für die Echtzeitdarstellung optimieren lassen.

Bausteine eines Meshes

3D-Modellierung beginnt dabei immer mit dem Verständnis der grundlegenden Bausteine eines Meshes: Vertices, Edges und Faces (Asanger 2022, S. 142). Aus ihnen setzen sich Form, Oberfläche und Struktur eines Modells zusammen (s. Abb.17.2). Die Arbeitsoberfläche einer 3D-Software macht diese Zusammenhänge über unterschiedliche Ansichten sichtbar, etwa als Objektansicht, Gitternetzdarstellung, Materialvorschau oder Renderansicht. Dadurch lässt sich ein Modell zugleich konstruktiv, formal und atmosphärisch prüfen.

Modellierungsverfahren

Für die Formfindung und Ausarbeitung stehen verschiedene Modellierungsansätze zur Verfügung. Primitive Modelling beginnt mit einfachen Grundkörpern (Mesh Primitives) wie Würfel, Kugel oder Zylinder, aus denen komplexere Formen entwickelt werden (s. Abb. 17.3; Nr. 1). Blender und andere 3D Software nutzt dafür direkt Primitive Add-Werkezuge, Erstellung, Positionierung, Skalierung erfolgt durch einfaches Werkzeug direkt aus der Toolbar und erzeugt Mesh Primitives deren Eigenschaften im Properties Editor auch nachträglich einfach geändert werden können (Asanger 2022, S. 150–151).

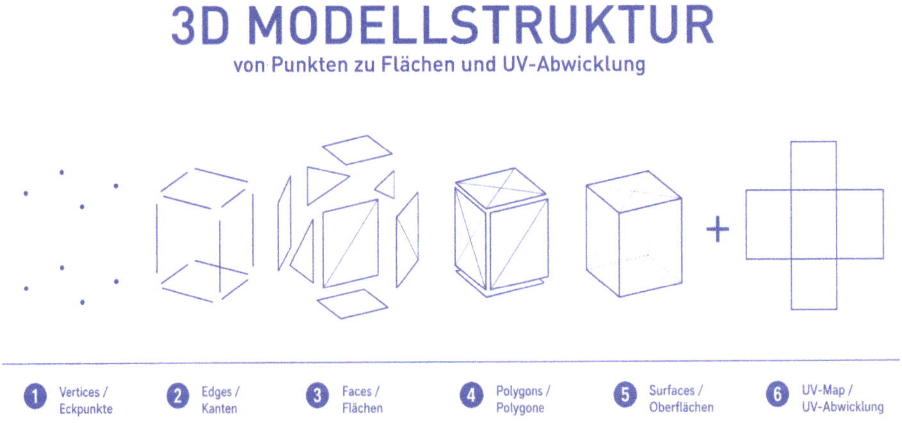

Abb. 17.2 3D Modellstruktur- Elemente eines 3D Meshes. (Quelle: Trautzsch 2026)

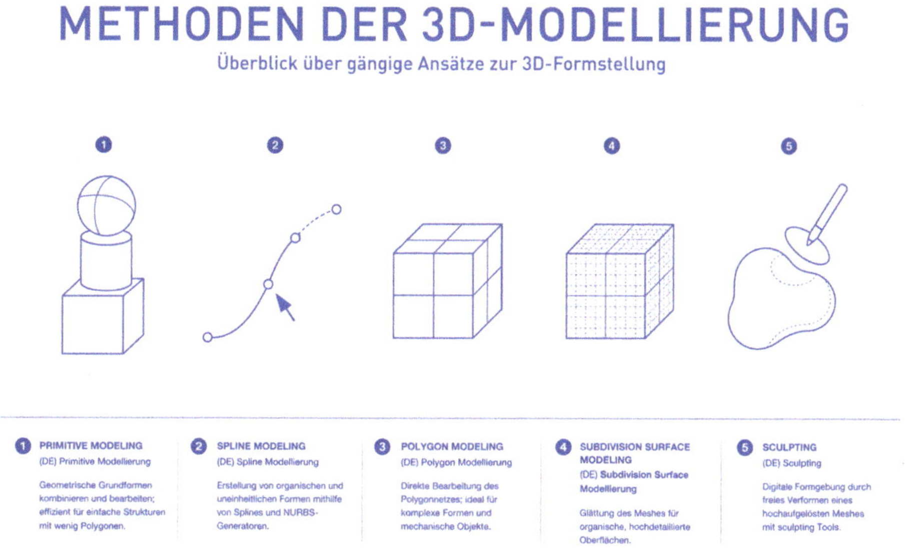

Abb. 17.3 3D Modellierungsprinzipien. (Quelle: Trautzsch 2026)

Polygon-Modellierung oder *Poly-by-Poly-Modelling* arbeitet direkt an Flächen, Kanten und Punkten (s. Abb. 17.3; Nr. 3 und 4) und eignet sich besonders für kontrollierte, technische oder spielnahe Assets (Asanger 2022, S148–149).

Curves und Surface Objekt Modellierung basieren ebenfalls wie Vektorillustrationen auf mathematisch beschriebenen Pfaden, den Splines (s. Abb.17.3; Nr. 2). Vorteile sind niedriger Speicherbedarf und die problemlose Skalierbarkeit. Ebenfalls sind diese Bézierkurven auch sehr nützlich für die Erstellung einer genauen Darstellung eines Profils, einer Kurve beziehungsweise Silhouette, beispielsweise bei einer Vase, Säule oder ähnlichen Objekten. Der Pfad, die Bézierkurve lässt sich mittels Bevel, das um den Pfade rotiert beziehungsweise Extrude in ein dreidimensionales Objekt verwandeln (Asanger 2022, S. 151–158).

Subdivision Surface Modeling verfeinert diese Grundformen durch Unterteilung und Glättung und ermöglicht weichere, stärker organische Oberflächen. Einen besonderen Bereich bildet das Sculpting. Hier wird Form nicht primär konstruktiv aufgebaut, sondern plastisch bearbeitet, fast wie digitales Modellieren mit Ton (s. Abb. 17.3; Nr. 5). Diese Arbeitsweise und Werkzeuge erinnern an die Technik der Bildhauerei und das künstlerische Gestalten nah an handwerklicher Arbeit steht hier im Vordergrund (Asanger 2022, S. 297).

Sculpting Tools und Pinselwerkzeuge erlauben es, Volumen zu verschieben, einzudrücken, aufzubauen, zu glätten oder Oberflächenstrukturen einzuritzen. Sie eignen sich besonders für organische Formen, Falten, Haut, Stoff, Gestein oder ornamentale Details (Asanger 2022, S. 299–208). Auf diese Weise entsteht häufig zunächst ein High-Poly-Mesh, also ein hoch aufgelöstes Modell mit sehr vielen Polygonen und entsprechend großer Detailtiefe.

Ein solches High-Poly-Mesh ist für die Echtzeitdarstellung im Spiel in der Regel nicht direkt geeignet, spielt aber eine wichtige Rolle im Produktionsprozess. Es dient als Grundlage für die visuelle Ausarbeitung und kann Informationen über Form, Oberflächenstruktur und Materialwirkung bereitstellen, die später auf ein technisch sparsameres Modell übertragen werden. Damit wird deutlich, dass 3D-Produktion nicht nur aus dem finalen Spielmodell besteht, sondern oft aus mehreren Zwischenstufen, in denen unterschiedliche Anforderungen gelten: erst freie Formfindung und Detailtiefe, dann Reduktion, Ordnung und technische Anpassung.

Werkzeuge und Modifier

Zu den grundlegenden Werkzeugen zur Editierung von 3D Modellen gehören Auswahl, Proportionales Editieren, Verfahren wie Extrusion mit dem Extrude Tool (Asanger 2022, S. 178), mit der aus Flächen neue Volumen entwickelt werden. Das Loop Cut Tool, das das Polygonobjekt um die Geometrie herum in einem loop schneidet (Asanger 2022, S. 183–184). Ein Inset Faces Tool, das Extra Faces, also Flächen innerhalb des Polygonnetzes hinzufügt (Asanger 2022, S. 179–180). Das Messer Tool (Knife und Bisect) das wie beim Schneiden neue Punkte auf die Oberfläche erstellt (Asanger 2022, S. 184–185). Das Bevel Werkzeug erzeugt auf die Auswahl abgerundete Kanten. Gute Bevels sind für glaubwürdige Modelle sehr wichtig, da scharfe Ecken und Kanten in der Realität nicht existieren (Asanger 2022, S. 180–182).

▶ Auch der Darstellungsstil ist damit leicht zu justieren: je stärker der Bevel, die Abrundung von Vertices, Edges und Faces am Objekt desto stilisierter, ikonischer – ja auch cartoonhafter wirkt ein Modell.

Modifier sind Werkzeuge, die das Originalobjekt nicht antasten. Trägt ein Objekt einen Modifier so kann dieser jederzeit entfernt werden und das Objekt bleibt erhalten (Asanger 2022, S. 219)

Es ist nützlich, um Objekt zu teilen und dann mittels Mirror Tool für die symmetrische Modellierung zu nutzen. Mirroring gibt es als Werkzeug und als Mirror-Modifier. Der Mirror-Modifier unterstützt beim Modellieren symmetrischer Objekte (Asanger 2022, S. 226–227). Auch Boolean-Operationen können eingesetzt werden, um mehrere Objekte oder Polygonnetze voneinander abzuziehen, zu schneiden oder zusammenzuführen, allerdings erreichen die entstehenden Meshes keine sehr gute Topologie (Asanger 2022, S. 224). Der Ablauf ist hier immer ähnlich: Auswahl der Konten, Punkte, Flächen oder gesamten Objektes, das nun bearbeitet werden soll > Einsetzen eines Werkzeugs um mehr Punkte, Flächen oder Kanten einzufügen, zu verformen oder zu entfernen. Die Verwendung dieser Werkzeuge strukturieren den gesamten Aufbau eines Assets und beeinflussen, wie sauber, flexibel und später editierbar ein Modell bleibt.

Detailgrad und Optimierung
Ein wichtiger Aspekt ist die bewusste Steuerung des Detailgrads. Nicht alle Bereiche eines Modells benötigen dieselbe detaillierte Ausarbeitung. Auch benötigt ein Low-Poly Art Stil weniger Polygone al sein realistischer Darstellungsstil. Gestaltung priorisiert jene Flächen, die im Spiel häufig gesehen werden, für Silhouette und Lesbarkeit relevant sind oder spielmechanisch eine wichtige Rolle einnehmen. Diese Gewichtung wirkt sich unmittelbar auf Performance, Produktionsaufwand und visuelle Klarheit aus. 3D-Modellierung ist damit weniger maximale Präzision als der gezielten Verteilung visueller Information und Gewichtung.

Retopologie und Remeshing
Gerade deshalb spielt auch Retopologie eine wichtige Rolle. Hoch aufgelöste oder gesculptete Modelle müssen häufig in eine technisch sinnvollere Topologie überführt werden, damit sie sich für Animation, Texturierung und Echtzeitdarstellung eignen. (Publishing 2021, S. 148–149) Ein Verfahren deren 3D Polygonsetz Daten zumeist unbedingt eine Retopologie benötigen, ist die Fotogrammmetrie, bei der reale Objekte oder Oberflächen durch fotografische Erfassung in digitale 3D-Modelle übersetzt werden. Auch hier gilt, dass das erzeugte Material meist weiterbearbeitet, vereinfacht und an die Anforderungen der Spielproduktion angepasst werden muss. Der Remesher sorgt im Nachgang für eine möglichst aufgeräumte, ausgeglichene Mesh -Topologie und unterstützt dabei die Reduzierung die Polygonanzahl bei gleichzeitiger Erhaltung der gesamten Form (Asanger 2022, S. 308–310). 3D-Modellierung ist damit nicht nur Formarbeit, sondern immer auch eine Frage von Struktur, Lesbarkeit und technischer Umsetzbarkeit.

17.4 Materialien, Texturen und Oberflächen

Texturen und Materialien vermitteln Materialität, Alterung, Gewicht, Gebrauchsspuren und Stil und tragen damit wesentlich dazu bei, wie ein Objekt oder Charakter gelesen wird. In der Spieleproduktion werden Materialien häufig nicht nur für einzelne Assets, sondern systemisch eingesetzt, um über viele Modelle hinweg Konsistenz zu schaffen. Dadurch entsteht eine gemeinsame Oberflächenlogik, die eine Spielwelt visuell zusammenhält und Unterschiede zwischen Materialien zugleich klar lesbar macht. Gestaltung von Oberflächen bedeutet deshalb nicht, jedes Modell möglichst vollständig mit Details zu überziehen, sondern gezielt jene Informationen sichtbar zu machen, die für Lesbarkeit, Differenzierung und atmosphärische Wirkung entscheidend sind. Zu viele Details können die Wahrnehmung überlasten, Formen unklar machen oder technische Probleme verursachen. Texturen und Materialien müssen daher immer mit Beleuchtung, Shadern und der späteren Inszenierung in der Engine zusammengedacht werden.

Eine wichtige Grundlage dafür ist das UV-Mapping bzw. die UV-Abwicklung, Mapping und Editing. Hier wird festgelegt, wie die Oberfläche eines 3D-Modells in eine

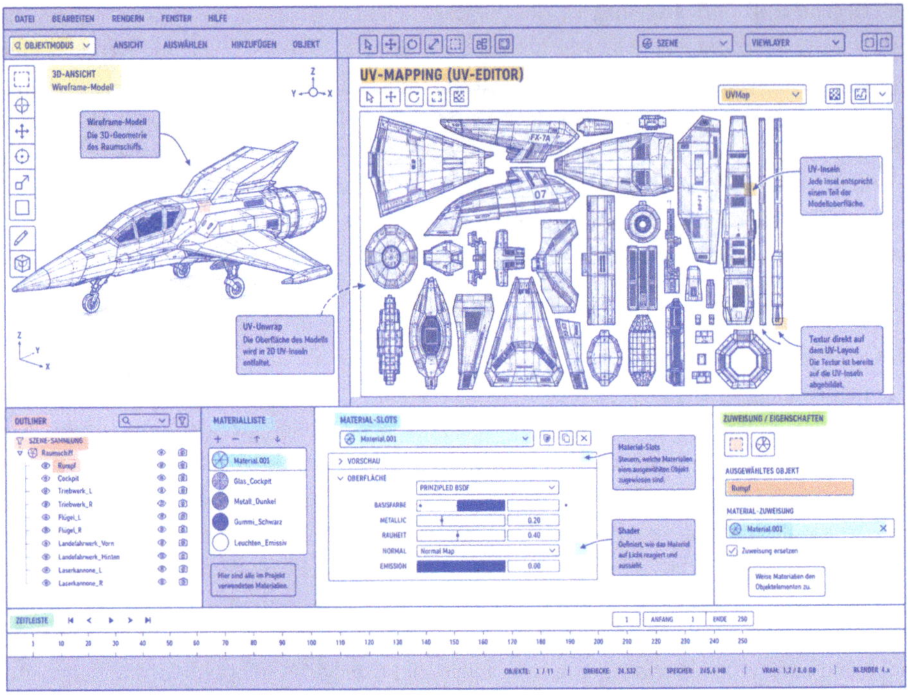

Abb. 17.4 Schematische Darstellung einer 3D-Softwareoberfläche mit 3D Modell links im Objekt Modus Wireframe Ansicht, Rechts UV-Abwicklung mit Texturen im UV-Editor.. (Quelle: Trautzsch 2026)

zweidimensionale Texturfläche übersetzt wird. Abb. 17.4 zeigt eine schematische Darstellung einer 3D-Softwareoberfläche mit 3D Modell und Texturabwicklung im UV-Editor.

Eine UV-Abwicklung ist nicht immer zwingend notwendig, wird aber in vielen Fällen benötigt, um eine saubere und kontrollierte Texturierung zu ermöglichen (Asanger 2022, S. 389–395). Besonders bei handgemalten, fotorealistischen oder PBR-basierten Texturen ist sie wichtig, wenn Details gezielt platziert, Verzerrungen vermieden und verschiedene Texture Maps präzise auf das Modell abgestimmt werden sollen. Auch bei Low-Poly-Modellen für Spiele ist eine gute UV-Abwicklung relevant, weil sie Speicher effizient nutzt und für die Echtzeitdarstellung optimierbar bleibt. Nicht immer ist UV-Unwrapping erforderlich: prozedurale Materialien, shaderbasierte Verfahren, triplanare Projektionen, Voxel- oder Tile-Texturen sowie rein für Sculpting oder High-Poly-Renderings gedachte Modelle können teilweise ohne klassische UVs auskommen. Ob eine UV-Abwicklung notwendig ist, hängt daher immer von Darstellungsästhetik, Modelltyp, Materialsystem und technischem Workflow ab.

Zur Oberflächengestaltung gehören außerdem verschiedene Texture Maps, etwa Farb-, Normal-, Roughness-, Metallic- oder Emission-Maps, (Publishing 2021, S. 162–177) die unterschiedliche Aspekte eines Materials steuern. Erst im Zusammenspiel mit einem

Material und dem dazugehörigen Shader wird aus diesen Informationen eine sichtbare Oberfläche. Shader definieren, wie Licht auf ein Material reagiert, wie stark es reflektiert, streut, glänzt oder Transparenz zeigt. In modernen Produktionsprozessen werden Materialien häufig nodebasiert aufgebaut, etwa über Shader Graph oder andere materialbasierte Systeme, in denen Eigenschaften und Effekte modular verknüpft werden. Ergänzend kommen Verfahren wie Vertex Painting zum Einsatz, mit denen Farb- oder Materialinformationen direkt auf die Geometrie übertragen werden können. Für die praktische Oberflächengestaltung kann direkt mittels Texture Painting auf die abgewickelte Objekt gemalt werden (Asanger 2022, S. 405–408), zudem werden häufig weitere Programme wie Procreate, Krita, Adobe Photoshop oder Adobe Substance 3D Painter und Adobe Substance Designer verwendet, um Texturen zu malen, collagieren, Materialeigenschaften zu definieren oder prozedurale Oberflächen aufzubauen (Tab. 17.1).

Materialien, Texturen und Oberflächen bestimmen, wie Form gelesen wird, welche Bereiche wichtig erscheinen, wie stark ein Objekt in die Welt eingebunden wirkt und welche Darstellungsästhetik eine Produktion insgesamt trägt. Ihre Gestaltung ist deshalb immer eine Frage der Gewichtung: Welche Informationen muss eine Oberfläche vermitteln, und welche können bewusst reduziert oder technisch anders gelöst werden?

Welche Texture Maps tatsächlich benötigt werden, hängt vom jeweiligen Workflow, der Darstellungsästhetik und der technischen Zielsetzung ab. Während handpainted oder stark stilisierte Assets oft mit wenigen Karten auskommen, benötigen realistischere oder PBR-basierte Workflows meist mehrere Maps, um Materialität, Lichtreaktion und Oberflächenwirkung differenziert zu steuern (Tab. 17.2).

17.5 3D Softwarelösungen und Best Practice

Die Produktion von 3D-Assets folgt in der Regel klar strukturierten Workflows, in denen Modellierung, Retopologie, UV-Abwicklung, Texturierung, Materialzuweisung, Animation und Export aufeinander aufbauen. Diese Schritte greifen ineinander und müssen technisch wie organisatorisch abgestimmt sein, damit ein Asset nicht nur gestalterisch überzeugt, sondern auch zuverlässig in die Engine integriert werden kann. Software beeinflusst dabei vor allem Effizienz, Kompatibilität und technische Umsetzung, weniger jedoch die eigentliche gestalterische Idee. Ob mit Blender, Maya, Cinema 4D oder ZBrush gearbeitet wird, verändert in erster Linie die Werkzeuge und den Bedienkontext, nicht die grundlegenden Anforderungen an Form, Topologie, Materialität und Produktionslogik.

Ein konsistenter Workflow ist deshalb wichtiger als die Bindung an ein einzelnes Programm. Modelle müssen so angelegt werden, dass sie zwischen verschiedenen Arbeitsschritten und Softwareumgebungen sauber übertragbar bleiben. Das betrifft etwa den Umgang mit Quelldateien, Versionen, Exportformaten, Benennungskonventionen und Ordnerstrukturen. Gerade in Teamproduktionen ist eine klare Organisation entscheidend, damit Assets jederzeit auffindbar, anpassbar und fehlerfrei weiter verarbeitbar bleiben. Versionskontrolle, abgestimmte Exporteinstellungen und nachvollziehbare Dateibenennung sind

Tab. 17.1 Texture Maps, ihre Funktionen, Ziel und Anwendung im Workflow. (Quelle: Trautzsch 2026)

Texture Map	Funktion	Was wird gesteuert?	Typische Nutzung im Game Art Workflow
Base Color/ Albedo Map	Definiert die Grundfarbe eines Materials	Farbe ohne Licht- und Schatteninformation	Die Grund- Farbfläche eines Assets: Basis für stilisierte, realistische oder handpainted Oberflächen
Diffuse Map	Ältere Bezeichnung für die farbige Grundtextur	Farbigkeit, oft teils noch mit zusätzlich gemalten Lichtinformationen	Vor allem in älteren oder nicht-PBR-basierten Workflows
Normal Map	Simuliert feine Oberflächendetails ohne zusätzliche Geometrie	Lichtreaktion kleiner Erhebungen und Vertiefungen	Wichtig für Oberflächenstruktur, Falten, Kratzer, Gravuren, Materialwirkung
Height Map/ Displacement Map	Beschreibt Höhenunterschiede einer Oberfläche	Tiefen- und Reliefwirkung	Für Parallax-, Displacement- oder detaillierte Materialeffekte
Roughness Map	Bestimmt, wie rau oder glatt eine Oberfläche wirkt	Streuung bzw. Schärfe von Reflexionen	Zentral im PBR-Workflow für Metall, Stein, Stoff, Haut, Holz
Glossiness Map	Gegenstück zur Roughness Map	Glanzgrad einer Oberfläche	In älteren oder alternativen Shader-Setups
Metallic Map	Definiert metallische Eigenschaften	Ob ein Material metallisch oder nicht-metallisch reagiert	PBR-Workflow: wichtig für Metall, lackierte Oberflächen, technische Objekte
Specular Map	Regelt Stärke und Farbe von Spiegellichtern	Reflektionsverhalten	Häufig in älteren Shading-Modellen oder speziellen Materialsetups
Ambient Occlusion Map (AO)	Simuliert weiche Abschattung in Vertiefungen	Verschattung in schwer zugänglichen Bereichen	Verstärkt plastische Wirkung und Tiefe, besonders in Ritzen und Übergängen
Emission Map	Legt selbstleuchtende Bereiche fest	Eigenleuchten eines Materials	Für Displays, Magieeffekte, Lampen, Neon, Augen, Sci-Fi-Elemente
Opacity/Alpha Map	Steuert Transparenz	Durchsichtigkeit oder Aussparungen	Für Blätter, Gitter, Haare, Glas, Stoffkanten, UI-nahe Elemente
Mask Map	Bündelt mehrere Materialinformationen in einer Textur	z. B. Metallic, AO, Smoothness, Emission-Masken	Spart Speicher und optimiert Materialsetups in Engines
Curvature Map	Zeigt Kanten und Vertiefungen eines Modells	Oberflächenübergänge und Formkanten	Hilfreich für Wear-and-tear-Effekte, Dirt-Masks und Materialgeneratoren

(Fortsetzung)

Tab. 17.1 (Fortsetzung)

Texture Map	Funktion	Was wird gesteuert?	Typische Nutzung im Game Art Workflow
ID Map/Color ID Map	Trennt Materialbereiche farblich	Zuweisung einzelner Materialzonen	Praktisch in Substance-Workflows zur schnellen Maskierung und Materialzuordnung

Tab. 17.2 Workflow für ausgewählte Darstellungsstile, Texture Maps und Wirkung. (Quelle: Trautzsch 2026)

Workflow	Wichtigste Maps	Wirkung
Handpainted	Base Color/Albedo Map	Farbigkeit, Stil, direkt gemalte Materialwirkung
Low Poly/ reduziert	Base Color, ggf. einfache Normal Map	Klare Lesbarkeit, stilisierte Oberfläche
PBR/realistisch	Base Color, Normal, Roughness, Metallic, AO	Differenzierte Materialität und realistische Lichtreaktion
Stylized 3D	Base Color, Normal, Roughness, AO	Kontrolliert stilisierte Oberflächenwirkung
Characters	Base Color, Normal, Roughness, AO	Lesbare Materialien und klare Figurenwirkung
Props	Base Color, Normal, Roughness	Funktionale und schnelle Oberflächenlesbarkeit
Environment Assets	Base Color, Normal, Roughness, AO	Räumliche Kohärenz und atmosphärische Materialwirkung
Vegetation/ organisch	Base Color, Normal, Alpha	Feine Kanten, Transparenz, leichte Materialwirkung

keine bloßen Verwaltungsfragen, sondern Voraussetzungen dafür, dass Gestaltung kontrollierbar und reproduzierbar bleibt.

Typischerweise beginnt der Workflow mit dem Modellieren oder Sculpting eines Assets, gefolgt von technischer Bereinigung, Retopologie und UV-Abwicklung. Anschließend werden Texturen und Materialien erstellt, bevor das Modell – je nach Einsatzzweck – geriggt, animiert oder direkt in die Engine exportiert wird. Dabei muss jede Phase die Anforderungen der nächsten mitdenken. Eine gute Produktionspipeline zeichnet sich deshalb dadurch aus, dass gestalterische und technische Entscheidungen nicht getrennt, sondern als zusammenhängender Prozess verstanden werden. Der eigentliche Vorteil etablierter Workflows liegt genau darin: Sie machen komplexe 3D-Produktion planbar, teamfähig und verlässlich.

Die 3D-Asset-Produktion verbindet räumliche Gestaltung, technische Struktur und spielerische Funktion. Von vereinfachten Prototypen über Modellierung, Animation und Materialgestaltung bis hin zu stabilen Workflows entsteht ein Prozess, in dem visuelle Entscheidungen kontinuierlich überprüft und angepasst werden.

Animation bildet innerhalb der Darstellungsästhetik von Games eine maßgebliche Schnittstelle zwischen Bild, Handlung und Wahrnehmung. Sie macht sichtbar, wie Figuren, Objekte, Räume und Interfaces nicht nur erscheinen, sondern auf Eingaben reagieren, Zustände vermitteln und Spieler:innen Orientierung geben. Damit verbindet Animation den visuellen „Look" eines Spiels mit seinem spielerischen „Feel": Bewegungen, Übergänge, Reaktionen und Feedbackformen prägen, ob eine Spielwelt glaubwürdig, lebendig, kontrollierbar oder widerständig wirkt.

Das folgende Kapitel von Michael Möller vertieft diese Perspektive aus der Praxis der Animation heraus. Möller verbindet Erfahrungen aus Animationsfilm, Motion Design, kommerzieller Kommunikation, Lehre und Game Design und zeigt, dass Animation in digitalen Spielen nicht als nachträgliche Veredelung verstanden werden sollte. Vielmehr ist sie ein eigenständiges Gestaltungsmittel, das Gameplay, Atmosphäre, Feedback, Immersion und Bedeutungsbildung aktiv mitformt. Vor diesem Hintergrund untersucht das Kapitel, wie unterschiedliche Darstellungsformen – realistisch, ikonisch oder abstrakt – jeweils eigene Bewegungslogiken hervorbringen und wie Animation zur ästhetischen und spielerischen Erfahrbarkeit virtueller Welten beiträgt.

Literatur

Asanger, A. (2022). *Blender 4: Das umfassende Handbuch zu Blender 4. Mit Praxis-Workshops, Insider-Tipps und Techniken zu Modelling, Rendering, Animation und mehr.* Rheinwerk.

Horvath, S. & Nobbs, C. (2023). Our first-ever e-book for level designers is here. In Unity. Unity Technologies. https://unity.com/blog/games/e-book-for-level-designers

Publishing, D. (2021). *Beginner's guide to creating characters in Blender.* 3dtotal Publishing.

Trautzsch, N. (2026). *Darstellungsästhetik als Analyse- und Gestaltungsmodell digitaler Spiele: Skizzierung einer Taxonomie.* https://doi.org/10.56250/4117

Darstellungsästhetiken der Animation: Wie Bewegung und Timing das Spielgefühl beeinflussen 18

Die zu Beginn des Buches eindrücklich beschriebene Eröffnungssequenz von *The Legend of Zelda: Breath of the Wild* (Nintendo 2017) lässt sich auch als komprimiertes Lehrstück über die Funktion von Animation im Spiel lesen. Staubkörner treiben durch die Höhlenatmosphäre, Links Haare reagieren auf Bewegung, Wasserpartikel folgen physikalisch plausibler Logik – und die Kamera bewegt sich nicht als neutrales Beobachtungsinstrument, sondern als aktiv wahrnehmungsstrukturierender Filter. Lange bevor die offene Welt sichtbar wird, ist sie über Bewegung erfahrbar: als Materialität, als atmosphärische Dichte, als räumliche Tiefe.

Dieser Befund verweist auf eine Grundspannung, die in der Produktionspraxis immer wieder unterschätzt wird: Animation ist kein nachgelagerter Schritt, der einer fertigen Spielwelt Bewegung „hinzufügt". Sie ist ein konstitutives Gestaltungselement, das bestimmt, wie eine Spielwelt wahrgenommen wird, wie sich Steuerung anfühlt und wie Spielende emotional in das Spielgeschehen eingebunden werden. Während das visuelle Erscheinungsbild den „Look" prägt, erzeugt Animation das „Feel" (Rehfeld 2020, S. 46). Beides muss von Beginn an zusammengedacht werden. Im Rahmen des Darstellungsästhetik-Modells nach Trautzsch (2026) lässt sich Animation an der Schnittstelle von formaler Darstellungsebene und medial-technischer Inszenierungsebene verorten: Sie betrifft Rhythmus, Bewegungsqualität und Dynamik ebenso wie die konkrete Umsetzung durch Animationsverfahren, Timing-Architektur und Kamerainszenierung. Darüber hinaus reicht Animation in die Bedeutungs- und Wahrnehmungsebene hinein – weil Bewegung als Hinweis auf Materialität, Funktion, Affekt und Handlungsbereitschaft gelesen wird.

N. Trautzsch, *Darstellungsästhetiken in Games*,
https://doi.org/10.1007/978-3-658-53102-7_18

18.1 Warum Bewegung so unmittelbar wirkt

Um zu verstehen, warum Animation so direkt auf Spielende einwirkt, lohnt ein Blick auf die Grundlagen menschlicher Wahrnehmung. Bewegung ist kein neutraler Reiz – sie ist ein Organisationsprinzip des Sehens. Die Gestaltpsychologie beschreibt, dass gemeinsam bewegte Elemente als zusammengehörig wahrgenommen werden (Wertheimer 1923, S. 316). Bewegung verleiht leblosen Objekten Bedeutung und kategorisiert zwischen Organischem und Mechanischem. Ergänzt wird das durch Gibsons ökologische Wahrnehmungstheorie (1979, S. 148–149): Bewegung liefert unmittelbare Informationen über Affordanzen – über das, was mit einem Objekt oder in einem Raum möglich ist. Ein sich öffnender Schrank signalisiert Interaktionsmöglichkeit, ein zusammenbrechendes Deckenteil signalisiert Gefahr – auch ohne explizite UI-Markierung.

Hinzu kommt, dass Bewegung vorausschauend erfasst wird: noch vor bewussten Analyseprozessen bindet sie Aufmerksamkeit (Treisman und Gelade 1980, S. 98–99). Animation erzeugt damit visuelle Hierarchien, die nicht durch rationale Entscheidung entstehen, sondern durch die Struktur des Wahrnehmungsapparats des Menschen. Werden diese Hierarchien inkonsistent eingesetzt, entsteht Orientierungslosigkeit – Spielende können nicht einordnen, was wichtig ist. Werden sie konsequent genutzt, wirkt das Spiel intuitiv.

In der Gestaltung von Spielen wird dieser Mechanismus bewusst genutzt. Animation entscheidet darüber, ob ein Objekt als träge, schwer und glaubhaft wahrgenommen wird oder als leicht, agil und lebendig. Ein einfaches Beispiel verdeutlicht dies: Eine Kugel, die visuell an Stahl erinnert und mit einer entsprechenden Textur belegt wurde, weckt die Erwartung von Gewicht und Trägheit. Fällt sie zu Boden und bleibt schwer liegen, bestätigt die Animation unsere Erwartung. Beginnt sie jedoch wie ein Gummiball zu springen, verändert sich unmittelbar unser Eindruck vom Material. Selbst wenn die Textur unverändert bleibt, verschiebt die Bewegung unsere Wahrnehmung. Entfernt man hingegen die Textur vollständig, behält aber die physikalische Logik der Animation bei, bleibt das Gefühl von Gewicht bestehen. Bewegung prägt demnach die Bedeutung eines Objektes stärker als sein statisches Erscheinungsbild. Das „Sein" entsteht erst in der Bewegung (s. Abb. 18.1).

Für die Animationspraxis bedeutet das: Die Wirkung einer Animation ist keine Frage des Realismus allein. Clark (2013) zeigt, dass das Gehirn eingehende Reize kontinuierlich mit Erwartungen abgleicht und Abweichungen als Fehler signalisiert. Jede Abweichung zwischen antizipierter und tatsächlicher Bewegung – ob intendiert oder nicht – wird registriert. Daraus ergibt sich eine zentrale Designaufgabe: Erwartungen bewusst aufzubauen, konsistent zu erfüllen oder kalkuliert zu brechen.

Swinks Konzept des Game Feel beschreibt die sensorische Rückmeldung, durch die Spielende virtuelle Bewegungen als Erweiterung des eigenen Körpers erleben (Swink 2008, S. 28–29). Bewegungsreaktionen werden nicht nur beobachtet – sie werden körperlich antizipiert und empfunden.

Abb. 18.1 Vermittlung der Beschaffenheit und Schwere einer Kugel (links) oder Balles (rechts) mittels Animation. (Quelle: Möller & Trautzsch, 2026)

18.2 Abbildungsgrad und Bewegungslogik: Das Erwartungsspektrum

Der Abbildungsgrad einer Figur oder Umgebung definiert den Interpretationsrahmen, innerhalb dessen Animation wahrgenommen und bewertet wird. Je realistischer die Darstellung, desto enger und präziser die Erwartungen – und desto folgenreicher sind Abweichungen. Je stilisierter, desto größer der gestalterische Spielraum, desto notwendiger ist aber auch eine konsistente interne Logik.

Realistische Darstellung und das Uncanny Valley

Naturalistische Darstellungen aktivieren internalisierte Modelle physikalischer Plausibilität. Wir wissen, wie sich ein menschlicher Körper bewegt, wie Gewicht wirkt, wie Trägheit aussieht – und unser Wahrnehmungsapparat reagiert ausgesprochen sensibel auf Abweichungen von diesem Wissen. Mori (1970/2012, S. 99) beschreibt das Uncanny Valley als den Bereich nahezu perfekter menschlicher Ähnlichkeit, in dem minimale Fehler in Mimik, Timing oder Bewegungsfluss Unbehagen auslösen. Das Problem liegt dabei nicht im Realismus selbst, sondern in der Diskrepanz zwischen dem, was das visuelle System signalisiert, und dem, was das Bewegungssystem bestätigt.

Dieser Mechanismus zeigt sich in der Produktionspraxis sehr direkt. Das Scheitern von *Mass Effect: Andromeda* (BioWare 2017) war primär ein Animationsproblem: Starre Gesichtsausdrücke und inkonsistente Mikrodynamik untergruben das realistische Darstellungsversprechen des Spiels. Umgekehrt demonstriert *The Last of Us Part II* (Naughty Dog 2020), wie Performance Capture – die simultane Aufzeichnung von Körperbewegung, Gesichtsausdruck und Stimme – zu einer Verschmelzung von Animation und schauspielerischer Intention führen kann. Hooks (2011) betont jedoch: Motion Capture liefert Rohmaterial. Überzeugende Animation entsteht aus motiviertem Handeln, nicht aus bloßer Bewegungsaufzeichnung. Dramaturgische Nachbearbeitung bleibt zwingend erforderlich.

Ikonische Darstellung: Übertreibung als Präzision
Stilisierte Darstellungen verschieben die Erwartungshaltung. Vereinfachte Proportionen und abstrahierte Formen erlauben stärkere Übertreibungen und physikalische Vereinfachungen – solange die Bewegungslogik konsistent bleibt. Genau hier entfalten die klassischen Animationsprinzipien von Thomas und Johnston (1981) ihre größte Wirkung: Anticipation, Squash and Stretch, Follow Through, Exaggeration. Diese Prinzipien sind keine historischen Reliquien – sie sind operative Grundlage moderner Spieleanimation. Timing wird zum maßgeblichen Ausdrucksmittel: Kleine Verschiebungen in der zeitlichen Organisation einer Bewegung verändern den Eindruck von Gewicht, Kontrolle oder Energie fundamental (Williams 2001, S. 35–38).

Das zeigt sich exemplarisch in *Cuphead* (Studio MDHR 2017), das jeden Frame einzeln im Stil der Disney-Animation der 1930er-Jahre produzierte. Die Entscheidung für Frame-by-Frame-Animation ist hier keine Nostalgie, sondern eine präzise ästhetische Setzung: Sie erzeugt eine Expressivität des Timings, die algorithmisch berechnete Interpolation strukturell nicht erreichen kann. Gleichzeitig macht das Beispiel das Spannungsfeld sichtbar: Ein zu realistischer Bewegungsstil innerhalb einer stark stilisierten Welt würde sofort als Fremdkörper wahrgenommen – nicht, weil er technisch falsch wäre, sondern weil er der visuellen Logik widerspricht.

Abstrakte Darstellung: Konsistenz als Glaubwürdigkeit
Abstrakte Darstellungen lösen sich von realweltlichen Referenzen. Glaubwürdigkeit entsteht hier nicht durch physikalische Plausibilität, sondern durch systemische Kohärenz – durch die Vorhersagbarkeit, mit der Objekte und Zustände sich verhalten. In Thomas Was Alone (Bithell Games 2012) werden geometrisch einfache Rechtecke durch Bewegungsdifferenzierung zu Trägern von Charakter und Empathie. Animation übernimmt eine Funktion, die in realistischen Kontexten durch visuelle Komplexität geleistet wird: Sie schafft Bedeutungsproduktion und emotionale Involvierung ohne mimetische Referenz. Glebas (2013, S. 121–123) beschreibt diesen Mechanismus als gelenkte Aufmerksamkeit: Perspektive, Rhythmus und visuelle Bewegung bestimmen, wohin der Blick wandert und welche Elemente als relevant gelesen werden.

In der Produktionspraxis entstehen häufig Mischformen – Pixel Art, stilisiertes 3D, hybride Ansätze. Die entscheidende Frage lautet in jedem Fall: Welche Bewegungslogik ist mit dem gewählten Darstellungsstil stimmig – und wird sie konsequent durchgehalten? Stilbrüche zwischen Abbildungsgrad und Bewegungsqualität werden unmittelbar wahrgenommen und als Inkonsistenz gewertet, auch wenn Spielende das nicht explizit benennen können.

18.3 Technische Produktionslogiken als ästhetische Entscheidung

Animationsverfahren und ihre unterschiedlichen Ästhetiken und Wirkung werden in der Praxis oft viel zu spät mitgedacht. Manovich (2001, S. 45–48) argumentiert, dass die algorithmische Struktur digitaler Medien kulturelle Ausdrucksformen mitprägt. Für die Animationspraxis bedeutet das: Die Wahl eines Produktionsverfahrens ist immer auch eine ästhetische Entscheidung – mit Konsequenzen für Bewegungsqualität, Expressivität und Produktionsflexibilität.

Die Einzelbildanimation erlaubt maximale Kontrolle über Pose, Timing und Ausdruck. Timing fungiert hier als Bedeutungsinstrument: Die Anzahl und Verteilung der Frames zwischen zwei Posen entscheidet darüber, ob eine Bewegung schwer, leicht, hektisch oder kontrolliert wirkt (Williams 2001, S. 37). Mit der Keyframe-Animation und CGI verlagert sich der gestalterische Fokus: Das System interpoliert Zwischenbilder, was Zeit spart, aber zu Glättungseffekten tendiert, die expressiver Setzung entgegenstehen. Motion Capture überträgt reale Bewegungen in digitale Modelle und erzeugt naturalistische Qualität – liefert jedoch nur Rohmaterial, das ohne dramaturgische Nachbearbeitung neutral oder beliebig bleibt.

In Echtzeit-Spielen tritt eine weitere Dimension hinzu: Animationen müssen nicht nur produziert, sondern unmittelbar berechnet und an variable Spielzustände angepasst werden. Modulare Systeme unterteilen Bewegungen in einzelne Zustände – Laufen, Springen, Angreifen – und kombinieren diese abhängig vom Spielerinput. Das ermöglicht Flexibilität, birgt aber ästhetische Risiken: Zu stark standardisierte Animationen können auf unerwartete Situationen nicht angemessen reagieren und erzeugen sichtbare Brüche – in der Spielebranche als Clipping oder Glitch bekannt.

Wie weit modulare Systeme reichen können, zeigt *Red Dead Redemption 2* (Rockstar Games 2018): Übergänge zwischen Bewegungszuständen wirken nahtlos und organisch, weil das System ausreichend ausgearbeitet wurde. Modularität ist kein ästhetisches Defizit – sie ist eine Frage der Ausarbeitungstiefe. Prozedurale Systeme wie Inverse Kinematics und Ragdoll Physics ergänzen modulare Architekturen um adaptive Reaktionen auf dynamische Umgebungen. Mit generativer KI erweitert sich das Spektrum erneut: KI kann Bewegungsstrukturen in kurzer Zeit generieren, verlagert aber die gestalterische Verantwortung auf konzeptionelle Klarheit und die Fähigkeit, Systeme gezielt zu steuern.

18.4 Game Feel, Agency und das Orchestrieren von Spielgefühl

Gutes Spielgefühl entsteht nicht aus einzelnen Animationen, sondern aus deren orchestriertem Zusammenspiel mit Sound, Kamera, Interface und Leveldesign. Swink (2008, S. 28–29) beschreibt Game Feel als die sensorische Rückmeldung, durch die Spielende virtuelle Bewegungen als Erweiterung des eigenen Körpers erleben – Bewegungsreaktionen werden nicht nur beobachtet, sondern körperlich antizipiert und empfunden. Wenn ein misslungener Sprung den eigenen Körper kurz anspannt, hat Animation ihr Ziel erreicht.

Murray (1997, S. 126) beschreibt Agency als das Gefühl, durch eigene Handlungen sichtbare und bedeutungsvolle Auswirkungen innerhalb eines Systems zu erzeugen. Animation ist das primäre Medium, durch das Agency sinnlich vermittelt wird. Ein Sprung ist nicht nur eine mathematische Veränderung von Koordinaten – er ist eine erfahrbare Zusage des Systems. Spielende lernen die Bewegungslogik eines Spiels über wiederholte Interaktion und bauen Vertrauen in diese Logik auf. Jede Inkonsistenz erschüttert dieses Vertrauen.

Juul (2005, S. 165–166) beschreibt Spiele als zugleich regelbasierte Systeme und fiktionale Welten. Animation verbindet diese beiden Ebenen: Sie übersetzt abstrakte Systemzustände in wahrnehmbare Bewegung und macht Regelstrukturen sinnlich erfahrbar. Ein verwundeter Charakter, dessen Gang aus dem Flüssigen ins Verkrampfte kippt, kommuniziert einen Spielzustand als ästhetische Setzung – ohne Zahl, ohne Icon. Calleja (2011, S. 38–39) beschreibt diese Dimension als kinästhetische Involvierung: Animation trägt maßgeblich dazu bei, das Gefühl von Kontrolle, Reaktionsfähigkeit und Präsenz zu vermitteln.

Auch die Kamera gehört in dieses Gefüge. In interaktiven Systemen fungiert sie nicht als Beobachtungsinstrument, sondern als Wahrnehmungsfilter und Blickführung. Produktionen wie *God of War* (Santa Monica Studio 2018) nutzen eine scheinbar kontinuierliche Kameraführung, um narrative Geschlossenheit zu erzeugen und Schnitte als Wahrnehmungseinheiten aufzulösen. Die Kamera ist Teil der medialen Struktur – ihre Bewegung ist Animation.

18.5 Praktische Umsetzung

In der praktischen Umsetzung unterscheidet Unity bei 2D-Animationen vor allem zwischen klassischen Sprite-Animationen und 2D-Rigs. Sprites können als einzelne Bildphasen oder als Ebenen aus PSD-/PSB-Dateien importiert werden. Der PSD-Importer übernimmt dabei Ebenen als einzelne Sprites und kann daraus ein rigbares Charakter-Prefab erzeugen (Majewski 2026, S. 71–73) Bei rig-basierten Animationen wird die Figur anschließend im Sprite Editor mit einem Skelett versehen, über Bones, Geometrie und Weights (Hunt 2024, S. 116–118) steuerbar gemacht und anschließend mit Keyframes animiert. Das Grafik benötigt eine saubere Ebenenstruktur und Benennung, die daraufhin auf die Grafik angepasste Geometrie und gut gesetzte Weights sind entscheidend, weil sie bestimmen, wie glaubwürdig sich Sprites beim Bewegen, Drehen oder Biegen verformen (Hunt 2024, S. 118).

Aus diesen Verfahren entstehen unterschiedliche Bewegungsästhetiken. Frame- oder spritebasierte Animation wirkt stärker wie classic handgezeichnete Toon Animationen je nach Framerate, also Schlüsselpose pro Sekunde. Betont auf Pose und Geste und rhythmisiert, weil Bewegung aus einzelnen Bildzuständen aufgebaut wird. 2D-Rigs ermöglichen dagegen weichere, kontinuierlichere und leichter wiederverwendbare Bewegungen. Sie können aber auch – absichtlich oder unabsichtlich- Puppentrickhaft wirken, wenn Posen, Timing, Gelenke und Verformungen nicht sorgfältig gestaltet sind. 2D-Skeletal-Animation sparen Zeit, ermöglichen adaptive Animationen und erzeugen mit weniger Einzel-Assets mehr Bewegungsvarianten (Hunt 2024, S. 116). Gleichzeitig zeigt sich, dass Perspektive, Richtungsvarianten, Layer-Aufbau und Sprite Swap früh mitgedacht werden müssen, da sie beeinflussen, wie Figuren später im Spiel lesbar, glaubwürdig und stilistisch konsistent animiert werden (Majewski 2026, S. 68–70, 84–86).

3D-Animationen werden in der Game-Produktion meist zunächst in DCC-Tools wie Blender, Autodesk Maya oder 3ds Max erstellt und anschließend in die Engine importiert. Unity übernimmt dabei unter anderem Meshes, Bones, Skinned Meshes und Animationen. Empfohlen wird häufig das FBX-Format, da Unity dieses intern nutzt und damit Iterationen zwischen DCC-Tool und Engine erleichtert werden (Horvath und Nobbs 2023, S. 49). In der Engine werden Animationen als Animation Clips organisiert, die Veränderungen von Position, Rotation oder anderen Eigenschaften über Zeit speichern. Über einen Animator Controller lassen sich verschiedene Zustände wie Idle, Walk, Jump oder Attack verwalten und je nach Spielbedingung wechseln (Horvath und Nobbs 2023, S. 66–69).

Auch im 3D entstehen aus diesen Produktionslösungen unterschiedliche Bewegungsästhetiken. Keyframe-Animationen erlauben präzise gesetztes Timing, klare Posen und eine kontrollierte Stilisierung von Bewegung. Blend Trees ermöglichen weichere Übergänge zwischen Bewegungszuständen, etwa zwischen Gehen, Laufen und Richtungswechseln, und unterstützen dadurch ein flüssigeres Spielgefühl (Horvath und Nobbs 2023, S. 68–69). Ergänzend können Animation Rigging und Inverse Kinematics eingesetzt werden, um Bewegungen zur Laufzeit an die Spielwelt anzupassen: Hände greifen nach Objekten, Köpfe verfolgen Ziele oder Figuren reagieren glaubwürdiger auf Oberflächen und Hindernisse. Unity beschreibt solche runtime-basierten Rigging-Verfahren etwa für das Öffnen einer Tür, das Abstützen an einer Wand oder das Tragen einer Kiste (Hunt 2024, S. 10, 64–66).

Für die ästhetische Wirkung ist entscheidend, dass 3D-Animation nicht nur die Bewegung abbildet, sondern das Verhalten des Objektes lesbar macht. Das geschieht meist in orchestrierten Bewegungen von Amplitude im Game Play mit physikalisch lesbaren Bewegungen die Gewicht, Spannung, Richtung, Charakter und Reaktionsbereitschaft vermitteln. Eine präzise, reduzierte Animation kann Kontrolle und Direktheit erzeugen. Weichere Übergänge und sekundäre Bewegungen lassen Figuren lebendiger wirken. Überzeichnete Bewegungen können Kraft, Komik oder stilisierte Dynamik verstärken. In der

Engine zeigt sich diese Wirkung besonders dort, wo Animationen mit Gameplay, Sound, Kamera oder Effekten gekoppelt werden. Über Animation Events und Timeline können Animationen zusätzlich Sound, Code, Partikeleffekte oder gescriptete Sequenzen auslösen und so Bewegung, Feedback und Inszenierung miteinander verbinden (Horvath und Nobbs 2023, S. 67–69).

Integration und iterative Verfeinerung

Animation entfaltet ihre Wirkung erst im Zusammenspiel mit Sound, Kamera, Interaktion und Leveldesign. Regelmäßige Tests innerhalb der Game Engine sind daher unverzichtbar. Iterative Anpassungen sichern, dass Timing, Übergänge und Feedback stimmig ineinandergreifen. Ebenso erfordert die Integration ein strukturiertes Datenmanagement. Animationsdaten sind komplex und fehleranfällig; klare Versionierung und Backup-Strukturen sind essenziell für eine stabile Produktion. Die Darstellung verdeutlicht, dass Analyse, Stil, Prototyping, Produktion, Integration und Iteration nicht linear, sondern als miteinander verbundene, wiederkehrende Prozessschritte organisiert sind (s. Abb. 18.2).

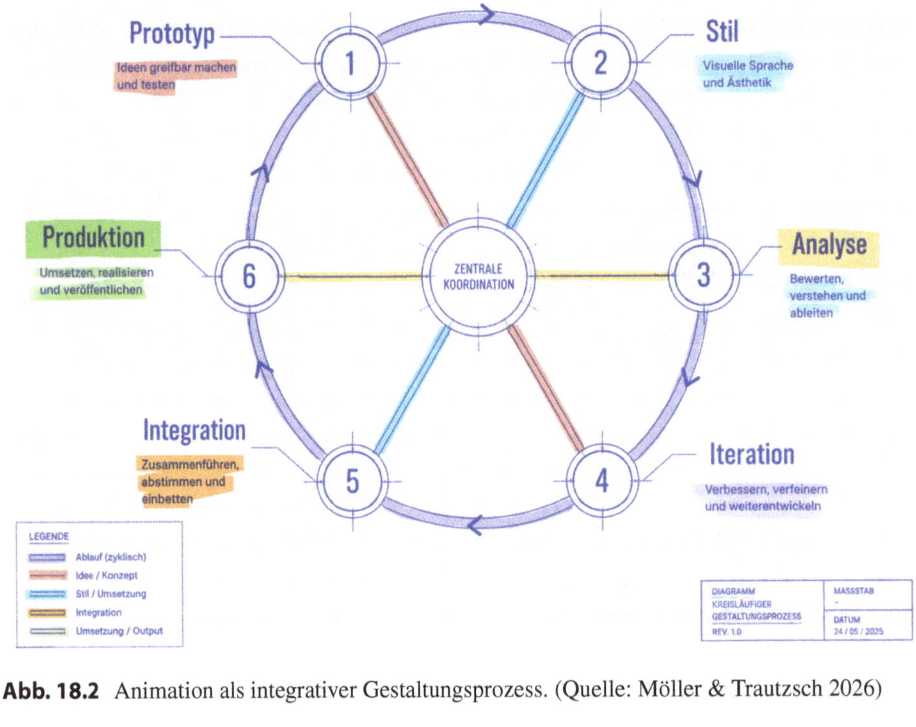

Abb. 18.2 Animation als integrativer Gestaltungsprozess. (Quelle: Möller & Trautzsch 2026)

18.6 Fehlentscheidungen und ihre Ursachen

Fehler in der Animationsgestaltung entstehen überwiegend aus konzeptionellen Inkonsistenzen, mangelnder Abstimmung zwischen den Spezialisierungen oder dem Missverhältnis zwischen gestalterischer Ambition und verfügbarer Entwicklungszeit. Vier Muster sind besonders folgenreich (s. Tab. 18.3).

Der Stilbruch zwischen Darstellung und Bewegungslogik stört die Erwartungsstruktur des Wahrnehmungsapparats elementar: eine stilisierte Figur mit physikalisch überkorrekter Bewegung wirkt ebenso irritierend wie eine realistisch modellierte Figur mit vereinfachter Animation. Spielende registrieren diese Diskrepanz auch dann, wenn sie sie nicht explizit benennen können (Clark 2013). Die Ausnahme: Wenn der Stilbruch als ästhetische Strategie konsequent eingesetzt wird – wie in *Goat Simulator* (Coffee Stain Studios 2014), wo physikalische Inkonsistenz Teil des ironischen Spielprinzips ist.

Überanimation und kognitive Überlastung entstehen, wenn Animation ihre Hierarchiefunktion verliert. Wenn mehrere Elemente gleichzeitig animiert konkurrieren, Partikeleffekte ohne dramaturgische Funktion Aufmerksamkeit binden und Bewegungen ununterbrochen überzeichnet sind, übersteigt das die Verarbeitungskapazität, den „Cognitive Load" des menschlichen Gehirns (Sweller et al. 1988, S. 261–265). Besonders positiv wurde hingegen Journey (2012) vom Entwicklerstudio thatgamecompany rezipiert. Auch Dead Space (EA Redwood Shores 2008) wurde häufig für sein konsequent diegetisches Interface hervorgehoben: In Dead Space wird die Gesundheitsanzeige als animierte Lichtleiste auf der Wirbelsäule der Figur dargestellt – Information wird nicht über ein externes Overlay vermittelt, sondern über ein Element der Welt selbst (Fagerholt und Lorentzon 2009). Animation sollte daher strukturieren, nicht konkurrieren.

Tab. 18.3 Gestalterische Fehlentscheidungen in der Game-Animation. (Quelle: Möller & Trautzsch 2026)

Problemfeld	Ursache	Wirkung auf Spieler:innen
Stilbruch zwischen Darstellung und Bewegung	Inkonsistenz zwischen visuellem Stil und Bewegungslogik; fehlende Passung zwischen Ästhetik und physikalischer Inszenierung	Irritation, Verlust von Glaubwürdigkeit, Bruch der Immersion
Überanimation / Reizüberflutung	Gleichzeitig konkurrierende Animationen, fehlende visuelle Hierarchie, permanente Reizsetzung	Kognitive Überlastung, visuelle Unruhe, Reduktion der Orientierung, mögliche Spielabbruch-Tendenz
Mechanische Modularität	Wiederverwendung starrer Animations-Loops, abrupte Übergänge, unzureichende Systemintegration	Gefühl von Künstlichkeit, Offenlegung technischer Struktur, Illusionsbruch
Technische Perfektion ohne gestalterische Intention	Fokus auf Simulation und technische Präzision ohne dramaturgische Begründung oder Performance	Emotionale Distanz, seelenlose Welt, fehlende Identifikation

Mechanische Modularität – also Wiederholungsloops ohne Variation, abrupte Zustandsübergänge, unzureichende Systemintegration – erzeugt ein Gefühl von Künstlichkeit. Das ist selten ein konzeptionelles Defizit, sondern meistens eine Folge von Zeit- und Kostendruck. Die Lösung liegt in frühzeitiger Priorisierung: Welche Animationen sind spielentscheidend? An welchen Stellen erzeugt Modularität sichtbare Brüche? Diese Fragen müssen früh gestellt werden, nicht in der Polishing-Phase.

Technische Präzision ohne gestalterische Intention ist das subtilste Problem. Moderne Produktionsmittel ermöglichen physikalisch hochgenaue Bewegungen – aber ohne dramaturgische Begründung bleiben sie neutral und emotional leer. Hooks (2011) hat das klar formuliert: Überzeugende Animation entsteht aus motiviertem Handeln, nicht aus bloßer Bewegung. Performance, Intention und Rhythmus müssen bewusst gesetzt werden. Technische Komplexität ersetzt keine gestalterische Entscheidung.

Fazit

Animation ist kein nachgelagerter Produktionsschritt, sondern ein systemisches Gestaltungsmittel, das gleichzeitig Wahrnehmung strukturiert, Intention vermittelt, Spielregeln in körperlich erfahrbare Reaktionen übersetzt und die emotionale Qualität des Spielerlebens prägt. Ihre Wirkung entsteht nicht aus technischer Komplexität, sondern aus der Stimmigkeit zwischen Darstellungsstil, Bewegungslogik, Timing-Architektur und interaktiver Situation.

Der Abbildungsgrad einer Darstellung definiert den Erwartungsrahmen, innerhalb dessen Bewegungslogiken bewertet werden. Realistische Darstellungen aktivieren enge physikalische Plausibilitätsmodelle und machen Animationen anfällig für das Uncanny Valley: stilisierte Darstellungen erweitern den gestalterischen Spielraum der Übertreibung und expressiven Setzung, erfordern aber Kohärenz innerhalb einer Spielwelt als Glaubwürdigkeitsgrundlage. In jedem Fall gilt: Die Bewegungslogik muss konsistent mit dem gewählten Darstellungsstil sein. Stilbrüche werden unmittelbar registriert – auch dann, wenn Spielende sie nicht explizit benennen können.

Technische Produktionsverfahren – von Einzelbildanimation über CGI und Motion Capture bis zu modularen Echtzeit-Systemen und generativer KI – sind keine neutralen Techniken, sondern ästhetische Entscheidungen mit unmittelbaren Konsequenzen für Bewegungsqualität und Expressivität. Game Feel als kinästhetische Erfahrung entsteht nicht aus einzelnen Animationen, sondern aus deren orchestriertem Zusammenspiel mit allen anderen Gestaltungsebenen des Spiels. Thomas und Johnstons Formulierung von 1981 trifft den Kern nach wie vor: Animation sind nicht Zeichnungen, die sich bewegen, sondern Bewegungen, die gezeichnet werden. Übertragen auf das digitale Spiel heißt das: Jede Designentscheidung – über Stil, Abbildungsgrad, Produktionsverfahren oder Systemintegration – ist auch eine Entscheidung über die Bewegungslogik der Welt und damit über die Qualität des Spielerlebnisses. Wer Animation von Beginn an als strategisches Entwurfsinstrument und Ästhetisches Element begreift, gestaltet nicht nur Bewegungen – sondern Erfahrungen. Animation ist dort gelungen, wo sie nicht auffällt.

Wo sie sich selbstverständlich anfühlt. Wo die Spielenden vergessen, dass sie gestaltet wurde – weil sie schlicht stimmt.

Literatur

Calleja, G. (2011). *In-game: From immersion to incorporation*. MIT Press.
Clark, A. (2013). *Whatever next? Predictive brains, situated agents, and the future of cognitive science*. Behavioral and Brain Sciences, 36(3), 181–253.
Fagerholt, E., & Lorentzon, M. (2009). Beyond the HUD: User interfaces for increased player immersion in FPS games (Master's thesis). Chalmers University of Technology.
Gibson, J. J. (1979). *The ecological approach to visual perception*. Houghton Mifflin.
Glebas, F. (2013). *The animator's eye: Adding life to animation with timing, layout, design, color and sound*. Focal Press.
Hooks, E. (2011). *Acting for animators (3rd ed.)*. Routledge.
Horvath, S. & Nobbs, C. (2023). Our first-ever e-book for level designers is here. In Unity. Unity Technologies. https://unity.com/blog/games/e-book-for-level-designers
Hunt, D. (2024). *The Definitive Guide to Animation in Unity*. Unity Technologies. Abgerufen am 1. Mai 2026, von https://unity.com/de/blog/games/first-guide-animation-in-unity
Juul, J. (2005). *Half-Real: Video Games between Real Rules and Fictional Worlds*. MIT Press.
Majewski, J. (2026). *2D Game Art, Animation, and Lighting for Artists*. (Unity 6.3 LTS-Ausgabe) | Unity. In Unity. Unity Technologies. Abgerufen am 26. April 2026, von https://unity.com/de/resources/2d-game-art-animation-lighting-unity-6-3-lts
Manovich, L. (2001). *The language of new media*. MIT Press.
Mori, M. (1970/2012). *The Uncanny Valley*. IEEE Robotics & Automation Magazine, 19(2), 98–100.
Murray, J. H. (1997). *Hamlet on the holodeck: The future of narrative in cyberspace*. The Free Press.
Rehfeld, G. (2020). *Game Design und Produktion: Grundlagen, Anwendungen und Beispiele*. Carl Hanser Verlag.
Sweller, J., Ayres, P., & Kaliyuga, S. (1988). *Cognitive Load Theory*. Springer.
Swink, S. (2008). *Game feel: A game designer's guide to virtual sensation*. Morgan Kaufmann.
Thomas, F., & Johnston, O. (1981). *Disney animation: The illusion of life*. Abbeville Press.
Trautzsch, N. (2026). *Darstellungsästhetik als Analyse- und Gestaltungsmodell digitaler Spiele: Skizzierung einer Taxonomie*. https://doi.org/10.56250/4117
Treisman, A. M., & Gelade, G. (1980). *A feature-integration theory of attention*. Cognitive Psychology, 12(1), 97–136.
Wertheimer, M. (1923). *Untersuchungen zur Lehre von der Gestalt. II*. Psychologische Forschung, 4.
Williams, R. (2001). *The animator's survival kit*. Faber and Faber.

Ludografie

BioWare. (2017). Mass Effect: Andromeda. [Video game]. Electronic Arts.
Bithell Games. (2012). Thomas Was Alone. [Video game]. Bithell Games.
Coffee Stain Studios. (2014). Goat Simulator. [Video game]. Coffee Stain Studios.
EA Redwood Shores. (2008). Dead Space. [Video game]. Electronic Arts.
Möller, M., & Trautzsch, N. (2026). Darstellungsästhetiken der Animation in Games – wie Bewegung und Timing das Spielgefühl beeinflussen. IU Discussion Papers – Design, Architektur und Bau, 5(6). IU Internationale Hochschule. https://doi.org/10.56250/4130

Naughty Dog. (2020). The Last of Us Part II. [Video game]. Sony Interactive Entertainment.
Nintendo. (2017). The Legend of Zelda: Breath of the Wild. [Video game]. Nintendo.
Rockstar Games. (2018). Red Dead Redemption 2. [Video game]. Rockstar Games.
Santa Monica Studio. (2018). God of War [Video game]. Sony Interactive Entertainment.
Studio MDHR. (2017). Cuphead. [Video game]. Studio MDHR.
Thatgamecompany. (2012). Journey. [Video game]. Sony Computer Entertainment.

Wie Sound und Musik Spielwelten prägt

19

Sounddesign, Musik und Audioästhetik bilden in digitalen Spielen eine Ebene der Ästhetik, die nicht nur gehört, sondern unmittelbar spielerisch erfahren wird. Klänge strukturieren Räume, lenken Aufmerksamkeit, markieren Zustände und geben Rückmeldung auf Handlungen. Während visuelle Gestaltung häufig den ersten Eindruck eines Spiels prägt, beeinflusst Audio wesentlich, wie sich ein Spiel anfühlt: ob eine Bewegung Gewicht besitzt, ein Raum bedrohlich wirkt, eine Aktion bestätigt wird oder eine Situation emotional aufgeladen erscheint.

Das folgende Kapitel in Kooperation mit Jörg Burbach vertieft diese Perspektive und zeigt, dass Audio in Games nicht als begleitende Atmosphäre verstanden werden sollte. Sounddesign, Musik und Audio-Feedback wirken als eigenständige Gestaltungsmittel, die Orientierung, Emotion, Interaktion und Immersion miteinander verbinden. Aus der Perspektive von Game Design und Entwicklung untersucht Burbach, wie auditive Reize das Spielerleben auf räumlicher, narrativer, ludischer und sozialer Ebene prägen. Dabei wird deutlich, dass Audio Spielmechaniken nicht nur unterstützt, sondern sie in sinnliche und emotionale Erfahrung übersetzt – vom unmittelbaren Feedback einzelner Handlungen bis hin zu dynamischen und adaptiven Klangsystemen, die auf das Verhalten der Spieler:innen reagieren.

Stell dir vor, du spielst ein Spiel ohne Ton. Nehmen wir noch einmal als Vergleich *The Legend of Zelda: Breath of the Wild:* Die offene Welt ist da, die Grafik stimmt – aber irgendetwas fehlt essenziell. Keine Wassertropfen der Höhle bei Links Erwachen, keine tappenden nackten Füße, die den Höhlenboden eindrücklich machen, keine Vogelrufe, wenn Link ins Freie tritt, kein orchestraler Anstieg, der den Moment zum Erlebnis macht. Das Spiel wäre spielbar, aber nicht dasselbe.

N. Trautzsch, *Darstellungsästhetiken in Games*,
https://doi.org/10.1007/978-3-658-53102-7_19

Audio ist in digitalen Spielen kein nachträglich eingefügter Schmuck: es ist ein Gestaltungsmittel, das Räume fühlbar macht, Emotionen lenkt, Handlungen bestätigt und Orientierung gibt. Wer Spiele gestaltet, muss Audio von Anfang an mitdenken.

19.1 Klang orientiert

Akustische Signale erreichen unser Bewusstsein schneller als visuelle Informationen und lösen direkt Reaktionen aus (Juslin und Västfjäll 2008). Ein plötzliches Geräusch lässt uns zusammenzucken, bevor wir verstanden haben, was es bedeutet. Spiele nutzen genau das: Sound warnt früher als ein Bild es könnte. In einem Shooter hört man die Schritte des Feindes, bevor er im Sichtfeld erscheint. In einem Horrorspiel schürt das Knarren in der Dunkelheit Spannung: Man weiß, dass etwas da ist – aber noch nicht, was. Das Hören übernimmt die Orientierung, wenn das Sehen nicht ausreicht.

Gerade durch wiederholtes Hören prägen sich Spielmelodien tief ein und werden zu akustischen Ankern der Spielerfahrung. Diese Verankerung funktioniert über das musikalische Gedächtnis, das eng mit dem episodischen Gedächtnis verknüpft ist: Ein Soundtrack ruft nicht nur Melodien ab, sondern ganze Spielsituationen, Orte und Gefühle (Jäncke 2008).

Feedback macht Aktionen spürbar: Gutes Sounddesign bestätigt jede Handlung sofort und eindeutig. Game-Designer Steve Swink nennt dieses Prinzip Game Feel: Jede Aktion braucht unmittelbares, konsistentes Audio-Feedback (Swink 2009). Das Klimpern beim Einsammeln von Münzen, das satte Klicken beim Nachladen, das Pling bei gelösten Rätseln – solche Sounds sagen den Spielenden: Das hat funktioniert. Ohne sie wirkt eine Spielwelt seltsam leer, selbst wenn sich optisch nichts verändert hat. Abstrakte Warn-Signale – sogenannte Earcons – kommunizieren Spielzustände sogar ohne UI: Ein lauter werdendes Herzschlag-Geräusch zeigt drohende Lebensgefahr an, ein schneller werdendes Piepen erzeugt Zeitdruck, noch bevor man auf die Anzeige schaut.

Praktischer Tipp: Teste dein Spiel ohne Ton. Alles, was dann unklar wird, ist ein Hinweis darauf, wo Audio-Feedback fehlt.

19.2 Emotionen durch Klang steuern: Musik als dramaturgisches Werkzeug

Musik moduliert, wie sich Spielende fühlen – und das mit erstaunlicher Präzision. Ein Wechsel von Dur nach Moll, ein dissonanter Streicher, ein beschleunigendes Tempo: Solche Mittel machen Spannung, Bedrohung oder Erleichterung körperlich spürbar, ohne ein Wort zu sagen. Ein Klassiker: In Resident Evil (Capcom 1996) herrscht in den Korridoren der Villa bedrückende Stille. Sobald ein Zombie auftaucht, setzen dissonante Streicher und hektische Rhythmen ein. Der Puls steigt, die Aufmerksamkeit fokussiert sich. Ist die Gefahr vorbei, kehrt ruhige Ambient-Musik zurück – und mit ihr spürbare Erleichterung.

Sounddesignerinnen und Sounddesigner spielen hier bewusst mit dem Kontrast zwischen Stille und musikalischer Verdichtung.

Auch Stille ist Gestaltung

Stille ist kein Fehler – sie ist ein Mittel. Das abrupte Aussetzen aller Musik kurz vor einem Schockmoment erzeugt unerträgliche Anspannung. Nach einem großen Sieg verbreitet sie eine andächtige Ruhe, die den Triumph nachhallen lässt. Wer Stille bewusst einsetzt, hat die Kontrolle über den emotionalen Rhythmus des Spiels.

Soundeffekte ergänzen das: Tiefe Bässe beim Aufprall vermitteln physische Wucht. Schrille Töne lösen Alarmbereitschaft aus – ein evolutionär verankerter Reflex. Warme, gleichmäßige Klänge signalisieren Sicherheit und Geborgenheit.

Reflexion: Welche Emotion soll dieser Moment auslösen? Und welcher Klang erzeugt genau das – oder sein Gegenteil?

19.3 Immersion: Audio spricht alles gleichzeitig an

Audio ist das einzige Gestaltungsmittel, das mehrere Ebenen der Spielerfahrung gleichzeitig adressiert. Jan-Noël Thon unterscheidet vier Arten von Immersion (Thon 2008). Marie-Laure Ryan spricht von einem psychologischen „Raum“, in den sich Leser:innen oder Spieler:innen einfühlen (Ryan 2001) und mit eigenen Erfahrungen anreichern können. Audio füllt diesen Raum mit Präsenz und Audio wirkt auf jede einzelne davon auf spezifische Weise ein. Die erste Ebene ist die räumliche Immersion. Hall, Raumakustik und Klangdistanz lassen virtuelle Orte physisch erfahrbar werden. Man hört sofort, ob man sich in einer engen Höhle, einer hallenden Kathedrale oder im Freien befindet – noch bevor man die Umgebung vollständig gesehen hat. Gut gestaltete Raumakustik ist eine der wirkungsvollsten und gleichzeitig unauffälligsten Techniken im Sounddesign. Die zweite Ebene ist die narrative Immersion: Musik verstärkt die emotionale Bindung an Figuren und Handlung. Sie erzeugt Spannung, Empathie und Erwartung. Ein Leitmotiv, das immer dann erklingt, wenn eine bestimmte Figur auftritt, verankert diese Figur emotional im Gedächtnis der Spielenden. In Journey (Thatgamecompany 2012) ist Austin Wintorys dynamischer Score so eng mit dem Spielerlebnis verwoben, dass viele Spielende den finalen Aufstieg als einen der emotionalsten Momente ihrer gesamten Spielerfahrung beschreiben.

Drittens gibt es die ludische Immersion, die eng mit dem Flow-Zustand (Csikszentmihalyi 1990) zusammenhängt. Damit Spielende in diesen Zustand vollständiger Konzentration und Kontrolle gelangen, braucht jede Aktion eine unmittelbare, klare Rückmeldung. Der satte Knall beim Schuss in *DOOM* (id Software 2016) oder das präzise Pling beim Einsammeln von Ringen in *Sonic* The Hedgehog (Sonic Team 1991) sind kein Zufall. Diese Sounds wurden sorgfältig so gestaltet, dass Interaktionen sich richtig und befriedigend anfühlen. Fehlt dieses Feedback, fühlt sich das Spielen seltsam taub an.

Die vierte Ebene ist die soziale Immersion. Geteilte Klangerlebnisse schaffen Verbindung zwischen Spielenden, die kein visuelles Medium so direkt herstellen kann. In *Sea of Thieves* (Rare 2018) können Spielende spontan gemeinsam Shanties singen. Das gemeinsame Timing, die akustische Synchronisation und der kollektive Klang erzeugen ein echtes Gemeinschaftsgefühl – etwas, das ein Text-Chat allein nie leisten könnte.

Was diese vier Ebenen verbindet: Audio adressiert sie alle gleichzeitig, in jedem Moment. Das ist einzigartig unter allen Gestaltungsmitteln des Game Designs und erklärt, warum ein schlecht gestaltetes Soundkonzept das gesamte Spielerlebnis schwächen kann – selbst wenn Grafik, Mechanik und Story überzeugen.

19.4 Dynamisches Audio: Wenn Musik auf Spieler reagiert

Im Film läuft die Musik linear durch – sie ist vorher festgelegt. In Spielen ist das anders: Die Spielenden entscheiden, was wann passiert. Audio muss deshalb flexibel sein und auf Spielzustände und -handlungen reagieren. Karen Collins nennt das Dynamic Audio (Collins 2008a).

Ein frühes Beispiel: In *Space Invaders* (Taito 1978) wird die Hintergrundmusik schneller, je weniger Feinde noch auf dem Bildschirm sind. Ursprünglich war das ein technischer Zufall – die CPU hatte bei weniger Gegnern mehr Kapazität für die Audiowiedergabe. Aus dieser Einschränkung wurde ein Feature, das Spannung und Tempo perfekt kommuniziert (Collins 2007). Ein wichtiges Prinzip: Technische Grenzen zwingen zur Kreativität.

Moderne Systeme wie in Red Dead Redemption 2 passen den Soundtrack nahtlos an die Spielsituation an: ruhige Ambient-Klänge beim Reiten, dramatische Streicher im Showdown. Das Breath of the Wild-System geht noch einen Schritt weiter: Es verzichtet weitgehend auf Dauermusik und setzt stattdessen auf kurze, situations-getriggerte Musikphrasen – modulare Bausteine, die je nach Kontext neu kombiniert werden. Das Ergebnis klingt organisch und lebendig.

Zur Praxis: Überlege beim Audio-Design: Welche Spielzustände gibt es? Welches Audio gehört zu welchem Zustand – und wie geht der Übergang klingen?

19.5 Praktische Umsetzung und Produktion von Sound und Musik: Klang als Inspiration und Teil des Look & Feel, nicht nachträglich einfügen

Audio macht virtuelle Welten erfahrbar. Es orientiert, lenkt Emotionen, bestätigt Handlungen und schafft Immersion auf mehreren Ebenen gleichzeitig. Wer Spiele gestaltet, gestaltet auch Klangwelten – und wer das versteht, hat einen entscheidenden Vorteil gegenüber denen, die Sound erst am Ende des Projekts als letzten Schritt betrachten.

Das bedeutet praktisch: Audio gehört nicht ans Ende des Designprozesses, sondern in den Kern des Konzepts. Schon früh sollte klar sein, welche emotionale Wirkung angestrebt wird, welche akustischen Signale Orientierung geben, und wie Musik auf unterschiedliche Spielsituationen reagieren soll. Diese Fragen sind genauso designrelevant wie die Frage nach Spielmechaniken oder visuellem Stil. Dabei gilt: Die besten Soundtracks sind die, die man nicht bewusst wahrnimmt – bis sie fehlen. Die besten Soundeffekte sind die, die so selbstverständlich klingen, dass man vergisst, dass sie gestaltet wurden. Gutes Audio-Design fällt nicht auf. Es trägt die Geschichte, die Ereignisse, unterstützt und lenkt unsere Empfindungen. Und das ist das Ziel.

Von den piepsenden Arcade-Automaten der 1970er-Jahre bis zu den orchestrierten Soundscapes heutiger Produktionen: Game-Audio ist eine eigenständige künstlerische Disziplin geworden, mit eigenen Theorien, Werkzeugen und Meisterwerken. Sie beginnt aber immer mit derselben einfachen Frage: Wie soll dieser Moment klingen?

Soll Audio Orientierung geben, Atmosphäre erzeugen, Feedback auf Handlungen liefern, Gefahr ankündigen, Emotionen verstärken oder einen Raum glaubwürdiger machen? Aus dieser Funktion ergibt sich, welche Art von Klang gebraucht wird: atmosphärische Hintergrundgeräusche, konkrete Soundeffekte, Interface-Sounds, Stimmen oder Musik. Sound kann dabei gezielt eingesetzt werden, um Aufmerksamkeit zu lenken, Spielende durch Räume zu führen und Zustände oder Mechaniken verständlich zu machen, etwa durch entfernte Geräusche, Stimmen oder bedrohliche Klänge in der Dunkelheit (Horvath und Nobbs 2023, S. 32–33).

Für Soundeffekte gibt es verschiedene Produktionswege. Viele Geräusche werden als Foley-Sounds selbst aufgenommen, etwa Schritte, Rascheln, Metallklänge, Stoffbewegungen, Türgeräusche oder Schläge. Andere Sounds stammen aus Sound Libraries und werden anschließend bearbeitet. In der Nachproduktion werden sie geschnitten, kombiniert, gefiltert, gepitcht, verzerrt oder mit Hall versehen. So kann aus einem realen Türknarren ein schweres Burgtor werden oder aus Wasser, Wind und tiefem Rauschen ein magischer Energieeffekt. Entscheidend ist dabei nicht, ob ein Sound realistisch entstanden ist, sondern ob er im Spielkontext verständlich, glaubwürdig und ästhetisch passend wirkt.

Musik wird meist sogar in der Inspirationsphase, über das Thema in ein musikalisches Konzept entwickelt. Dabei wird festgelegt, welche Stimmung getragen werden soll, welche Instrumente zur Spielwelt passen und ob es Leitmotive für Figuren, Orte oder Zustände gibt. Schell betont, dass Musik und Sound möglichst früh im Entwicklungsprozess mitgedacht werden sollten, weil eine passende Klangrichtung bereits Atmosphäre, Look and Feel und gestalterische Entscheidungen orientieren kann (Schell 2020, S. 534–535). Musik kann damit wie ein Leitmotiv für das Design wirken: Wenn ein Bereich des Spiels nicht zur gewählten klanglichen Stimmung passt, weist das auf einen möglichen Bruch in der Gestaltung hin.

Praktisch arbeiten Sounddesigner:innen und Komponist:innen mit Digital Audio Workstations wie Reaper, Ableton Live, Logic Pro, Cubase oder FL Studio. Dort werden Sounds aufgenommen, arrangiert, gemischt und exportiert. Für Sounddesign kommen zusätzlich Field Recorder, Sampler, Synthesizer, Effektplugins und Geräuschbibliotheken zum Einsatz. Exportiert werden Audiodateien häufig als .wav für hohe Qualität oder als .ogg beziehungsweise .mp3 für komprimierte Wiedergabe. In der Engine werden diese Dateien anschließend mit Objekten, Spielereignissen, Triggern oder Zuständen verbunden.

In der Engine wird Audio über Audio Sources, Trigger, Events, Skripte oder Timeline-Spuren eingebunden. Ein Sound kann direkt an ein Objekt gekoppelt werden, etwa an eine Tür, eine Maschine, ein Feuer oder eine Figur. Dadurch entsteht eine räumliche Zuordnung: Das Geräusch kommt aus der Spielwelt und verändert sich je nach Position der Spieler:innen. Unity beschreibt für Timeline-Audio etwa, dass Musik und Sound an bestimmten Punkten einer Sequenz platziert, über mehrere Audio Tracks gemischt und entweder als 2D-Sound oder über eine Audio Source räumlich in der 3D-Welt abgespielt werden können (Hunt 2024, S. 84–85).

Interaktive Sounds können zudem exakt an Animationen gebunden werden, etwa wenn ein Schrittgeräusch genau dann ausgelöst wird, wenn der Fuß den Boden berührt. Unity beschreibt hierfür Signal Tracks, die ähnlich wie Events funktionieren und Funktionen auf GameObjects auslösen können, etwa getrennte Sounds für linken und rechten Fußschritt (Hunt 2024, S. 86–87). Dadurch verbinden sich Klang, Bewegung, Timing und visuelles Feedback.

Adaptives Audio entsteht, wenn Musik oder Klang nicht statisch abgespielt wird, sondern auf Spielzustände, Räume oder Handlungen reagiert. Es ist damit eine spezifische Form dynamischen Audios. Praktisch kann dies über Parameter, Trigger, State Machines oder Skripte umgesetzt werden: Musik wird intensiver, wenn Gegner in der Nähe sind; einzelne Instrumentenspuren werden hinzugemischt, wenn ein Kampf beginnt; ein Filter verändert sich, wenn die Figur unter Wasser ist; Warnsounds setzen ein, wenn Lebensenergie oder Sauerstoff knapp werden. Das Unity-Leveldesign-E-Book nennt Subnautica als Beispiel: Sinkt der Sauerstoffvorrat, werden Musik und Klangbild intensiver und dumpfer, während zusätzlich visuelle Hinweise den Zustand der Spielfigur kommunizieren (Horvath und Nobbs 2023, S. 32–33).

▶ Ästhetisch führt diese Umsetzung dazu, dass Sound und Musik nicht als feste Tonspur funktionieren, sondern als reaktives Gestaltungssystem. Klang reagiert auf Raum, Handlung und Zustand und verändert dadurch die Wahrnehmung des Spiels. Ein leiser Raumklang kann Unsicherheit erzeugen, ein plötzliches Geräusch Aufmerksamkeit binden, ein anschwellender Score Gefahr ankündigen oder eine ruhigere Musik Entlastung signalisieren. Gute Audiogestaltung arbeitet deshalb nicht nur mit einzelnen Sounds, sondern mit Übergängen, Schichtungen, Lautstärkeverhältnissen, räumlicher Positionierung und Timing. Entscheidend ist, dass Audio nicht überlädt, sondern spielrelevante Informationen unterstützt und zur Atmosphäre passt.

Audio-Produktion ist damit kein nachträglicher Feinschliff, sondern ein gestalterisch-technischer Prozess. Sie verbindet Aufnahme, Komposition, Bearbeitung und Engine-Integration zu einem System, das wesentlich dazu beiträgt, ob eine Spielwelt verständlich, atmosphärisch und lebendig wirkt.

Fazit

Audio in digitalen Spielen nicht atmosphärischer Schmuck. Klang orientiert, und das oft schneller als das Auge. Er lenkt Emotionen durch Musik, Dynamik und bewusst eingesetzte Stille. Er macht Handlungen durch unmittelbares Feedback spürbar und erzeugt dabei das, was Game-Designer als Game Feel bezeichnen. Und er schafft Immersion auf vier Ebenen gleichzeitig: räumlich, narrativ, ludisch und sozial.

Besonders wichtig für die Designpraxis: Audio reagiert in Spielen auf die Spielenden – es ist dynamisch und adaptiv. Das unterscheidet Game-Audio fundamental von Filmmusik und erfordert ein eigenes Designdenken. Fragen wie „Welche Spielzustände gibt es?", „Welcher Story Moment soll wie auditiv unterstützt werden?", oder „Wie klingt der Übergang?" sind gleichsam mit Fragen zu Levelstruktur, Game Play, Story oder Interface mit zu entwickeln.

Wer Spiele entwerfen möchte, sollte Audio von Anfang an als vollwertiges Gestaltungsmittel begreifen – nicht als Zutat, die man am Ende hinzufügt, sondern als Ebene, die das gesamte Spielerlebnis mit formt. Sound macht virtuelle Welten nicht nur hörbar. Er macht sie erfahrbar.

Sound und Musik ist ein Element des Game Designs – und eines der noch unterschätzten und zugleich wirkungsvollsten.

Literatur

Collins, K. (2007). *In the loop: Creativity and constraint in 8-bit video game audio. Twentieth-Century Music,* 4(2), 209–227.

Collins, K. (2008a). *Game sound: An introduction to the history, theory, and practice of video game music and sound design.* MIT Press.

Csikszentmihalyi, M. (1990). *Flow: The psychology of optimal experience.* Harper & Row.

Horvath, S. & Nobbs, C. (2023). Our first-ever e-book for level designers is here. In Unity. Unity Technologies. https://unity.com/blog/games/e-book-for-level-designers

Hunt, D. (2024). *The Definitive Guide to Animation in Unity.* Unity Technologies. Abgerufen am 1. Mai 2026, von https://unity.com/de/blog/games/first-guide-animation-in-unity

Jäncke, L. (2008). *Macht Musik schlau?* Hans Huber.

Juslin, P. N., & Västfjäll, D. (2008). *Emotional responses to music. Behavioral and Brain Sciences,* 31(5), 559–575.

Ryan, M.-L. (2001). *Narrative as virtual reality.* Johns Hopkins University Press.

Schell, J. (2020). Die Kunst des Game Designs: Bessere Games konzipieren und entwickeln. MITP-Verlags GmbH & Co. KG.

Swink, S. (2009), Game Feel: A Game Designer's Guide to Virtual Sensation, Morgan Kaufmann.

Thon, J.-N. (2008). *Immersion revisited: On the value of a contested concept.*

Ludografie

Capcom. (1996). Resident Evil. [Video game]. Capcom.
id Software. (2016). DOOM. [Video game]. Bethesda Softworks.
Rare. (2018). Sea of Thieves. [Video game]. Xbox Game Studios.
Sonic Team. (1991). Sonic the Hedgehog. [Video game]. Sega.
Taito. (1978). Space Invaders. [Video game]. Taito.
Thatgamecompany. (2012). Journey. [Video game]. Sony Computer Entertainment.

20 Engine Integration und Inszenierung

Das folgende Kapitel richtet den Blick auf den nächsten Schritt: die Integration der Assets in die Engine und das Zusammenspiel von Darstellung, Interaktion und Spielsystem.

Mit der Integration in die Game Engine wird visuelle Gestaltung Teil eines lauffähigen Spielsystems. Assets verlassen den kontrollierten Raum von Entwurf und Produktion und werden nun unter realen Bedingungen geprüft: in Bewegung, in Interaktion, unter Performanceanforderungen und im Zusammenspiel mit Kamera, Licht, Sound und Spielmechanik. Die Engine ist deshalb nicht nur technische Zielumgebung, sondern ein Ort der Überprüfung und Konkretisierung. Hier zeigt sich, ob Gestaltung im vorgesehenen Kontext tatsächlich trägt: ob ein Modell korrekt skaliert ist, ob eine Textur lesbar bleibt, ob Animationen sauber ablaufen und ob Assets in Szene, Raum und Ablauf sinnvoll integriert sind.

Am Engine Beispiel Unity zeigt sich, dass sich diese Logik bereits in der Arbeitsumgebung selbst abbildet (Horvath und Nobbs 2023, S. 39). Der Editor ist über unterschiedliche Fenster organisiert, die jeweils eigene Funktionen sichtbar machen: Die *Hierarchy* ordnet GameObjects innerhalb der Szene, das Project Window verwaltet Dateien und Assets, der Inspector zeigt konfigurierbare Eigenschaften und Komponenten, die Scene View dient der räumlichen Bearbeitung und die Game View dem Testen, Iterieren und Überprüfen des Ergebnisses im laufenden Kontext. Gestaltung wird hier also nicht isoliert betrachtet, sondern immer in ihren Relationen: zu anderen Objekten, zu Komponenten, zu Material, Licht, Physik und Ablauf.

Ergänzende Information Die elektronische Version dieses Kapitels enthält Zusatzmaterial, auf das über folgenden Link zugegriffen werden kann [https://doi.org/10.1007/978-3-658-53102-7_20].

N. Trautzsch, *Darstellungsästhetiken in Games*,
https://doi.org/10.1007/978-3-658-53102-7_20

20.1 Import

Der Integrationsprozess beginnt mit dem Import von Assets in die Engine. Dabei werden Modelle, Texturen, Animationen oder 2D-Grafiken in eine Struktur überführt, die vom Spielsystem verarbeitet und dargestellt werden kann. Dieser Schritt beeinflusst Organisation, Wiederverwendbarkeit, Wartbarkeit und die spätere Steuerbarkeit visueller Inhalte. Import bedeutet daher immer auch: Entscheidung über Dateiformat, Asset-Struktur, Benennung, Importeinstellungen und die Frage, wie ein Asset im Editor weiterverarbeitet werden soll.

2D Assets
Für 2D-Assets werden Bilder als Sprites behandelt, die in der Engine hinsichtlich Auflösung, PPU, Mesh-/Outline-Einstellungen, Slicing, Skinning und gegebenenfalls zusätzlicher Maps wie Normal- oder Mask-Maps konfiguriert werden können. Unity empfiehlt für Sprite-Workflows verlustfreie Formate wie PNG. Neben diesem werden unter anderem BMP, TIF, TGA, JPG und PSD unterstützt. Für den Bühnenaufbau ist besonders relevant, dass PSD-Dateien standardmäßig als flache Bilder importiert werden, über den 2D PSD Importer jedoch auch Ebeneninformationen nutzbar gemacht werden können. Das ist vor allem für Animation, Rigging und mehrstufige Figuren- oder Background-Workflows hilfreich.

Für 2D-Assets betreffen Importeinstellungen unter anderem die Sprite-Konfiguration, die Auflösung, die Pixels Per Unit, die Frage nach Zuschnitt und Slicing sowie zusätzliche Optionen wie 2D Skinning oder Lighting-Kompatibilität. Das Unity-E-Book zur 2D-Produktion macht deutlich, dass Auflösung und Darstellung in der Engine nicht automatisch identisch mit der Arbeitsdatei sind. Gerade deshalb müssen Sprite-Größe, Kamera, PPU und Zielplattform zusammen gedacht werden. In der Engine wird sichtbar, ob ein Asset im vorgesehenen Maßstab funktioniert, ob es scharf, lesbar und speichereffizient bleibt und ob seine Layer- oder Mapping-Struktur für spätere Beleuchtung und Animation geeignet ist. (Horvath und Nobbs 2023, S. 49–50).

3D Assets
Für 3D-Assets empfiehlt Unity, möglichst mit dem FBX-Format zu arbeiten, da dieses intern verwendet wird und dadurch proprietäre Abhängigkeiten reduziert. Beim Import werden nicht nur Meshes, sondern auch Position, Rotation, Skalierung, Pivot Points, Namen, Vertices, Polygone, UVs, Normalen, Bones, Skinned Meshes und Animationen übernommen. Dadurch wird sichtbar, dass der Import nicht nur ein Übertragen von Geometrie ist, sondern die Übernahme eines ganzen Datengefüges, das für die spätere Nutzung in der Engine relevant bleibt. Änderungen an unterstützten DCC-Dateien können in Unity zudem direkt aktualisiert werden, sodass Iterationen zwischen Produktionssoftware und Engine eng verzahnt bleiben.

Ebenso wichtig wie das Format sind die Importeinstellungen. Sie bestimmen, wie ein Asset von Unity interpretiert wird: als Mesh, als Sprite, als animierbares Layer-System oder als reine Textur. Importentscheidungen wirken sich damit direkt auf Speicherverbrauch, Lesbarkeit, Bearbeitbarkeit und spätere technische Nutzung aus. (Horvath und Nobbs 2023, S. 48–49).

Für 3D-Assets sind Importeinstellungen vor allem dort relevant, wo Mesh-Struktur, Normals, Animation, Materialzuweisung oder Skalierung zusammenspielen. Hier entscheidet sich, ob ein Modell mit den richtigen Achsen, Maßen und Deformationsinformationen in der Szene erscheint und ob Animationen, Bones oder Skinned Meshes korrekt übernommen werden. Auch die spätere Interaktion mit Physik, Beleuchtung und Kamera hängt davon ab, dass das Asset bereits beim Import sauber interpretiert wird. Ein scheinbar kleiner Fehler in Achse, Maßstab oder Orientierung kann später weitreichende Folgen für Animation, Platzierung und Gameplay haben. Für 3D-Assets betrifft das etwa die Frage, ob Normals, Bones oder Animationen korrekt übernommen werden.

Die Qualität der Importstruktur entscheidet darüber, wie gut ein Asset anschließend riggbar, austauschbar und iterierbar bleibt. Gute Integration beginnt deshalb nicht erst in der Engine, sondern schon in der Art, wie Dateien vorbereitet, exportiert und benannt werden.

Organisation in der Engine

Ein weiterer wichtiger Schritt in der Organisation ist die Umwandlung von importierten Objekten in Prefabs. Prefab steht abgekürzt für „pre-fabricated" also vorgefertigt (Theis 2021, S. 110). Prefabs machen aus klassischen Spielobjekten wiederverwendbare Einheiten, die an mehreren Stellen einer Szene eingesetzt und zentral aktualisiert werden können. Dadurch werden Gestaltung und technische Struktur enger miteinander verbunden: Änderungen an einem Prefab wirken sich kontrolliert auf alle Instanzen aus. Für die Produktion bedeutet das mehr Konsistenz, weniger Redundanz und eine höhere Wartbarkeit des Projekts. Ein Prefab wird zunächst wie ein klassisches Spielobjekt in der *Hierarchy View* erzeugt (Theis 2021, S. 34–35) und Komponenten hinzugefügt, sowie Eigenschaften eingestellt. Dann wird das fertig vorbereitet Spielobjekt in die Projekt View gezogen und damit entsteht ein Prefab xx dieses Spielobjektes (s. Abb. 20.1).

20.2 Materialien, Shader und Materialsysteme

Materialien, Shader und Materialsysteme bestimmen in der Engine nicht nur die technische Darstellung eines Assets, sondern seine ästhetische Erscheinungsweise. Sie entscheiden darüber, ob eine Oberfläche matt, kalt, weich, rau, künstlich, organisch, schwer oder leicht wirkt und wie stark sie sich in die visuelle Logik einer Spielwelt einfügt. In diesem Sinn sind Materialien keine bloßen Oberflächenbeschreibungen, sondern Mittel der Darstellungsästhetik: Sie übersetzen Form in Materialität und verleihen einem Objekt jene vi-

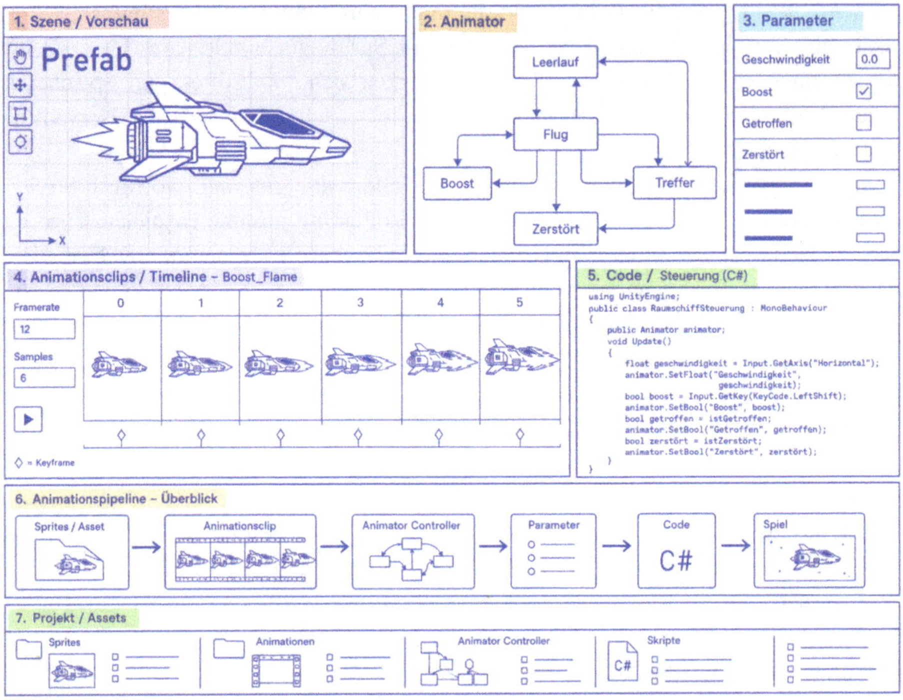

Abb. 20.1 Schematische Darstellung einer Grafischen Oberfläche einer Engine. (Quelle: Trautzsch 2026)

suelle Qualität, durch die es als Stein, Stoff, Metall, Haut, Schleim, Energie oder Nebel lesbar wird.

Shader (Majewski 2026, S. 150–155) prägen dabei die Art, wie Licht auf Oberflächen trifft und wie diese auf Blick, Bewegung und Umgebung reagieren. Sie bestimmen, ob etwas diffus erscheint, stark reflektiert, glimmt, transparent wird oder atmosphärisch in den Raum eingebunden bleibt. Damit greifen Shader unmittelbar in die Wahrnehmung von Tiefe, Gewicht, Temperatur und Stil ein. Ein und dieselbe Form kann je nach Material- und Shader-Logik stylized, technisch, märchenhaft, schmutzig, steril oder bedrohlich erscheinen. Gerade deshalb gehören Materialien und Shader nicht nur zur praktischen Umsetzung, sondern zur ästhetischen Konstruktion einer Spielwelt (Lin 2024, S. 115–121).

In der Engine werden diese Entscheidungen als Materialsysteme organisiert. Materialien wirken selten isoliert pro Objekt, sondern entfalten ihre Bedeutung vor allem in Relation zu anderen Oberflächen. Erst durch wiederkehrende Materiallogiken entsteht visuelle Kohärenz: Wenn ähnliche Stoffe vergleichbar reagieren, wenn Metalle denselben Grad an Kälte oder Reflexion teilen oder wenn magische Elemente einer gemeinsamen Licht- und Farbdramaturgie folgen, wird die Welt als zusammenhängend wahrgenommen. Materialsysteme stützen damit die Einheit eines visuellen Stils, weil sie festlegen, wie unterschiedliche Dinge innerhalb derselben Welt erscheinen dürfen.

Das Unity-Materialsystem macht diesen Zusammenhang operativ sichtbar: Materialien bündeln Texturen, Farbtönungen und Shader-Eigenschaften und definieren so das Rendering einer Oberfläche. Zugleich zeigt sich in Unity, dass Materialien immer an die jeweils verwendete Render Pipeline gebunden sind. Eine Oberfläche ist also nicht nur gestalterisch gedacht, sondern systemisch organisiert und muss innerhalb der technischen Bildlogik der Engine funktionieren. Wird diese Bindung falsch gesetzt, zerfällt nicht nur die technische Darstellung, sondern auch die ästhetische Kohärenz der Szene.

Besonders deutlich wird der ästhetische Charakter von Materialsystemen dort, wo sie über die Grundtextur hinaus mit zusätzlichen Informationen arbeiten. Das Unity-2D-E-Book zeigt dies anhand von Normal Maps, Mask Maps und erweiterten Beleuchtungsinformationen. Solche Zusatzebenen dienen nicht nur der technischen Verfeinerung, sondern modifizieren die visuelle Wirkung einer Oberfläche: Sie erzeugen plastischere Lichtreaktionen, verstärken Materialität oder setzen gezielte Akzente an Kanten, Glanzzonen oder Übergängen. Materialien werden dadurch zu einem Mittel, das zwischen flacher Illustration und räumlicher Wirkung vermittelt.

Materialien, Shader und Materialsysteme sind damit ein wesentlicher Teil der medialen Inszenierung. Sie legen fest, wie Oberflächen im Raum erscheinen, wie sie sich vom Hintergrund abheben, wie sie Licht aufnehmen und wie sie zur Stimmung einer Szene beitragen. Ihre Aufgabe besteht nicht nur darin, ein Asset „fertig" aussehen zu lassen, sondern darin, es als Teil einer ästhetisch kohärenten und wahrnehmbar strukturierten Welt erfahrbar zu machen.

20.3 Staging oder Inszenierung – in Szene setzen, Partikel und VFX

Staging oder Inszenierung bezeichnet das In-Szene-Setzen von Assets innerhalb der Spielwelt. Maßstab, Positionierung, Staffelung und Ausrichtung entscheiden darüber, wie Figuren, Objekte und Räume wahrgenommen werden und in welche Beziehungen sie zueinander treten. Erst in dieser Anordnung wird sichtbar, welche Elemente Blickführung, Gewichtung, Hierarchie und Atmosphäre bestimmen. Staging gehört damit nicht nur zur praktischen Umsetzung, sondern zur medialen Inszenierung einer Spielwelt: Es organisiert Sichtbarkeit, strukturiert Wahrnehmung und macht gestalterische Entscheidungen im räumlichen Zusammenhang erfahrbar. In dieser Phase zeigt sich häufig, ob Annahmen aus Entwurf und Produktion unter den Bedingungen des Spiels tatsächlich tragen oder erneut angepasst werden müssen.

Partikel- und VFX-Systeme gehören zur Inszenierung einer Spielwelt, weil sie nicht nur Ereignisse sichtbar machen, sondern Stimmung, Rhythmus und Wahrnehmung mitformen. Visuell gestaltete Effekte, Licht und Physik verstärken die Atmosphäre (Publishing, 2022, S. 164–165), tragen die Geschichte mit und versehen die imaginierte Welten erst mit jenen Details, die sie lebendig und überzeugend erscheinen lassen. Zugleich sind sie eng an Gameplay gebunden: Effekte transportieren Spielereignisse in die Wahrnehmung, markieren Magie, Kollision, Gefahr, Heilung oder Bewegung und binden diese an Timing, Farbe, Form und Dynamik. In der praktischen Umsetzung zeigt sich, dass Partikel nicht isoliert „schön" sein müssen, sondern als Teil der Inszenierung funktionieren: über Spawn, Bewegung, Größe, Rotation, Farbe, Noise, Material und Shader werden sie so organisiert, dass sie Lesbarkeit, Atmosphäre und Reaktionslogik zugleich stützen. Partikel-VFX (Lin 2024, S. 121) verbinden damit ästhetische Verdichtung und technische Steuerung: Sie sind Teil der medialen Inszenierung, weil sie Raum nicht nur füllen, sondern ihn in Stimmung, Ereignishaftigkeit und visuelle Spannung übersetzen.

20.4 Beleuchtung und post-processing

Beleuchtung prägt die visuelle Wirkung von Spielwelten maßgeblich. Sie beeinflusst nicht nur Helligkeit, sondern organisiert Stimmung, Raumwahrnehmung und Lesbarkeit. Licht lenkt Aufmerksamkeit, hebt Wege, Blickachsen oder Interaktionspunkte hervor und kann zugleich Unsicherheit, Bedrohung oder Intimität erzeugen. Das Unity-Leveldesign-Buch beschreibt Licht ausdrücklich als Mittel, um die Aufmerksamkeit des Spielers zu lenken und Atmosphäre zu schaffen: ein heller Zielpunkt kann den Spieler führen, während Dunkelheit Distanz, Gefahr oder Zurückhaltung erzeugt. Beleuchtung gehört damit zur medialen Inszenierung einer Szene: Sie macht nicht nur sichtbar, sondern gewichtet und interpretiert den Raum (Horvath und Nobbs 2023, S. 30–32).

Post-Processing setzt auf dieser Inszenierungsebene an und verändert nicht einzelne Objekte, sondern das Gesamtbild. Farbkorrektur, Bloom, Vignette, Kontrast- oder Linseneffekte wirken auf die Szene als visuelle Einheit und können dadurch Kohärenz, Zeitstimmung, Temperatur oder emotionale Tonlage verstärken. Gerade Color Grading ist dabei ein ästhetisch wirksames Mittel, weil es die Farbtemperatur und Gesamtanmutung einer Szene verändert und so deren Stimmung gezielt modulieren kann. Gleichzeitig warnt das Unity-2D-E-Book davor, solche Effekte unreflektiert zu übersteigern: Post-Processing kann das Bild schnell dominieren und sollte deshalb zurückhaltend und bewusst gewichtet eingesetzt werden. (Majewski 2026, S. 171–174)

Auf der Ebene der konkreten Umsetzung stellt Unity für 2D verschiedene Lichttypen bereit, darunter Global Lights für eine Grundstimmung, Point/Spot Lights für fokussierte Lichtquellen, Freeform Lights für frei geformte Lichtflächen und Sprite Lights für spezifische Lichtformen. Damit lassen sich sowohl atmosphärische Grundsituationen als auch gezielte Akzente und Blickführungen aufbauen (s. Abb. 20.2).

Für post-processing-basierte Inszenierung können in URP Volume Profiles angelegt werden, die entweder global auf eine Szene oder lokal auf bestimmte Zonen wirken (s. Abb. 20.2). So lassen sich etwa Übergänge zwischen Innen- und Außenräumen, Bedrohungssituationen oder visuelle Verdichtungen gezielt inszenieren. Zu den typischen Effekten gehören Bloom, Chromatic Aberration, Color Grading, Lens Distortion und Vignette. Unity empfiehlt dabei, nur wenige Effekte bewusst einzusetzen und kostenintensivere Optionen zurückhaltend zu verwenden (Majewski 2026, S. 137).

Abb. 20.2 3D Lighting auf der „Bühne" in einer Szene (Unity Scene). (Quelle: Trautzsch 2026)

Auch in Verbindung mit Partikel- und VFX-Systemen wird Beleuchtung zu einem ästhetisch-praktischen Bindeglied. Das Unity-VFX-E-Book zeigt, dass Effekte nicht nur Atmosphäre verstärken und Geschichte mittragen, sondern auch direkt auf Szenenlicht reagieren oder selbst Lichtcharakter erzeugen können. Verfahren wie six-way lighting für Rauch oder shadergesteuerte VFX-Ausgaben dienen genau dazu, Partikel glaubwürdiger in ihre Umgebung einzubinden, ohne die Performance unverhältnismäßig zu belasten. Beleuchtung und Post-Processing sind damit keine nachträglichen Verschönerungen, sondern essenzielle Mittel, um Wahrnehmung, Stimmung und räumliche Inszenierung in der Engine zusammenzuführen (Majewski 2022, S. 110–119).

20.5 Colour Grading

Colour Grading dient der Feinabstimmung des Farbraums und gehört damit zur ästhetischen Verdichtung einer Szene. Es sorgt dafür, dass einzelne Assets, Materialien, Lichter und Effekte nicht isoliert nebeneinander stehen, sondern als Teil einer gemeinsamen visuellen Stimmung erscheinen. Über Farbtemperatur, Kontrast, Sättigung und Helligkeitsverteilung wird das Bild in seiner Gesamtwirkung geordnet. Colour Grading beeinflusst damit nicht nur Atmosphäre, sondern auch Lesbarkeit, Gewichtung und Kohärenz: Es kann Vorder- und Hintergrund klarer voneinander trennen, Blickpunkte hervorheben, Kälte oder Wärme betonen und einer Szene eine einheitliche emotionale Tonlage geben. Im Unity-2D-E-Book wird Color Grading entsprechend als Bestandteil des Post-Processings geführt, also als Eingriff, der auf das Gesamtbild wirkt und nicht nur auf einzelne Objekte.

Gerade deshalb ist Colour Grading in Games kein rein abschließender Feinschliff. Es muss im Zusammenspiel mit Beleuchtung, Materialien, VFX, Kamera und Spielsituation gedacht werden. Ein Grading, das in einer ruhigen Szene funktioniert, kann in dunklen Spielräumen, bei Umgebungswechseln, Tageszeiten oder stark leuchtenden Effekten ganz anders wirken. Farbentscheidungen müssen daher iterativ überprüft werden: im Spiel, in Bewegung und unter wechselnden Bedingungen. Praktisch wird Colour Grading in Unity meist über Volume Profiles gesteuert, in denen Farbkorrekturen global oder lokal für bestimmte Bereiche einer Szene festgelegt werden können. So lässt sich die visuelle Stimmung einer gesamten Umgebung oder einzelner Zonen gezielt anpassen, ohne jedes Asset separat verändern zu müssen. Das macht Colour Grading zu einem Bindeglied zwischen ästhetischer Gesamtwirkung und technischer Szenensteuerung.

▶ Colour Grading ist damit keine Korrektur sondern Stilzugabe. Es ist ein Mittel der medialen Inszenierung, das die visuelle Welt zusammenzieht, Übergänge abfedert und die Wahrnehmung der Szene als atmosphärisch und zusammenhängend organisiert.

20.6 Bewegung, Interaktion und visuelles Feedback

Mit der Integration werden Animationen, Übergänge und visuelle Effekte Teil der Interaktion. Bewegung ist in diesem Zusammenhang ein maßgebliches Mittel der Verständlichkeit. Sie zeigt, ob ein Objekt aktiv, gefährlich, getroffen, verfügbar oder abgeschlossen ist, und sie prägt damit unmittelbar das Spielgefühl. (siehe Animation Kapitel) Visuelles Feedback informiert über Zustandsänderungen, Erfolge, Fehler und Reaktionsketten, ohne dass diese immer sprachlich erklärt werden müssten. Treffer, Aktivierungen, Kollisionen oder Übergänge müssen deshalb so gestaltet sein, dass sie klar lesbar bleiben und zugleich in Rhythmus und Atmosphäre des Spiels passen (Horvath und Nobbs 2023, S. 17–18). Gestaltung und Gameplay greifen hier eng ineinander: Animation, VFX und Interaktion bilden gemeinsam jene Rückkopplung, durch die Spielende Handlungen verstehen und ihre Wirkung einschätzen können. (Majewski 2022, S. 72).

Praktisch zeigt sich diese Verbindung in Unity besonders dort, wo Animationen und Effekte an Spielzustände, Events und Systemlogiken gekoppelt werden. Das Unity-Leveldesign-Buch beschreibt etwa den Animator Controller als Zustandsmaschine, in der Animation Clips und Übergänge an Bedingungen gebunden werden. Zusätzlich können

Animation States Sound oder C#-Code auslösen. Für größere Abläufe lässt sich mit Timeline eine Szene aus Animation, Kamera, Audio, Gameplay und Partikeleffekten zeitlich orchestrieren. Das VFX-E-Book ergänzt dies um Werkzeuge wie Event Binders, Property Binders, Timeline Activation Tracks und Output Events, mit denen visuelle Effekte auf Kollisionen, Trigger, Sichtbarkeit oder Skriptzustände reagieren und umgekehrt selbst wieder Reaktionen in der Szene auslösen können – etwa Kamerawackeln, Lichtimpulse, sekundäre Effekte oder Sound. Gerade hier zeigt sich, dass visuelles Feedback in der Engine nicht nachträglich hinzugefügt wird, sondern als Teil eines vernetzten Systems aus Animation, Effekt und Interaktion entsteht. (Lin 2024, S. 124–138).

20.7 Art und Gameplay: Visuelle Hierarchie, Lesbarkeit und Kohärenz

Mit der Integration wird sichtbar, wie eng visuelle Gestaltung und Gameplay tatsächlich miteinander verbunden sind. Lesbarkeit bezieht sich dabei nicht nur auf einzelne Assets, sondern auf das Zusammenspiel aller visuellen Ebenen: Raum, Licht, Farbe, Kamera, Effekte, Interface und Bewegung. Spielende müssen relevante Informationen erkennen können, ohne sie aktiv suchen zu müssen. Das Unity-Leveldesign-Buch beschreibt diese Logik sehr konkret über line of sight, lighting and space sowie signposting: Sichtachsen, gut platzierte Lichtquellen, Landmarken, Farben und visuelle Hinweise strukturieren Aufmerksamkeit und leiten Bewegung durch den Raum (Horvath und Nobbs 2023, S. 29–31). Lesbarkeit einerseits eine Frage grafischer Klarheit und sogleich eine Form der visuellen Hierarchie, die festlegt, was zuerst gesehen, wie es eingeordnet und welche Handlung daraus abgeleitet wird. (Horvath und Nobbs 2023, S. 20–21).

Kohärenz beschreibt in diesem Zusammenhang, ob visuelle Darstellung, Interaktion und Spielsystem als zusammengehörig wahrgenommen werden. Eine Szene wirkt kohärent, wenn Maßstab, Beleuchtung, Feedback, Materialwirkung und Orientierungshilfen derselben inneren Logik folgen (Horvath und Nobbs 2023, S. 8–9). Inkonsistenzen fallen gerade in der Engine besonders deutlich auf: etwa widersprüchliche Größenverhältnisse, unklare Lichtführungen, Effekte ohne erkennbare Funktion oder Rückmeldungen, die nicht zum tatsächlichen Spielzustand passen. Das Unity-Buch betont, dass Spielerführung über Licht, physische Begrenzungen, Signposting und andere Hinweise immer im Zusammenhang mit dem gesamten Raum gedacht werden muss. Integration ist deshalb ein Prüfstein für die Qualität visueller Gestaltung: Erst im laufenden Spielsystem zeigt sich, ob Art und Gameplay einander stützen oder ob visuelle Elemente gegeneinander arbeiten. (Horvath und Nobbs 2023, S. 31).

Literatur

Horvath, S. & Nobbs, C. (2023). Our first-ever e-book for level designers is here. In Unity. Unity Technologies. https://unity.com/blog/games/e-book-for-level-designers

Lin, W. (2024). *Unity 6: The Definitive Guide to Advanced Visual Effects* | Unity. In Unity. Unity Technologies. Abgerufen am 26. April 2026, von https://unity.com/resources/creating-advanced-vfx-unity6

Majewski, J. (2022). *2D Game Art, Animation, and Lighting for Artists*. Unity Technologies. Abgerufen am 26. April 2026, von https://unity.com/de/resources/2d-game-art-animation-lighting-for-artists-ebook

Majewski, J. (2026). *2D Game Art, Animation, and Lighting for Artists*. (Unity 6.3 LTS-Ausgabe) | Unity. In Unity. Unity Technologies. Abgerufen am 26. April 2026, von https://unity.com/de/resources/2d-game-art-animation-lighting-unity-6-3-lts

Theis, T. (2021). *Einstieg in Unity [electronic resource] : 2D- und 3D-Spiele entwickeln.*

Trautzsch, N. (2026). *Darstellungsästhetik als Analyse- und Gestaltungsmodell digitaler Spiele: Skizzierung einer Taxonomie*. https://doi.org/10.56250/4117

Teil VI

Reflexion, Professionalisierung und gestalterische Haltung

Der letzte Teil VI schließt den Bogen, indem er die zuvor beschriebenen theoretischen Grundlagen und praktischen Prozesse in einen größeren Kontext stellt. Er fragt danach, wie sich Game Artists positionieren, wie sie mit neuen Werkzeugen umgehen und wie visuelle Gestaltung auch jenseits einzelner Projekte weitergedacht werden kann.

Im Mittelpunkt steht dabei ein Verständnis von Game Art und Game Design als lernender Praxis. Professionelles Gestalten beruht nicht allein auf technischem oder handwerklichem Können, sondern auf der Fähigkeit, Entscheidungen bewusst zu treffen, nachvollziehbar zu begründen, kritisch zu prüfen und auf Grundlage neuer Erkenntnisse weiterzuentwickeln.

Dazu werden unterschiedliche Kontexte gestalterischer Professionalisierung betrachtet: der Umgang mit neuen Werkzeugen und künstlicher Intelligenz, Lernen und Lehren in Ausbildung und Studium, Zusammenarbeit im Berufsalltag sowie die Darstellung der eigenen Arbeit im Portfolio. Entscheidend ist in allen Bereichen nicht nur, welches Ergebnis entsteht, sondern wie der zugrunde liegende Prozess strukturiert, reflektiert und kommuniziert wird.

Gestalterische Professionalität zeigt sich dabei im Zusammenspiel von Ergebnisqualität, Prozesssicherheit und Urteilskraft. Sie wird sichtbar, wenn offene Situationen eingeschätzt, Anforderungen gegeneinander abgewogen und Feedback produktiv in die weitere Entwicklung integriert werden kann. Gute Gestaltung entsteht deshalb nicht allein im fertigen Artefakt, sondern ebenso in der Fähigkeit, Entscheidungen transparent zu machen, Entwürfe zu überarbeiten und auf veränderte technische, gesellschaftliche oder ästhetische Bedingungen zu reagieren.

Professionalisierung wird in diesem Teil folglich nicht als abgeschlossener Zustand verstanden, sondern als kontinuierlicher Lernprozess. Wer Game Art gestaltet, entwickelt sich durch Beobachten, Recherchieren, Experimentieren, Scheitern, Überarbeiten, Austauschen und Reflektieren weiter. Werkzeuge, Erfahrungen, Kommunikation und Haltung greifen dabei ineinander und formen eine Praxis, die sowohl anpassungsfähig als auch verantwortungsbewusst ist.

Teil VI zeigt abschließend, dass übergeordnete gestalterische Kompetenz Vertrauen schafft: innerhalb von Teams, in der Lehre, gegenüber Auftraggeber und in der Präsentation der eigenen Arbeit. Professionalität entsteht dort, wo Ergebnisse nachvollziehbar werden, Prozesse verständlich kommuniziert werden können und ästhetische Entscheidungen Verantwortung übernehmen. Damit schließt sich der Bogen des Buches: Darstellungsästhetik ist keine reine Frage des Stils, sondern eine Praxis des bewussten, reflektierten und verantwortungsvollen Gestaltens.

Der Game Designer, der Artist und die KI 21

Der Einsatz und die Integration künstlicher Intelligenz in die Game-Produktion verändert nicht nur Werkzeuge, sondern auch Rollenbilder, Arbeitsprozesse und Wertschöpfungsketten. Programmierung, Bildgenerierung, Modellgenerierung, Variantenbildung, Assistenzfunktionen bei Texturen oder Konzepten greifen in Arbeitsbereiche ein, die bislang überwiegend manuell bearbeitet wurden. KI tritt dabei nicht einfach als Automatisierungstechnologie auf, sondern als neues gestalterisches Medium: Sie generiert Vorschläge, verdichtet Daten, simuliert Varianten, unterstützt Entscheidungen und verschiebt damit die Grenze zwischen Entwurf, Produktion und Evaluation. KI lässt sich zunehmend als Erweiterung des Designbegriffs beschreiben: Gestaltung findet nicht mehr ausschließlich durch direkte Formgebung statt, sondern zunehmend durch das Entwerfen von Bedingungen, Datenräumen, Parametern und Entscheidungslogiken (Engenhart und Löwe 2022, S. 56–123). Engenhart und Löwe verstehen in ihrem Buch „Design und künstliche Intelligenz" (2022) maschinell lernende Systeme explizit als Gegenstand und Werkzeug von Gestaltung. Sie beschreiben, wie sich Aufgaben, Rollen und Selbstverständnisse von Designer:innen verändern, wenn Maschinen selbst an Designentscheidungen beteiligt sind.

Für die Spieleentwicklung ist diese Perspektive besonders produktiv, weil Spiele seit jeher regelbasierte, prozedurale und interaktive Systeme sind. Game Design bedeutet nicht nur das Gestalten einzelner Bilder, Figuren oder Räume, sondern das Entwerfen von Welten, Möglichkeiten, Räumen. KI erweitert diesen kreativen Möglichkeitsraum, indem sie Entwurfsvarianten erzeugt, Assets vorschlägt, Balancing-Probleme analysiert, NPC-Verhalten modelliert oder Animationen aus Performance-Daten ableitet. Damit verschiebt

---

Ergänzende Information Die elektronische Version dieses Kapitels enthält Zusatzmaterial, auf das über folgenden Link zugegriffen werden kann [https://doi.org/10.1007/978-3-658-53102-7_21].

N. Trautzsch, *Darstellungsästhetiken in Games*,
https://doi.org/10.1007/978-3-658-53102-7_21

sich die Arbeit von Designer:innen und Artists von der alleinigen Ausführung hin zu einer kuratierenden, steuernden und bewertenden Tätigkeit.

Für Game Designer und Game Artists ergibt sich daraus weniger eine Frage der Ablösung als der Einordnung: Wie lassen sich diese Werkzeuge sinnvoll in bestehende gestalterische Prozesse integrieren, ohne gestalterische Verantwortung aus der Hand zu geben? (Trautzsch 2026)

Damit verändert sich auch das Rollenverständnis der Gestalter:innen. KI erzeugt Möglichkeiten, aber keine kohärente Spielästhetik. Diese entsteht erst durch Entscheidungen über Stil, Lesbarkeit, Funktion, Atmosphäre, Spielgefühl und technische Umsetzbarkeit. Game Designer:innen und Artists agieren daher zunehmend als Autor:innen von Prozessen: Sie formulieren Prompts, definieren Constraints, bewerten Outputs, sichern Konsistenz und übersetzen generierte Ergebnisse in spielbare Systeme. In diesem Sinne lässt sich KI-gestützte Game-Produktion als Form von Ko-Autorschaft verstehen, in der menschliche Entscheidung und algorithmische Generierung ineinandergreifen (Engenhart und Löwe 2022, S. 111). Daraus ergeben sich neue Anforderungen an Evaluierung, Anpassung und kritisches Systemverständnis, die zu den wichtigsten Kompetenzen zukünftiger Game-Produktion werden (Engenhart und Löwe 2022, S. 115).

Dieses Kapitel betrachtet KI als Teil eines erweiterten Werkzeugsets. Im Fokus stehen Auswirkungen auf Arbeitsweise, Entscheidungsfindung und professionelle Haltung.

21.1 Einsatzmöglichkeiten: Ansätze zur Integration, Methoden und Prototyping

KI kann in der Game-Entwicklung auf unterschiedlichen Ebenen integriert werden. Grundsätzlich lassen sich drei Formen unterscheiden: KI als Ideations- und Inspirationswerkzeug, KI als für Prototyping und als Produktionswerkzeug, sowie KI als intelligentes System als Bestandteil des Spiels selbst. Diese Unterscheidung ist wichtig, weil sich daraus jeweils andere ästhetische, technische und ökonomische Folgen ergeben. KI ist in der Game-Produktion nicht lediglich als zusätzliches Werkzeug zu verstehen, sondern als Technologie, die Gestaltungsprozesse selbst verändert. Intelligente Systeme sind Werkzeuge, Koautoren und autonome Maschinen, die Designpraktiken automatisieren, erweitern und modifizieren und damit neue Rollenverständnisse und berufliche Fähigkeiten von Gestalter:innen hervorbringen (Engenhart und Löwe 2022, S. 57; 83).

Integration in Designphasen

Für die Integration von KI in Game-Design-Prozesse bietet sich auch hier die phasenbezogene Betrachtung an. Engenhart und Löwe ordnen intelligente Gestaltungssysteme entlang eines Designprozesses, der die allgemeinen Phasen Research (Recherche), Ideenfindung, Exploration, Konzeption und Umsetzung umfasst. Darunter ergeben sich Anwendungsfelder wie Inspiration, Ideation, Suche, Generierung, Designoptimierung, Implementierung und Low-Fidelity-Prototyping (Engenhart und Löwe 2022, S. 58–59).

Besonders in frühen Phasen wie Inspiration, Recherche und Konzeption können solche Werkzeuge produktiv sein, da sie große Bildräume in kurzer Zeit zugänglich machen.

KI ersetzt dabei keine gestalterische Entscheidung. Sie liefert Vorschläge, die Konzeptionsarbeit verbleibt beim Gestaltenden!

Beurteilung der KI-Daten, Auswahl, Zieldefinition und Weiterentwicklung bleiben Aufgaben des Game Designers und Artists. Die Arbeit verschiebt sich dadurch stärker in Richtung Bewertung, Kuration, Einordnung und Weiterverarbeitung.

Dabei ist es notwendig, Glaubwürdigkeit, Konsistenz, emotionale Tiefe und Empathie in die Gestaltung einzubringen (Trautzsch 2026). Die Modifikationen der KI-Ergebnisse erfolgen durch drei Gestaltungshandlungen, die auf Mullers (2001) kognitiven Modi des traditionellen Design Thinking aufbauen und diese um den KI- Akteur erweitern:

Variation der KI-Daten mit dem Ziel der Erkundung verschiedener Gestaltungsmöglichkeiten und Ausdrucksformen durch die systematische Kombination von Elementen.

Modulation der KI-Daten mit dem Ziel der gezielten Anpassung und Verfeinerung der Gestaltung hinsichtlich emotionaler Wirkung und visueller Lesbarkeit.

Synthese der KI-Daten mit der Integration verschiedener traditioneller Gestaltungselemente und etablierter Umsetzungstechniken zu einem stimmigen, glaubwürdigen Gesamtausdruck.

Diese drei vorgestellten Modi transformieren die etablierten Grundlagen für den Kontext KI-gestützter Gestaltung. Variation ermöglicht es, durch gezielte Abweichung und Iteration unterschiedliche Ausprägungen eines Grundentwurfs zu erkunden und dadurch den Ideenraum zu erweitern. Modulation bezieht sich auf die fokussierte Anpassung von Parametern wie Farbe, Form und Proportion, um innerhalb eines gegebenen Stils subtile, aber wirkungsvolle Nuancierungen zu erzielen. Synthese steht dafür, disparate KI-Einzelelemente oder Konzepte mit manuellen Gestaltungsartefakten zu einem kohärenten Ganzen zusammenzuführen, wodurch aus vielseitigen Ansätzen neue, integrative Lösungen entstehen (Trautzsch 2026).

Gemeinsam formen diese drei Modi ein dynamisches Framework, das sowohl divergente als auch konvergente Phasen des Gestaltungsprozesses abbildet und dabei eine strukturierte Orientierung für Designer:innen bietet (s. Abb. 21.1).

KI als Inspirationswerkzeug

Besonders geeignet ist der Einsatz von KI in der frühen Inspirationsphase und dem frühen Entwurfsprozess. KI kann hier als explorativer externer Denk- und Sparringpartner eingesetzt werden. Als Werkzeug zur Variation und Exploration kann sie helfen, Alternativen schnell zu erzeugen und visuelle Richtungen zu vergleichen. In dieser Funktion ähnelt sie klassischen Entwurfsmethoden wie Thumbnails, Collagen oder Rough Sketches, erweitert diese jedoch um Geschwindigkeit und Umfang. KI unterstützt die Exploration visueller Stilrichtungen, Charakterideen, Narrative, Levelthemen oder alternative Regelideen. Der Wert liegt hier weniger in der unmittelbaren Verwendbarkeit der Ergebnisse als in der Erweiterung des Vorstellungsraums. KI kann dabei helfen, festgefahrene Entwurfsroutinen

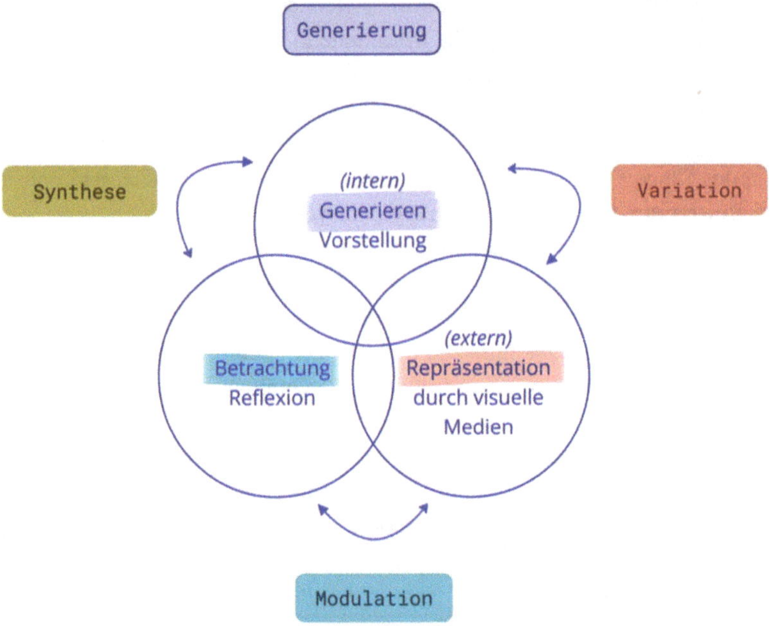

Abb. 21.1 Variation, Modulation und Synthese – KI Integration in Designprozesse: Kognitive Modi = Einsatzmodi. (Quelle: Trautzsch 2026)

zu irritieren, untypische Kombinationen vorzuschlagen oder stilistische Referenzfelder schneller sichtbar zu machen.

Sprachbasierte Systeme können Brainstorming-Prozesse unterstützen, indem sie auf Grundlage weniger Vorgaben ähnliche, aber nicht bloß imitierende Ideen erzeugen. Über Parameter lassen sich auch ungewöhnliche oder abwegige Vorschläge provozieren, die neue Einfälle bei Gestalter:innen anregen können (Engenhart und Löwe 2022, S. 62–63).

Für Game Designer betrifft dies etwa Fragen wie:

- Welche Spielmechaniken passen zu einem melancholischen Science-Fiction-Setting?
- Wie könnte ein Gegnerverhalten aussehen, das nicht auf Aggression, sondern auf Täuschung basiert?
- Welche visuellen Motive könnten eine zerfallende digitale Welt vermitteln?

Für Artists können generative Bildsysteme visuelle Atmosphären, Farbwelten, Silhouetten oder Materialanmutungen liefern. Für Art Direction und visuelle Konzeption ist besonders relevant, beschleunigen Ideenfindung, erhöhen Inspiration, leisten Vorarbeiten, provozieren Einfälle und ermöglichen Designexperimente. Sie erlauben, größere Mengen an Ideen in kürzerer Zeit zu erstellen, zu ordnen und auszuwerten (Engenhart und Löwe

2022, S. 63–64). KI-Systeme können in frühen Game-Design-Phasen auch als experimentelles Material eingesetzt werden. KI-Tools wie Wekinator, Playform, Teachable Machine oder ML5.js verknüpfen Bilder, Töne oder Gesten mit gestalterischen Outputs wie Farben, Formen oder Typografie. Die dafür verwendeten Daten erscheinen dabei weniger als streng kontrolliertes Trainingsmaterial denn als Material experimenteller und spielerischer Gestaltungsideen (Engenhart und Löwe 2022, S. 64).

Wichtig ist dabei, KI-Ergebnisse als vorläufig zu verstehen. Sie sind Ausgangsmaterial, kein Endpunkt. Sie fungieren als assoziative Rohformen, als Materialsammlung und eignen sich hervorragend für Vision Boards, erste Ideenkonkretisierungen und Maps. Im weiteren Verlauf müssen sie überprüft, angepasst und in bestehende Produktionspipelines übersetzt werden (Trautzsch 2026). Der eigentliche gestalterische Akt besteht in Auswahl, Interpretation, Kombination und Übersetzung in eine kohärente Spielästhetik.

▶ Hier liegt ein wichtiger Punkt: KI erzeugt nicht automatisch Stil. Sie erzeugt Varianten. Stil entsteht erst durch wiederholte, begründete Auswahl und zielorientierte Entscheidungen innerhalb eines gestalterischen Systems. KI-generierte Bilder, Modelle, Story, Texte oder Assets werden erst dann ästhetisch relevant, wenn sie in Art Direction, Gameplay, Interface, Sound und narrative Struktur eingebunden werden.

KI als Prototyping-Werkzeug

Eine zweite wichtige Einsatzform liegt im Prototyping. Game-Entwicklung ist per se, wie Softwareentwicklung stark iterativ: Ideen werden getestet, verworfen, angepasst und neu kombiniert. KI kann diesen Prozess beschleunigen, indem sie frühe Fassungen von Skripten, Dialogen, Level-Ideen, Placeholder-Grafiken, UI-Varianten oder einfachen Codebausteinen erzeugt.

Sogenannte Low-Fidelity-Prototypen eigenen sich dabei als vorläufige, schnell überarbeitbare Designlösungen, mit denen Gestalter:innen einen ersten Eindruck von der späteren Lösung gewinnen. Intelligente Systeme unterstützen diese Phase, indem sie mit geringem Aufwand die Fidelity erhöhen und die für Prototypen benötigte Zeit reduzieren (Engenhart und Löwe 2022, S. 70).

Unity hat mit Muse und Sentis beispielsweise KI-Werkzeuge vorgestellt, die einerseits die Erstellung von Echtzeit-3D-Inhalten beschleunigen und andererseits neuronale Modelle direkt in Unity-Anwendungen ausführbar machen sollen. Sentis wird dabei als Laufzeitumgebung beschrieben, mit der trainierte neuronale Netze in Unity-Projekten plattformübergreifend ausgeführt werden können.

Im Prototyping verschiebt sich der Fokus von der perfekten Ausarbeitung zur schnellen Überprüfbarkeit. KI kann dabei helfen, Fragen früher spielbar oder sichtbar zu machen:

- Funktioniert die Grundidee eines Levels?
- Lässt sich eine Mechanik verständlich kommunizieren?
- Erzeugt ein bestimmter visueller Stil die gewünschte Atmosphäre?

- Welche Dialogvarianten unterstützen die Figur am besten?
- Wie reagieren Spieler:innen auf dynamische NPC-Systeme?

Dabei ist KI besonders wertvoll für sogenannte horizontal prototypes und vertical slices. In horizontalen Prototypen kann sie viele Varianten eines Systems skizzieren; in vertikalen Prototypen kann sie helfen, einzelne Momente ästhetisch dichter auszuarbeiten. Das ist in so fern überaus sinnvoll für kleinere Teams, denn sie haben somit die Möglichkeit, dass sie früher einen spielbaren Eindruck ihrer Idee vermitteln können und selbst ihre Idee schneller Testfähig umsetzen können. Für größere Studios kann es bedeuten, dass mehr Varianten getestet werden, bevor teure Produktionsentscheidungen getroffen werden.

KI als Bestandteil des Spielsystems
Die dritte Form ist die Integration von KI in das Spiel selbst. Hier wird KI nicht nur zur Herstellung verwendet, sondern zur Laufzeit wirksam. Beispiele sind adaptive NPCs, dynamische Dialogsysteme, KI-gestützte Animation, personalisierte Schwierigkeitsgrade, automatisiertes Quest-Design oder Spielwelten, die auf Verhalten und Entscheidungen der Spieler:innen reagieren. NVIDIA ACE wird etwa als Technologiepaket beschrieben, das Entwickler:innen beim Aufbau sprechender, handlungsfähiger und animierter In-Game-Charaktere unterstützen soll; neuere Beschreibungen betonen autonome Figuren, die wahrnehmen, planen und handeln können.

Für die Darstellungsästhetik ist diese Ebene besonders interessant. Figuren erscheinen dann nicht mehr nur als vorab geschriebene, animierte und vertonte Einheiten, sondern als situativ reagierende Systeme. Dadurch entsteht eine Ästhetik des kontrollierten Unvorhersehbaren. Das Spiel zeigt nicht mehr ausschließlich vorbereitete Zustände, sondern generiert Situationen im Zusammenspiel von Spielerhandlung, Systemlogik und KI-Modell.

Das hat Folgen für Autorenschaft und Inszenierung. Klassische Game-Produktion arbeitet stark mit kuratierten Momenten: Cutscenes, Skriptereignissen, Dialogbäumen, Leveldramaturgie. KI-basierte Systeme können diese Kuration aufweichen. Sie ermöglichen dynamischere Situationen, erhöhen aber zugleich das Risiko ästhetischer Inkonsistenz, narrativer Beliebigkeit oder unpassender Ausgaben. Die Aufgabe von Game Designer:innen verschiebt sich daher zur Gestaltung von Rahmenbedingungen: Was darf das System erzeugen? Welche Grenzen gelten für Tonalität, Verhalten, Bildsprache, Schwierigkeit und Ethik? Welche Teile bleiben fest autorisiert, welche dürfen variieren? (vgl. Trautzsch 2026)

21.2 Werkzeuge und sinnvolle Produktionsketten

KI-Werkzeuge greifen heute an nahezu allen Stellen der Game-Produktion ein: Konzeption, Art Direction, 3D-Modelling, Texturierung, Animation, Sound, Dialog, Code, QA, Lokalisierung und Community Management. Ihre Bedeutung liegt nicht nur in einzelnen Funktionen, sondern in der Veränderung der Produktionskette. Für die konkrete Arbeit mit

KI-Werkzeugen lohnt sich ergänzend ein Blick in Jürgen Habermehls *KI für Kreative* (2024). Während theoretische Ansätze vor allem erklären, wie KI-Gestaltung, Autorschaft und Ästhetik verändert, setzt Habermehl bei der praktischen Anwendung im Designalltag an. Das Buch ist für Game Artists, Art Directors und visuelle Designer:innen besonders nützlich, weil es KI nicht abstrakt behandelt, sondern als Werkzeug für Recherche, Inspiration, Variantenbildung, Bildentwicklung und Workflow-Integration verständlich macht. Es bietet damit eine praxisnahe Orientierung für die Frage, wie KI sinnvoll in bestehende kreative Prozesse eingebunden werden kann, ohne die gestalterische Entscheidungskompetenz an das Tool abzugeben. Für die Game-Produktion ist dies vor allem dort hilfreich, wo visuelle Richtungen schnell getestet, Moodboards aufgebaut, Stilvarianten verglichen oder erste Entwurfsideen konkretisiert werden sollen. Habermehls Ansatz ergänzt damit die stärker theoretischen Perspektiven auf KI, indem er zeigt, wie Kreative KI tatsächlich im Arbeitsprozess nutzen können: nicht als Ersatz für Gestaltung, sondern als Impulsgeber, Beschleuniger und Reflexionswerkzeug für visuelle Entscheidungen (Habermehl 2024).

Werkzeuge für Bild, Asset und Art Direction

Für Artists sind generative Bildsysteme zunächst naheliegend: Sie können Concept Art, Charaktervarianten, Umgebungsstudien, Texturideen oder UI-Entwürfe hervorbringen. Doch der produktive Einsatz beginnt erst dort, wo diese Bilder nicht isoliert betrachtet werden. Im professionellen Kontext müssen sie in eine visuelle Grammatik übersetzt werden: Formen, Farben, Materialien, Lesbarkeit, Kameraperspektive, technische Umsetzbarkeit und Wiedererkennbarkeit.

In Games genügt es nicht, ein eindrucksvolles Bild zu erzeugen. Ein Asset muss spielbar, lesbar, animierbar, performant und regelkompatibel sein. Ein generiertes Schwert ist erst dann ein Game-Asset, wenn es in Polygonbudget, Rigging, Kollisionslogik, Materials, Balancing, UI-Symbolik und Animation eingebettet werden kann. Mit KI-Tools lassen sich Skizzen in fotorealistische Bilder überführen, die als Concept Art im Game Design oder Digital Film Design genutzt werden können. Auch Storyboards, Level-Konzepte und Illustrationen können durch solche Systeme schneller erstellt und iterativ weiterentwickelt werden (Engenhart und Löwe 2022, S. 70–71).

KI kann also den Einstieg in die Gestaltung beschleunigen, ersetzt aber nicht die Integrationsarbeit. Gerade diese Integrationsarbeit wird zu einem funktionalen Kontenpunkt im Wertschöpfungsbereich.

Werkzeuge für Animation und Performance

Auch in der Animation verschiebt KI-Produktionsprozesse. MetaHuman Animator erlaubt etwa die Erfassung von Mimik und deren Übertragung auf digitale Figuren; Epic beschreibt dabei auch Workflows, die mit gewöhnlichen Kameras oder Smartphone-Kameras arbeiten, sowie eine Audiofunktion, die aus Sprache Gesichtsanimationen erzeugen kann.

Ästhetisch ist das relevant, weil expressive Figurenproduktion dadurch zugänglicher wird. Facial Animation, die früher teure Motion-Capture-Setups und spezialisierte Pipelines verlangte, kann schneller in Prototypen und kleinere Produktionen einfließen. Gleichzeitig entsteht eine neue Gefahr: Wenn viele Produktionen auf ähnliche Tools, Basismodelle und Presets zurückgreifen, können Figuren trotz technischer Qualität generisch wirken. Die Aufgabe der Artist-Seite besteht deshalb stärker darin, Performance, Körperlichkeit, Stilbruch, Abstraktion und Überzeichnung bewusst zu gestalten.

▶ KI demokratisiert nicht automatisch Gestaltung; sie demokratisiert zunächst bestimmte Produktionszugänge. Ob daraus ästhetische Eigenständigkeit entsteht, hängt weiterhin von gestalterischer Urteilskraft ab.

Werkzeuge für Code, Level Design und Testing

Auf der Ebene von Game Design und Entwicklung kann KI beim Generieren von Skripten, beim Debugging, bei der Dokumentation, beim Balancing oder beim automatisierten Testen helfen.

Besonders deutlich wird dies bei Plattformen wie Roblox, die KI-Assistenten direkt in die Creator-Umgebung integrieren. Roblox beschreibt seinen Assistant als KI-Hilfe, die Content Creation beschleunigen, Fähigkeiten ergänzen und laufende Entwicklung unterstützen soll. Im April 2026 kündigte Roblox zudem agentische Funktionen für Planung, Bauen und Testen innerhalb von Roblox Studio an. Damit entsteht eine neue Produktionslogik: KI wird nicht mehr nur als externes Tool verwendet, sondern wandert in die Entwicklungsumgebung selbst. Das Interface der Engine verändert sich. Statt ausschließlich über Menüs, Nodes, Skripte und Inspector-Felder zu arbeiten, können Designer:innen über natürliche Sprache mit der Entwicklungsumgebung interagieren. Diese Entwicklung ist für die Rolle des Game Designers bedeutsam, weil sie die Schwelle zwischen Idee und Implementation senkt.

Der Wert verschiebt sich dadurch von der reinen Herstellung einzelner Elemente hin zu:

- der Formulierung guter Aufgabenstellungen,
- der Bewertung generierter Ergebnisse,
- der Integration in ein kohärentes Spielsystem,
- der ästhetischen Kontrolle von Varianten,
- der rechtlichen und ethischen Absicherung.
- Wertschöpfung durch Beschleunigung, Variation
- und Skalierung

Ökonomisch verspricht KI vor allem drei Effekte: Beschleunigung, Variation und Skalierung. Beschleunigung bedeutet, dass frühe Entwürfe, Tests und Produktionsschritte schneller entstehen. Variation bedeutet, dass mehr Alternativen vergleichbar werden. Skalierung bedeutet, dass kleine Teams Aufgaben übernehmen können, die früher größere Produktionsstrukturen erforderten.

Diese Effekte sind ambivalent. Einerseits ermöglichen sie mehr Experimente, niedrigere Einstiegshürden und schnellere Iterationen. Andererseits kann die Logik der Beschleunigung auch zu einer Entwertung gestalterischer Arbeit führen, wenn Ergebnisse nur noch nach Output-Menge bewertet werden. Die Frage, die sich Produzierende und Stakeholder stellen müssen lautet daher nicht: „Wie viel kann KI produzieren?“, sondern muss lauten: „Welche Entscheidungen werden durch KI besser, sichtbarer oder riskanter?“

► Der eigentliche Wert KI-gestützter Game-Produktion liegt nicht in der Masse und Vervielfachung von Assets, sondern in der Steigerung gestalterischer Entscheidungsfähigkeit. KI ist dort produktiv, wo sie Alternativen sichtbar macht, Komplexität reduziert oder neue ästhetische Optionen eröffnet. Sie ist dort problematisch, wo sie Auswahl, Verantwortung und Stilbildung verdeckt.

21.3 Neue Kompetenzfelder, Strategien und Veränderung der Rolle von Gestalter:innen

Die vielleicht tiefgreifendste Veränderung betrifft nicht einzelne Tools, sondern das Selbstverständnis von Designer:innen und Artists. Wenn KI-Entwürfe erzeugt, Texte formuliert, Bilder synthetisiert oder Verhalten simuliert, verschiebt sich Gestaltung von der direkten Ausführung zur Metagestaltung. Gestalter:innen entwerfen dann nicht nur Objekte, sondern Prozesse, Prompts, Datenräume, Regeln, Filter und Bewertungsmaßstäbe.

Vom Macher zum Kurator?

Eine häufige These lautet, Designer:innen würden durch KI zu Kurator:innen. Diese Beschreibung trifft einen Teil der Entwicklung, greift aber zu kurz. Kuratieren bedeutet Auswahl und Anordnung. Die neue Rolle umfasst jedoch mehr: Designer:innen müssen Aufgaben präzise formulieren, Modelle verstehen, Datenherkünfte einschätzen, technische Grenzen berücksichtigen, ästhetische Konsistenz sichern und Verantwortung für Ergebnisse übernehmen.

Die Wertschöpfung verschiebt sich damit von der manuellen Einzelproduktion zur Steuerung und Bewertung generativer Prozesse. Engenhart und Löwe betonen, dass Designer:innen im Umgang mit generativen Systemen Trainings- oder Quellmaterial auswählen, zu verändernde Bildbereiche bestimmen, Parameter festlegen und die Ergebnisse kritisch auswerten.

Passender wäre daher die Figur des gestalterischen Dirigenten oder der System-Autorin. Game Designer:innen und Artists arbeiten nicht mehr nur an einzelnen Artefakten, sondern an einem Ensemble aus menschlichen Entscheidungen, algorithmischen Vorschlägen und spielerischer Interaktion. Sie gestalten Wahrscheinlichkeitsräume: Welche Ergebnisse sind wahrscheinlich? Welche sollen ausgeschlossen werden? Welche Varianz ist erwünscht? Welche muss begrenzt werden?

Gestaltung besteht hier wesentlich darin, zu prüfen, welche Richtung weiterverfolgt werden soll, und sich iterativ zum besten Ergebnis vorzuarbeiten (Engenhart und Löwe 2022, S. 69).

Die Veränderung betrifft auch das berufliche Selbstverständnis. Durch Automatisierung, Augmentation und intelligente User Experiences ergeben neue Herausforderungen für Design und Designer:innen: neue Verständnisse von Kreativität, Autorschaft und Design, neue Berufsbilder, neue Skills, neue Ausbildungskonzepte sowie neue ethische, rechtliche und wertschöpfungsbezogene Fragen (Engenhart und Löwe 2022, S. 110).

Prompting als Entwurfspraxis

Prompting wird in diesem Zusammenhang oft unterschätzt. Es ist nicht bloß eine technische Eingabe, sondern eine neue Form der Entwurfsbeschreibung. Ein guter Prompt enthält Stil, Funktion, Kontext, Einschränkungen und Bewertungslogik. In der Game-Produktion reicht ein rein bildhafter Prompt selten aus. Ein brauchbarer Prompt muss auch ludische und technische Bedingungen berücksichtigen:

„Erzeuge ein visuelles Konzept für eine verlassene Unterwasserstation" ist zu allgemein.

„Erzeuge drei Varianten einer modularen Unterwasserstation für ein Third-Person-Exploration-Game, mit klar lesbaren Navigationsachsen, melancholischer Lichtstimmung, geringer Farbpalette, wiederholbaren Architekturmodulen und Flächen für interaktive Objekte" ist bereits designnäher.

Prompting wird damit zu einer Schnittstelle zwischen Art Direction, Game Design und technischer Spezifikation. Es zwingt Gestalter:innen, implizites Wissen explizit zu machen. Gerade darin liegt ein produktiver Effekt: KI-Systeme machen sichtbar, wie unpräzise viele Entwurfsabsichten zunächst formuliert sind.

Neue Kompetenzen

Die dramatische Gegenüberstellung von Mensch und Maschine kann zugunsten neuer Formen kreativer Zusammenarbeit aufgelöst werden. Damit wird Autorschaft nicht abgeschafft, sondern als Ko-Autorschaft zwischen menschlicher Entscheidung und algorithmischer Generierung neu bestimmt (Engenhart und Löwe 2022, S. 111). Der Einsatz von KI verlangt daher neue professionelle Kompetenzen. Evaluierung, Adjustment und genaue Zielformulierung sind wichtige Fähigkeiten im Umgang mit intelligenten Werkzeugen. Game Designer:innen müssen nicht nur Ergebnisse überprüfen, sondern auch die Wirkungsweise, Grenzen, Daten und Modelle der verwendeten Systeme verstehen, um einschätzen zu können, wann deren Ergebnisse sinnvoll sind und wann nicht (Engenhart und Löwe 2022, S. 115).

Die Rolle von Game Designer:innen und Artists erweitert sich um mehrere Kompetenzen (Tab. 21.1):

Diese Kompetenzen ersetzen klassische Gestaltungskompetenzen nicht. Zeichnung, Komposition, Timing, Rhythmus, Interaktion, Dramaturgie, Farbe, Material, Lesbarkeit und Spielgefühl bleiben handwerkliche Fähigkeiten, die die Grundlage für die Ausbildung der Kompetenzen und Entscheidungsfindung vor allem! sind. KI verstärkt vielmehr den

Tab. 21.1 Übersicht über erweiterte Design- und KI-Kompetenzen von Game Designern. (Quelle: Trautzsch 2026)

Kompetenz	Bedeutung für Game Design und Art
Prompt Literacy	Fähigkeit, Absichten, Stile, Regeln und Constraints präzise zu formulieren
Modellverständnis	Wissen über Stärken, Schwächen und Verzerrungen generativer Systeme
Kuratorische Urteilskraft	Auswahl, Bewertung und Weiterentwicklung generierter Varianten
Systemisches Denken	Gestaltung von Regeln, Parametern, Datenflüssen und Abhängigkeiten
Technische Integration	Überführung generierter Inhalte in Engines, Pipelines und spielbare Systeme
Rechtlich-ethische Sensibilität	Umgang mit Trainingsdaten, Urheberrecht, Bias, Transparenz und Arbeitsbedingungen
Stilkontrolle	Sicherung ästhetischer Kohärenz über viele KI-generierte Varianten hinweg

(Fortsetzung)

Unterschied zwischen bloßer Produktion und reflektierter Gestaltung. Wer keine klaren ästhetischen Kriterien besitzt, erhält durch KI zwar mehr Ergebnisse, aber nicht notwendigerweise bessere.

Strategien für Studios und Teams

Für Studios ergeben sich unterschiedliche Strategien im Umgang mit KI. Eine rein effizienzorientierte Strategie nutzt KI vor allem zur Kostensenkung. Sie automatisiert repetitive Aufgaben, reduziert Produktionszeiten und standardisiert Workflows. Diese Strategie ist naheliegend, kann aber langfristig zu ästhetischer Austauschbarkeit führen.

Eine innovationsorientierte Strategie nutzt KI dagegen zur Erweiterung des Spielbaren: dynamische Figuren, adaptive Welten, prozedurale Narration, personalisierte Lernkurven, intelligente Assistenzsysteme oder neue Formen der Co-Kreation. Hier wird KI nicht nur als Sparinstrument verstanden, sondern als Medium neuer Spielerfahrungen.

Eine dritte Strategie könnte man als kritisch-kuratorische KI-Integration bezeichnen. Sie fragt bei jedem Einsatz:

- Was gewinnt das Spiel ästhetisch, spielmechanisch oder produktionell durch KI?
- Welche Entscheidungen bleiben menschlich verantwortet?
- Welche Daten, Stile und Referenzen werden verwendet?
- Wie wird verhindert, dass die Ergebnisse generisch, inkonsistent oder rechtlich problematisch werden?
- Wie kann KI den Stil eines Spiels unterstützen, ohne ihn zu nivellieren?

Diese Fragen sind besonders wichtig für eine Buchperspektive auf Darstellungsästhetiken, weil KI nicht nur Produktionsmittel ist, sondern sichtbare und erfahrbare Formen verändert.

▶ Künstliche Intelligenz verändert die Arbeit von Game Designer:innen und Artists nicht primär dadurch, dass sie Gestaltung ersetzt, sondern dadurch, dass sie Gestaltung auf eine höhere Ebene der Steuerung, Auswahl und Systembildung verschiebt. In der Game-Produktion wird KI zum Werkzeug der Variation, zum Medium des Prototypings und zum Bestandteil dynamischer Spielwelten. Der Wert menschlicher Gestaltung liegt dabei zunehmend in der Fähigkeit, generative Prozesse ästhetisch, ludisch, technisch und ethisch zu rahmen.

21.4 Den eigenen Stil, Autorenschaft und gestalterische Kontrolle bewahren

Digitale Spiele erfordern konsistente visuelle Systeme. Formen, Farben, Materialien und Proportionen müssen über viele Assets hinweg zusammenpassen. KI-generierte Ergebnisse sind häufig variabel, folgen jedoch nicht automatisch einer übergeordneten gestalterischen Ordnung.

Für den professionellen Einsatz bedeutet das: KI ist dort sinnvoll einsetzbar, wo visuelle Regeln bereits definiert sind. Stil, Formensprache und Look-and-Feel müssen vorgegeben sein, damit generierte Inhalte gezielt genutzt werden können. KI arbeitet innerhalb eines Rahmens, sie erzeugt ihn nicht selbst. Ohne diese Einbettung besteht die Gefahr fragmentierter oder widersprüchlicher Ergebnisse, die im Produktionskontext schwer integrierbar sind. (Trautzsch 2026)

Der Einsatz von KI verändert Verantwortlichkeiten, hebt sie aber nicht auf. Gestalterische Autorschaft liegt weiterhin bei denjenigen, die Entscheidungen treffen und Ergebnisse verantworten. Maßgeblich ist nicht, wie ein Bild erzeugt wurde, sondern wie es ausgewählt, verändert und in den Spielkontext eingebettet wird. Damit gewinnt Urteilskraft an Bedeutung. Game Artists müssen KI-Ergebnisse bewerten, einordnen und begründen können: Passen sie zur bestehenden visuellen Darstellungsästhetik? Stimmt die Tonalität, Stimmung und visuelle Atmosphäre? Unterstützen sie Gameplay und Wahrnehmung? Sind sie konsistent mit anderen Gestaltungsebenen? KI macht diese Fragen sichtbarer, sie müssen nun genauer benannt und im Prozess mit Zielformulierung herausgearbeitet und angestrebt werden.

21.5 Auswirkungen auf die Darstellungsästhetik von Games

KI verändert die Darstellungsästhetik von Games nicht einfach dadurch, dass sie schneller Bilder, Texturen, Charaktere oder Umgebungen erzeugt. Der wichtigere Punkt ist: KI verändert, wie gestalterische Entscheidungen vorbereitet, ausprobiert und bewertet werden.

Für Game Artists, Art Directors und Game Designer:innen bedeutet das, dass Darstellung weniger als einzelnes fertiges Bild gedacht werden kann, sondern stärker als Prozess aus Varianten, Auswahl, Anpassung und Integration.

Manovich beschreibt KI als Teil einer neuen AI Aesthetics: KI produziert nicht nur Inhalte, sondern wählt aus, empfiehlt, bewertet, filtert und optimiert. Sie beeinflusst also, was als sichtbar, passend, attraktiv oder professionell erscheint (Manovich 2018, S. 5–12). Für Games ist das besonders relevant, weil Games ohnehin aus vielen verknüpften Darstellungsebenen bestehen: Figurendesign, Umgebung, Licht, Kamera, UI, Animation, Sound, Feedback und Spielmechanik müssen zusammenwirken. Ein KI-generiertes Bild ist deshalb noch keine Game-Ästhetik. Es wird erst dann relevant, wenn es in ein spielbares System übersetzt wird.

Für die Praxis heißt das: KI unterstützt die Eröffnung eines visuellen Möglichkeitsraumes. Sie kann in kurzer Zeit Stilrichtungen, Moodboards, Farbwelten, Silhouetten, Materialideen, Level-Stimmungen oder Charaktervarianten erzeugen. Der kreative Wert liegt aber nicht in der Menge der Outputs. Entscheidend ist die Frage: Welche Variante stärkt die Identität des Spiels? Eine gute Art Direction erkennt nicht nur, ob ein Bild beeindruckend aussieht, sondern ob es Orientierung gibt, zur Spielmechanik passt, die gewünschte Atmosphäre trägt und mit den übrigen Gestaltungselementen zusammenarbeitet. Manovichs Formel „separate and reassemble" hilft, diesen Prozess praktisch zu verstehen. Digitale Medien zerlegen Darstellung in einzelne Bestandteile – etwa Form, Farbe, Material, Licht, Textur, Bewegung oder Stil – und setzen sie neu zusammen. Generative KI führt diese Logik weiter: Sie kombiniert gelernte Muster aus vielen Bildern, Stilen, Medien und Techniken zu neuen Varianten (Manovich 2024, S. 8–11). Für Games ist das nichts völlig Fremdes. Auch Game Art ist modular: Charaktere bestehen aus Meshes, Texturen, Materialien, Rigging, Animationen und Shadern; Levels aus Modulen, Licht, Kollisionsflächen, Navigation, Partikeln und Sound. KI passt also gut in diese Produktionslogik, sie ersetzt sie aber nicht.

Genau hier liegt die wichtigste Aufgabe für Artists und Art Directors: KI-Outputs müssen übersetzt werden. Ein schönes Environment-Bild hilft wenig, wenn daraus kein begehbarer Raum entsteht. Ein starkes Charakterkonzept reicht nicht, wenn die Silhouette im Gameplay nicht lesbar ist. Eine atmosphärische Lichtstimmung kann problematisch sein, wenn sie Interaktionsobjekte verdeckt. KI erzeugt visuelle Vorschläge; Game Art muss daraus funktionale, lesbare und spielbare Darstellung machen.

> ▶ Dadurch verändert sich auch die Rolle der Gestaltung. Artists und Designer:innen werden nicht überflüssig, sondern ihre Arbeit verschiebt sich. Sie müssen stärker kuratieren, bewerten, begrenzen und systematisieren.

Gute Prompts allein reichen nicht. Wichtiger sind klare Kriterien: Welche Formen gehören zur Welt? Welche Farben signalisieren Gefahr, Ruhe oder Interaktion? Welche Materialien erzählen etwas über Kultur, Technologie oder Zustand einer Umgebung? Welche visuellen Regeln dürfen KI-generierte Varianten nicht verletzen?

KI kann außerdem die frühen Entwurfsphasen deutlich beschleunigen. In Preproduction, Prototyping und Pitch-Situationen lassen sich Stimmungen, Level-Ideen oder visuelle Richtungen schneller sichtbar machen. Engenhart und Löwe beschreiben diesen Wert für das Prototyping: Intelligente Systeme können den Ausarbeitungsgrad früher Entwürfe erhöhen und die benötigte Zeit reduzieren (Engenhart und Löwe 2022, S. 70–74). Für Games bedeutet das: Teams können früher prüfen, ob eine Idee atmosphärisch trägt, ob eine Welt visuell unterscheidbar ist oder ob ein Stil zur Mechanik passt.

Gleichzeitig entsteht ein Risiko: KI kann Stile schnell glätten. Wenn viele Teams mit ähnlichen Modellen, Prompts und Referenzbildern arbeiten, entstehen leicht generische Fantasy-Welten, Cyberpunk-Städte, Horror-Gänge oder „cinematic" Charakterporträts. Manovich weist darauf hin, dass KI ästhetische Vielfalt sowohl erweitern als auch verringern kann – je nachdem, ob sie neue Kombinationen ermöglicht oder dominante Muster verstärkt (Manovich 2018, S. 12–16). Für die Praxis bedeutet das: KI sollte nicht nur eingesetzt werden, um „professionell aussehende" Bilder zu erzeugen. Sie sollte eingesetzt werden, um Entscheidungen zu schärfen.

Eine starke Art Direction nutzt KI deshalb nicht als Stil-Autopilot, sondern als Prüf- und Explorationswerkzeug. Sie fragt nicht: „Welches Bild sieht am besten aus?", sondern: „Welches Bild unterstützt die Vision, die Narration unserer Spielwelt?" Das kann auch bedeuten, KI-Ergebnisse bewusst zu verwerfen, zu überzeichnen, zu vereinfachen oder gegen die Erwartung zu nutzen. Gerade in Games ist Eigenständigkeit oft wichtiger als Oberflächenqualität. Ein reduzierter, klarer Stil kann stärker sein als ein detailreiches, aber austauschbares KI-Bild.

Besonders sensibel ist der Einsatz von KI bei Figuren, Gesichtern, Dialogen und emotionalen Szenen. Manovich betont, dass KI dort überzeugender wirkt, wo Formen offener, abstrakter oder experimenteller sind; in Genres mit engen Erwartungen an Handlung, Mimik, Sprache und Kohärenz fallen Fehler dagegen schneller auf (Manovich 2018, S. 18–22). Für Games heißt das: KI eignet sich gut für Variationen von Atmosphären, Props, Texturen, Level-Stimmungen oder visuellen Studien. Bei den Charakteren und ihrer visuellen Storytelling, Story-Momenten und emotionalem Acting braucht es dagegen besonders starke menschliche Kontrolle.

Die wichtigste Konsequenz lautet daher: KI macht Game Art nicht automatisch besser, sondern macht mehr Möglichkeiten schneller sichtbar. Dadurch steigt der Anspruch an Auswahl, Stilbewusstsein und Integration. Wer keine klare Art Direction hat, bekommt durch KI vor allem mehr Unschärfe. Wer aber klare gestalterische Regeln besitzt, kann KI produktiv nutzen: für Exploration, Variation, Prototyping und als Gegenüber, das Alternativen sichtbar macht.

> **Wichtig**
> Für Studierende und Praktiker:innen lässt sich daraus eine einfache Arbeitsregel ableiten:
> KI erzeugt Optionen. Art Direction erzeugt Bedeutung.

Oder ausführlicher: KI kann Varianten liefern, Stile mischen und Entwurfsräume öffnen. Die eigentliche Darstellungsästhetik eines Spiels entsteht aber erst durch menschliche Entscheidungen darüber, was zur Welt, zur Mechanik, zur Atmosphäre und zur Spielerfahrung passt. In diesem Sinn ist KI kein Ersatz für Game Artists oder Art Directors, sondern ein Werkzeug, das ihre Kernaufgabe deutlicher macht: aus vielen möglichen Bildern eine spielbare, lesbare und eigenständige ästhetische Ordnung zu formen.

Literatur

Engenhart, M., & Löwe, S. (2022). *Design und künstliche Intelligenz: Theoretische und praktische Grundlagen der Gestaltung mit maschinell lernenden Systemen*. Birkhäuser.

Habermehl, J. (2024). *KI für Kreative: Künstliche Intelligenz für Grafik und Design. So binden Sie KI sinnvoll in den Designprozess ein.* Mit vielen Praxisbeispielen. Rheinwerk.

Manovich, L. (2018). *AI aesthetics. Strelka Press.*

Manovich, L. (2024). *Separate and reassemble: Generative AI through the lens of art and media histories. MATRIZes, 18(2), 7–18.* https://doi.org/10.11606/issn.1982-8160.v18i2p7-18

Muller, W. (2001) Order and Meaning in Design. Utrecht. Lemma.

Trautzsch, N. (2026). *Variation, Modulation, Synthese. Gestalterische Originalität visueller Rhetorik in Gestaltungsprozessen mit generativer künstlicher Intelligenz.* In: Trautzsch, N., Burbach, J., Brückerhoff, B. (eds) Generative KI: Handbuch für Praxis und Lehre. Springer Vieweg, Wiesbaden. https://doi.org/10.1007/978-3-658-47898-8_8-1

Mastering Game Design und Art

22

Um professionelle:r und sehr gute:r Game Designer:in und in der Spezialisierung Game Art zu werden ist – wie wir bereits gesehen haben – sehr viel mehr notwendig als das Erlernen von Werkzeugen oder das Beherrschen einzelner Stilrichtungen. Es beschreibt einen längerfristigen Entwicklungsprozess, in dem sich gestalterische Fähigkeiten, professionelle Haltung und Entscheidungsfähigkeit schrittweise ausbilden. Nelson und Stolterman fassen diese umfassende Dimension als „design wisdom“: Gestalterische Weisheit entsteht aus der Verbindung von Vernunft, Beobachtung, Reflexion, Vorstellungskraft, Handlung und Herstellung (Nelson und Stolterman 2012, S. 18). Visuelle Gestaltung ist damit immer zugleich konzeptionell, technisch, ästhetisch und praktisch.

> “Design wisdom is an integration of reason with observation, reflection, imagination, action, and production or making.” (Nelson und Stolterman 2012, S. 18)

22.1 Gestaltung als Haltung und Praxis

Nelson und Stolterman beschreiben Design als eine Praxis, die auf Urteilskraft basiert.

Gestaltung ist in diesem Sinne keine Addition einzelner Elemente, sondern ein Prozess der Bedeutungsbildung. Nelson und Stolterman betonen, dass Dinge nur im Zusammenhang Sinn ergeben und Bedeutung erst durch Beziehungen im Kontext entsteht (Nelson und Stolterman 2012, S. 73). Für Game Art bedeutet dies: Ein Charakter, ein Raum, ein Interface oder eine Animation lässt sich nicht isoliert bewerten. Ihre ästhetische Qualität

---

Ergänzende Information Die elektronische Version dieses Kapitels enthält Zusatzmaterial, auf das über folgenden Link zugegriffen werden kann [https://doi.org/10.1007/978-3-658-53102-7_22].

N. Trautzsch, *Darstellungsästhetiken in Games*,
https://doi.org/10.1007/978-3-658-53102-7_22

entsteht erst im Zusammenspiel mit Spielmechanik, Blickführung, Atmosphäre, Feedback und Spielerfahrung.

Gestalterisches Arbeiten bedeutet demnach, in offenen Situationen handlungsfähig zu bleiben, ohne sich auf feste Regeln oder eindeutige Lösungen verlassen zu können. Für Game Artists ist diese Offenheit alltäglich: Anforderungen verändern sich, technische Bedingungen setzen Grenzen, kreative Zielsetzungen sind oft nicht eindeutig formuliert.

Design und konkret in unserem Fall Game Design ist daher immer systemisch. Sie reagiert auf technische Bedingungen, narrative Anforderungen, Gameplay-Ziele, Produktionsprozesse und kulturelle Bedeutungen. Nelson und Stolterman beschreiben Design entsprechend als interdependente Tätigkeit, die unterschiedliche Inputs aus mehrdimensionalen Wirklichkeitsbereichen integriert und deshalb systemisches Denken verlangt (Nelson und Stolterman 2012, S. 58).

Game Designer:in zu werden heißt daher, mit Unvollständigkeit umgehen zu lernen. Entscheidungen müssen getroffen werden, obwohl nicht alle Informationen vorliegen. Gestaltung ist dabei kein reines Problemlösen, sondern ein Abwägen von Möglichkeiten. Diese Haltung unterscheidet professionelles Arbeiten von bloßer Ausführung.

22.2 Kompetenzen jenseits von Technik

Fachliche Fähigkeiten bleiben eine Voraussetzung für die Arbeit in der Game Art. Modellierung, Illustration, Animation oder Engine-Kenntnisse sind notwendig, aber nicht ausreichend. Nelson und Stolterman betonen, dass Designkompetenz sich vor allem in der Fähigkeit zeigt, Entscheidungen zu begründen und deren Konsequenzen zu reflektieren.

Fachliche Fähigkeiten bleiben eine Voraussetzung für die Arbeit in der Game Art. Modellierung, Illustration, Animation oder Engine-Kenntnisse sind notwendig, aber nicht ausreichend. Nelson und Stolterman unterscheiden Designlernen in vier miteinander verbundene Bereiche: Design Charakter, Design Denken, Design Wissen und Design Handeln (Nelson und Stolterman 2012, S. 229–230).

> **Wichtig**
> Übertragen auf Game Design bedeutet das, dass professionelle Kompetenz umfasst also nicht nur Tools und Skills, sondern auch Haltung, Urteilskraft, Kontextwissen und die Fähigkeit, gestalterische Entscheidungen im Prozess zu verantworten.
>
> Für Game Artists bedeutet dies, visuelle Entscheidungen nicht nur umzusetzen, sondern argumentieren zu können: Warum wird eine bestimmte Form gewählt? Welche Wirkung wird erwartet? Welche Alternativen wurden verworfen? Diese Form der Urteilskraft und Begründungsfähigkeit wird im Team ebenso wichtig wie gegenüber Auftraggebern oder im eigenen Portfolio.

Diese Bereiche werden durch Mindsets, Knowledge Sets, Skill Sets und Tool Sets getragen, die im Verlauf der Ausbildung aufgebaut, gepflegt und erneuert werden müssen

(Nelson und Stolterman 2012, S. 229–230). Gerade für Game Artists ist diese Unterscheidung hilfreich: Ein Tool Set kann veralten, eine gestalterische Haltung und die Fähigkeit zum reflektierten Lernen bleiben dagegen langfristig tragfähig.

22.3 Game Designer:in werden – Lebenslanges Lernen und Gestaltungskompetenz

Nelson und Stolterman beschreiben Design nicht als abgeschlossene Fähigkeit, sondern als fortlaufende Entwicklung. Diese Perspektive ist für die Game Art besonders relevant. Technologien, Produktionsweisen und ästhetische Konventionen verändern sich kontinuierlich.

Nelson und Stolterman beschreiben das Werden von Designer:innen nicht als Vorbereitung auf eine spätere Praxis, sondern als Teil dieser Praxis selbst. Bereits während des Lernens wird gestaltet; auch das eigene Selbstverständnis als Designer:in wird mitgestaltet. Werden und Sein sind damit von Beginn an miteinander verwoben (Nelson und Stolterman 2012, S. 214). Abb. 22.1 zeigt die vier Lerndomänen nach Nelson & Stolterman für Designer:innen. Für Game Artists bedeutet das konkret: Man wird nicht erst nach dem Studium oder nach dem ersten Job zur Gestalter:in. Die professionelle Identität entsteht bereits in Übungen, Projekten, Fehlern, Entscheidungen und Reflexionen.

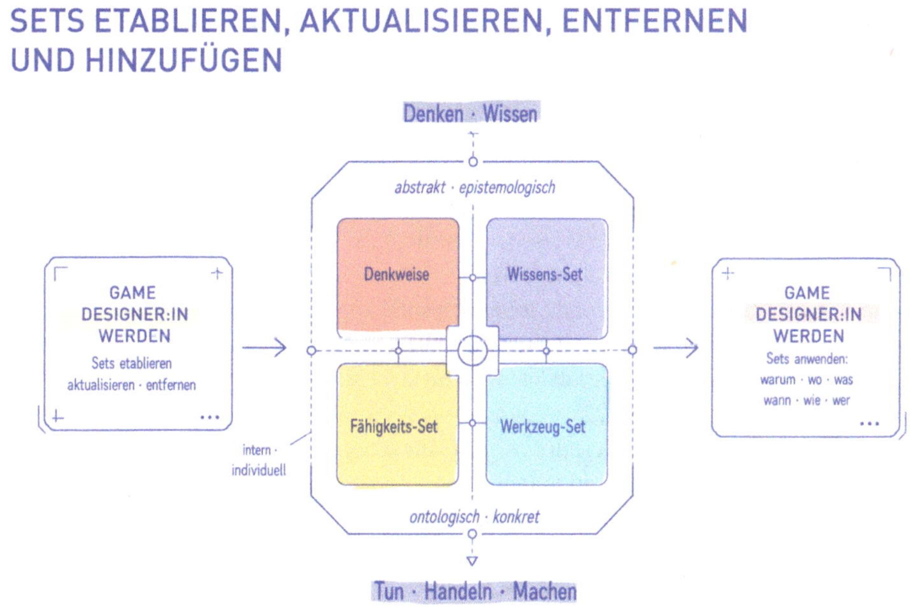

Abb. 22.1 Denk (Mindset), Wissens-Set, Fähigkeits-Set und Werkzeug Set pflegen. (Quelle: Trautzsch 2026, in Anlehnung an Nelson und Stolterman (2012))

Game Designer:in zu werden bedeutet daher, Lernen als Teil der eigenen Praxis zu begreifen. Neue Werkzeuge, Methoden oder Diskurse werden nicht unreflektiert übernommen, sondern geprüft und in bestehende Arbeitsweisen integriert. Gestaltungskompetenz zeigt sich darin, Veränderungen einordnen zu können, ohne die eigene Haltung zu verlieren. Game Designer:in zu werden ist deshalb nicht nur Kompetenzaufbau, sondern Persönlichkeitsentwicklung. Nelson und Stolterman verstehen die Entwicklung von Designer:innen als Prozess, der die gesamte Person – Geist, Körper und Haltung – mit beruflicher Kompetenz verbindet (Nelson und Stolterman 2012, S. 214). Game Art verlangt somit nicht nur technische Sicherheit, sondern auch Wahrnehmungsfähigkeit, Belastbarkeit, ästhetisches Urteilsvermögen und die Bereitschaft, die eigene Praxis kontinuierlich zu hinterfragen.

> "Learning to become a designer entails learning how to be a learner …" (Nelson und Stolterman 2012, S. 229–230)

Lebenslanges Lernen ist im Game Design keine Ergänzung zur professionellen Praxis, sondern ihr Kern. Nelson und Stolterman betonen, dass Designer:innen nicht nur lernen müssen, was sie für Design wissen müssen, sondern auch, wie sie Lernende bleiben (Nelson und Stolterman 2012, S. 229–230). Angesichts neuer Engines, KI-Werkzeuge, Produktionsmethoden und ästhetischer Diskurse wird genau diese Lernfähigkeit zur essentiellen professionellen Ressource.

22.4 Game Art in Studium, Lehre und Ausbildung

In der Lehre wird Game Art häufig über Werkzeuge, Techniken und Stile vermittelt. Diese Aspekte sind notwendig, greifen jedoch zu kurz, wenn sie nicht in einen größeren gestalterischen Zusammenhang eingebettet werden.

In Anlehnung an Nelson und Stolterman lässt sich Lehre als Einführung in eine Designpraxis verstehen, nicht als reine Wissensvermittlung. Entscheidend ist nicht nur, welches Wissen vermittelt wird, sondern auch, welches Verständnis von Designwissen einer Ausbildung zugrunde liegt. Nelson und Stolterman sprechen hier von einer Design-Epistemologie: Sie fragt danach, was es bedeutet, als Designer:in zu wissen, wie Wissen für Handeln entsteht und wie daraus begründete Designentscheidungen hervorgehen können (Nelson und Stolterman 2012, S. 222).

Didaktisch bedeutet dies, Gestaltung und Game Design nicht nur als Ausführung, sondern als Entscheidungsprozess zu lehren. Studierende lernen nicht allein, wie etwas umgesetzt wird, sondern warum bestimmte Entscheidungen getroffen werden und welche Alternativen möglich gewesen wären. Statt Instruktionen zu geben, sollten im Sinne der Ermöglichungsdidaktik (Arnold und Schüßler 2010, S. 1) Lernarrangements und Lernräume mit Rahmenbedingungen ermöglicht werden. Das didaktische Modell der Ermöglichungsdidaktik geht stärker auf die Selbstverantwortung der Lernenden ein und berücksichtigt aktuelle Erkenntnisse der Lehr-Lernforschung. Im Gegensatz zu traditionellen

Ansätzen nehmen Lehrende dabei eine begleitende Rolle ein: Sie schaffen förderliche Lernumgebungen und Beziehungen, anstatt Wissen direkt zu vermitteln. Die Lernenden hingegen gestalten ihre Lernprozesse zunehmend selbst – eigenständig und bei Bedarf in Zusammenarbeit mit anderen (Schäfer 2017, S. 27–28). Dafür braucht es ein breites Angebot an Möglichkeiten zum Üben, Reflektieren, Anwenden und Weiterentwickeln, aus dem die Lernenden je nach ihren Bedürfnissen schöpfen können. Diese Offenheit macht Lehr-Lernprozesse flexibler, bringt aber auch mehr Unvorhersehbarkeit und damit mehr Unsicherheit für alle Beteiligten mit sich. Aufgabenstellungen sollten daher Offenheit zulassen, statt auf eindeutige Lösungen hinzuarbeiten. Fehler, Umwege und Revisionen werden so Teil des Lernprozesses.

Lehre in der Game Art gewinnt an Qualität, wenn sie Reflexion systematisch integriert. Entwurfsbesprechungen, Dokumentation von Entscheidungen und argumentatives Feedback fördern jene Urteilskraft, die Nelson und Stolterman als Kern gestalterischer Kompetenz beschreiben. Ziel ist nicht stilistische Angleichung, sondern die Entwicklung einer eigenen, begründbaren Haltung.

> "Design scholarship must be inclusive of reason, imagination, emotion, and experience."
> (Nelson und Stolterman 2012, S. 224)

Eine solche Lehre muss Denken und Machen zusammenführen. Nelson und Stolterman beschreiben Design Scholarship als eine Form der Wissenspraxis, die Vernunft, Vorstellungskraft, Emotion und Erfahrung einschließt und Reflexion mit Handlung, Denken mit Tun sowie Imaginieren mit Herstellen verbindet (2012, S. 224). Sie bilden dies in einem integrierten Spiralmodell ab, das die Wechselwirkung zwischen innerem Dialog, Fertigkeiten, praktischen Handlungsweisen und Reflektion innerhalb der vier Designsets abbildet (s. Abb. 22.1).

Für die Game-Design-Ausbildung bedeutet dies, dass technische Übungen, visuelle Experimente, theoretische Reflexion und Kritikformate nicht voneinander getrennt, sondern als zusammenhängender Lernprozess organisiert werden sollten.

22.5 Studium als orientierende Praxis

Das Studium der Game Art markiert für viele den Übergang von informellem Lernen zu einer bewussten gestalterischen Praxis. Es bietet Raum, Grundlagen zu erlernen, Methoden zu erproben und unterschiedliche Rollen kennenzulernen. Gleichzeitig ist es eine Phase der Orientierung, in der Unsicherheit nicht vermieden, sondern produktiv genutzt werden kann.

Ein holistisches Studium des Game Designs ist kein Training für feste Berufsbilder, sondern ein geschützter Raum, um zu Lernen mit Offenheit, Unvollständigkeit und widersprüchlichen Anforderungen umzugehen und Prozesse zur Designlösung herauszuarbeiten und praktisch umzusetzen. Projekte im Studium simulieren reale Produktionsbedingungen, ohne deren Konsequenzen vollständig zu tragen. Diese Distanz erlaubt es,

Entscheidungen zu reflektieren und eigene Arbeitsweisen zu entwickeln. Eine Fehlerkultur ist zwingend notwendig, um kreativ arbeiten zu können, sich Fehler zu erlauben und experimentelle und explorative Ansätze zu wählen ist Voraussetzung für die wirklich große Ideen, die erst aus den „Happy little Accidents" meist entwickeln.

Ein reflektiertes Studium fördert die Fähigkeit, die eigene Arbeit in größere Zusammenhänge einzuordnen: ästhetisch, technisch und kulturell. Studierende lernen, dass Game Art nicht isoliert existiert, sondern Teil interdisziplinärer Prozesse ist. Diese Einsicht ist wichtiger als frühe Spezialisierung.

> "Design scholarship must be inclusive of reason, imagination, emotion, and experience." (Nelson und Stolterman 2012, S. 224)

Eine solche Lehre muss Denken und Machen zusammenführen. Nelson und Stolterman beschreiben Design Scholarship als eine Form der Wissenspraxis, die Vernunft, Vorstellungskraft, Emotion und Erfahrung einschließt und Reflexion mit Handlung, Denken mit Tun sowie Imaginieren mit Herstellen verbindet (2012, S. 224). Vorbereitung, Handlung in Fertigkeiten, Werkzeugkasten und Denkweisen herauszubilden, und Reflexion bis zur Meisterschaft zu entwickeln bildet die Phasen der Fähigkeitsausbildung, Kompetenzfeldentwicklung und Meisterschaft in Abb. 22.2 ab.

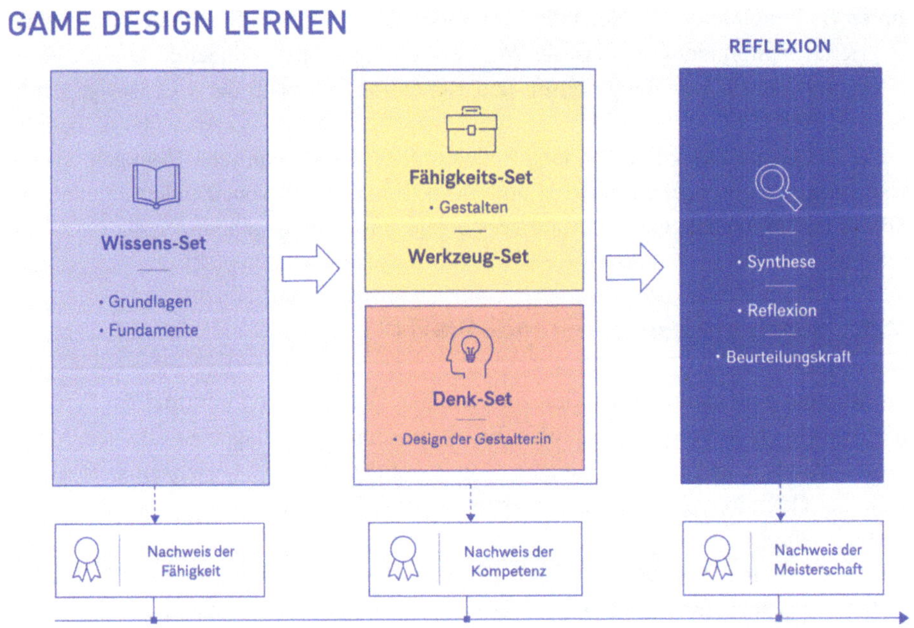

Abb. 22.2 Design Lernen zur Meisterschaft. (Quelle: Trautzsch 2026, nach Nelson und Stolterman (2012))

Für die Game-Art-Ausbildung bedeutet dies, dass technische Übungen, visuelle Experimente, theoretische Reflexion und Kritikformate nicht voneinander getrennt, sondern als zusammenhängender Lernprozess organisiert werden sollten.

> "Becoming a designer does not mean only learning to use and apply "correct" schemas … It also means constantly engaging in the creation, application, and critique of one's own schemas." (Nelson und Stolterman 2012, S. 224–225)

Studierende sollten daher nicht nur lernen, bestehende Methoden und Schemata korrekt anzuwenden. "Becoming a Designer" – ein Designer; eine Designerpersönlichkeit zu werden bedeutet nach Nelson und Stolterman vor allem eigene Schemata zu entwickeln, anzuwenden und kritisch zu prüfen (Nelson und Stolterman 2012, S. 224). Für die Lehre in der Game Art heißt das: Aufgaben sollten nicht nur auf richtige Ergebnisse zielen, sondern auf begründbare Entscheidungen, alternative Wege und reflektierte Entwurfsstrategien.

Design ist ein grundsätzlich ein divergenter Prozess, eine Suche nach wohlgeformten Fragen, nicht nur nach eindeutigen Antworten. Funktional sind dabei Fragen wie: Was ist real? Was wäre ideal? Was sollte verwirklicht werden? (Nelson und Stolterman 2012, S. 224). Für Studierende der Game Art bedeutet dies, Unsicherheit nicht als Mangel, sondern als produktive Bedingung des Entwerfens zu begreifen.

22.6 Berufsalltag und professionelle Praxis

Der Berufsalltag von Game Artists ist geprägt von Zusammenarbeit, Abstimmung und kontinuierlicher Anpassung. Gestalterische Entscheidungen entstehen selten autonom, sondern im Dialog mit Game Design, Programmierung, Produktion und Management. In diesem Kontext zeigt sich, was Nelson und Stolterman als Designpraxis beschreiben: Handeln unter Bedingungen, die nicht vollständig kontrollierbar sind.

Der Berufsalltag von Game Artists ist geprägt von Zusammenarbeit, Abstimmung und kontinuierlicher Anpassung. Gestalterische Entscheidungen entstehen selten autonom, sondern im Dialog mit Game Design, Programmierung, Produktion und Management. Nelson und Stolterman beschreiben Designprozesse entsprechend als sozial dynamische Prozesse, an denen viele Akteur:innen mit unterschiedlichen Erfahrungen und Perspektiven beteiligt sind (Nelson und Stolterman 2012, S. 254). Professionelle Game Art verlangt deshalb nicht nur visuelle Kompetenz, sondern auch Kommunikationsfähigkeit, Rollenbewusstsein und die Fähigkeit, gemeinsame Prozessverständnisse herzustellen.

Professionelle Praxis erfordert die Fähigkeit, eigene Entscheidungen zu vertreten und zugleich offen für Veränderung zu bleiben. Feedback, technische Einschränkungen oder Produktionszwänge beeinflussen Gestaltung fortlaufend. Game Designer:in zu werden bedeutet, diese Rahmenbedingungen nicht als Störung zu begreifen, sondern als Teil der gestalterischen Realität.

> "Before a design process can begin, there is a need to design the design process ..." (Nelson und Stolterman 2012, S. 254)

In der professionellen Praxis muss daher nicht nur das Spiel gestaltet werden, sondern auch der Designprozess selbst. Vor Beginn eines Projekts braucht es ein gemeinsames Verständnis von Phasen, Abläufen, Erwartungen, Rollen und Verantwortlichkeiten (Nelson und Stolterman 2012, S. 254). Für Game-Art-Teams betrifft dies etwa Styleguides, Asset-Pipelines, Feedbackroutinen, Review-Prozesse und die Abstimmung zwischen künstlerischer Vision und technischer Realisierbarkeit.

Im Berufsalltag wird zudem sichtbar, dass Gestaltung Verantwortung trägt. Visuelle Entscheidungen wirken auf Spielbarkeit, Wahrnehmung und kulturelle Bedeutungen. Diese Verantwortung lässt sich nicht delegieren. Sie zeigt sich in bewusster Abwägung, klarer Kommunikation und der Bereitschaft, Entscheidungen zu hinterfragen.

Professionelle Praxis erfordert zudem mehr als Anpassungsfähigkeit. Nelson und Stolterman unterscheiden adaptive Expertise, Design Expertise und Value Expertise. Designer:innen müssen also nicht nur auf Veränderungen reagieren, sondern auch beurteilen können, welche Veränderungen wünschenswert sind und welche Werte durch Gestaltung unterstützt werden (Nelson und Stolterman 2012). Für Game Artists ist dies besonders relevant, weil visuelle Entscheidungen nicht nur Produktionsprobleme lösen, sondern kulturelle Bilder, Körperdarstellungen, Atmosphären und Spielerfahrungen mitprägen.

22.7 Kontinuität zwischen Lernen und Arbeiten

Lehre, Studium und Berufsalltag sind keine klar getrennten Phasen. Vielmehr bilden sie eine Kontinuität, in der Lernen und Arbeiten ineinandergreifen. Auch im professionellen Umfeld bleibt Gestaltung ein Lernprozess. Neue Werkzeuge, Technologien und Diskurse erfordern fortlaufende Anpassung.

> "The ongoing responsibility in learning to be a designer, as well as in the practice of designing, is the challenge of maintaining the sets over time—discarding and renewing content as needed." (Nelson und Stolterman 2012, S. 229–230)

Nelson und Stolterman beschreiben Design als eine Haltung, die über einzelne Projekte hinausreicht. Für Game Artists bedeutet dies, die eigene Praxis regelmäßig zu reflektieren und weiterzuentwickeln. Weiterbildung, Austausch mit Kolleg*innen und kritische Selbstbeobachtung gehören damit zur professionellen Identität.

Lehre, Studium und Berufsalltag sind keine klar getrennten Phasen. Vielmehr bilden sie eine Kontinuität, in der Lernen und Arbeiten ineinandergreifen. Nelson und Stolterman beschreiben diese Kontinuität als fortlaufende Verantwortung, die eigenen Kompetenzbestände über die Zeit zu pflegen, zu erneuern und bei Bedarf auch zu verwerfen (Nelson und Stolterman 2012, S. 229–230). Für Game Artists bedeutet dies, dass professionelle Entwicklung nicht mit dem Erwerb eines Abschlusses oder dem Eintritt in ein Studio endet. Sie setzt sich in jedem Projekt, jeder neuen Technologie, jedem Feedbackprozess und jeder ästhetischen Entscheidung fort.

Gestaltung ist stets mit Verantwortung verbunden. Entscheidungen wirken sich auf Spielerfahrung, Wahrnehmung und kulturelle Bedeutungen aus. Nelson und Stolterman beschreiben Design Scholarship als eine Wissenspraxis, die nicht nur Denken und Machen verbindet, sondern auch mit unbestimmter Verantwortung und Rechenschaftspflicht umgehen muss (Nelson und Stolterman 2012, S. 224). Im Kontext der Game Art zeigt sich diese Verantwortung etwa im Umgang mit Stereotypen, Gewaltdarstellung, Körperbildern oder kulturellen Referenzen. Ein Game Designer zu werden bedeutet hier, sich dieser Wirkungen bewusst zu sein und Entscheidungen nicht nur nach Effizienz oder persönlichem Geschmack zu treffen, sondern im Hinblick auf ihren Kontext.

Fazit

Game Designer:in zu werden beschreibt einen langfristigen Entwicklungsprozess, der sich über Lehre, Studium und Berufsalltag erstreckt. In Anlehnung an Nelson und Stolterman wird Gestaltung als verantwortungsvolle Praxis verstanden, die Urteilskraft, Reflexion und Entscheidungsfähigkeit erfordert. Technische Fähigkeiten sind Voraussetzung, entfalten ihre Wirkung jedoch erst im Zusammenspiel mit Haltung, Kommunikation und Kontextbewusstsein.

Game Design und Game Art erscheint damit nicht als fest umrissener Beruf, sondern als gestaltende Tätigkeit, die sich kontinuierlich weiterentwickelt. Wer diesen Weg beschreitet, lernt nicht nur Werkzeuge zu bedienen, sondern Entscheidungen zu treffen – diese zu reflektieren, zu bewerten und auch zu verändern und weiterzuentwickeln Design ist eine Persönlichkeitsausbildung mit einem großen Anteil an zu erlenden Kompetenzfeldern da es nie einen bereits vorgefertigten Weg gibt. Mit jedem neuen Projekt und Zielvorgabe muss zunächst der Prozess designt werden (Nelson und Stolterman 2012).

Literatur

Arnold, R. & Schüßler, I. (2010). Ermöglichungsdidaktik. Schneider.

Nelson, H. & Stolterman, E. (2012). *The Design Way: Intentional Change in an Unpredictable World.* Second edition. Cambridge, Massachusetts ; London, England: The MIT Press, 2012.

Schäfer, E. (2017). *Lebenslanges Lernen: Erkenntnisse und Mythen über das Lernen im Erwachsenenalter.* Springer.

Trautzsch, N. (2026). *Darstellungsästhetik als Analyse- und Gestaltungsmodell digitaler Spiele: Skizzierung einer Taxonomie.* https://doi.org/10.56250/4117

Das gute Portfolio: Vertrauen, Kommunikation und Positionierung

23

23.1 Deine eigene Arbeit präsentieren: Dein Portfolio als Nachweis gestalterischer Sicherheit

Ein gutes Game Design und Game Art Portfolio ist nicht nur eine Sammlung gelungener Arbeiten. Es vermittelt Haltung, Denkweise und Entscheidungslogik. In diesem Sinne folgt es dem Designverständnis von Nelson und Stolterman, das Gestaltung als reflektierten Prozess begreift.

Ein gutes Portfolio zeigt nicht nur Ergebnisse, sondern macht nachvollziehbar, wie diese entstanden sind. Skizzen, Iterationen und kurze Erläuterungen verdeutlichen, wie Probleme angegangen und Entscheidungen getroffen wurden. Visuelle Qualität und Reflexionsfähigkeit treten hier gemeinsam auf (s. Abb. 23.1).

Es ist eine Form professioneller Kommunikation. Es zeigt nicht allein, was jemand gestaltet hat, sondern auch, wie gedacht, entschieden, getestet und umgesetzt wurde. Damit wird das Portfolio zu einem wichtigem Medium, um Vertrauen aufzubauen: bei Bewerbungen, in Kundengesprächen, bei Pitches, in Aufnahmeverfahren oder im Kontakt mit potenziellen Auftraggeber:innen. Wer ein Portfolio betrachtet, soll nicht nur sehen, dass eine Person ein überzeugendes Ergebnis erzeugen kann, sondern dass sie den Weg dorthin versteht.

Franziska Walther betont in Die gute Mappe, dass ein Portfolio nicht nur Arbeiten professionell präsentiert, sondern auch die eigene Position als Kreative:r sichtbar macht. Das Buch versteht Portfolioarbeit damit nicht als reine Zusammenstellung, sondern als bewusste Selbst- und Arbeitsdarstellung. Es geht darum, die passenden Arbeiten für die

Ergänzende Information Die elektronische Version dieses Kapitels enthält Zusatzmaterial, auf das über folgenden Link zugegriffen werden kann [https://doi.org/10.1007/978-3-658-53102-7_23].

N. Trautzsch, *Darstellungsästhetiken in Games*,
https://doi.org/10.1007/978-3-658-53102-7_23

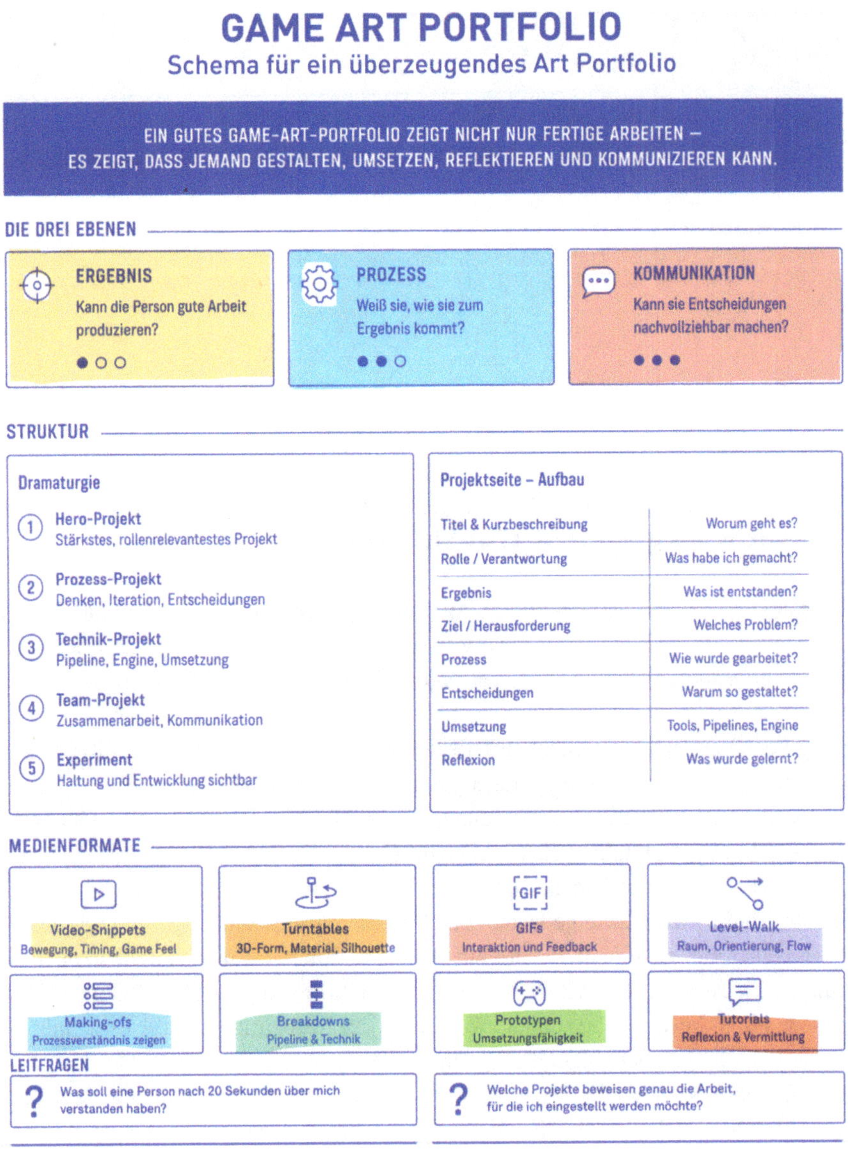

Abb. 23.1 Aufbau eines guten Portfolios, Struktur (Diagramm Dramaturgie) nach Walther (2021). (Quelle: Trautzsch 2026)

passenden Adressat:innen auszuwählen, die eigene gestalterische Haltung erkennbar zu machen und das Portfolio so aufzubauen, dass es Orientierung, Vertrauen und Anschlussfähigkeit erzeugt (Walther 2021, S. 17–22).

Für Game Artists ist dieser Gedanke besonders relevant, weil ihre Arbeit häufig im Zusammenspiel vieler Disziplinen entsteht. Ein gelungenes Portfolio muss daher nicht nur finale Screenshots zeigen, sondern Prozesssicherheit kommunizieren. Auftraggeber:innen, Studios oder Lehrende wollen erkennen: Diese Person kann eine Aufgabe analysieren, visuelle Entscheidungen treffen, mit Feedback umgehen, technische Anforderungen berücksichtigen und ein Ergebnis in eine spielbare Form überführen. Ein Portfolio zeigt deshalb idealerweise nicht nur Endbilder, sondern auch Denk- und Arbeitsschritte: Referenzen, Skizzen, Blockouts, Iterationen, Materialstudien, Moodboards, Wireframes, Engine-Tests, Playtest-Erkenntnisse und finale Umsetzung.

Das Hauptaugenmerk liegt darin zu unterscheiden was ist Produzieren und Gestaltungsprozess und wie kann ich diesen kommunizieren. Produzieren bedeutet, Assets, Levels, Interfaces, Figuren, Animationen oder visuelle Konzepte zu erstellen. Kommunizieren bedeutet, diese Arbeiten so zu zeigen, dass ihre Qualität, Funktion und Entstehung nachvollziehbar werden. Gerade in der Game Art reicht es selten, nur ein schönes Bild zu präsentieren. Ein guter Portfolioeintrag erklärt knapp, welches Ziel verfolgt wurde, welche Rolle die eigene Arbeit im Projekt hatte, welche Entscheidungen getroffen wurden und woran das Ergebnis gemessen werden kann. Dadurch wird aus einem Bild ein belastbarer Nachweis gestalterischer Kompetenz.

Für den Aufbau eines Game-Art-Portfolios empfiehlt sich daher eine dramaturgische Struktur und ein Rhythmus in der Bildfolge (Walther 2021, S. 142–163). Der Einstieg sollte schnell zeigen, wofür die Person steht: Spezialisierung, visuelle Stärken, Software- und Engine-Kompetenzen, bevorzugte Rollen oder Projekttypen. Danach sollten wenige, aber starke Projekte folgen, die jeweils klar gerahmt sind. Ein Projekt kann etwa mit einem finalen Key Visual, einem kurzen Gameplay-Video oder einem aussagekräftigen Screenshot beginnen (S. Abb. 23.2). Anschließend folgen Prozessmaterialien: Skizzen, Varianten, Making-of-Sequenzen, kurze Video-Snippets, GIFs, Breakdown-Bilder, Level-Prototypen oder Tutorials. Am Ende steht die Reflexion: Was wurde gelöst? Was war die Herausforderung? Welche Entscheidungen waren elementar? Was wurde gelernt?

Besonders wirksam sind Darstellungsformen, die Prozess und Ergebnis miteinander verbinden. Kurze Videos zeigen Bewegung, Timing, Game Feel und Interaktion besser als Standbilder. Making-ofs machen sichtbar, wie eine Idee entstanden ist. Turntables und Material-Breakdowns zeigen 3D-Kompetenz. Level-Walkthroughs zeigen räumliche Dramaturgie, Orientierung und Spielbarkeit. UI-Flows zeigen nicht nur Screens, sondern Interaktionslogik. Tutorials oder kommentierte Prozessbilder können zusätzlich zeigen, dass jemand sein Wissen strukturieren und vermitteln kann. Dadurch entsteht Vertrauen: Die betrachtende Person erkennt nicht nur Talent, sondern Professionalität.

Ein gutes Beispiel für ein Online-Portfolio ist die Website von Yoshua Woo: seine Projekte werden nicht nur als Ergebnisbilder präsentiert, sondern mit Rolle, Zielsetzung, Spielidee, Prototypen, Playthroughs und Designentscheidungen verbunden (Woo o. D.). Beim Projekt Hoversword wird etwa deutlich, dass es sich um einen Vertical Slice handelt und dass die Arbeit am Character Controller, am Bewegungsgefühl und an der spielbaren Erfahrung im Mittelpunkt stand. Beim Projekt NVFPS wird der Forschungs- und Prototyping-Charakter sichtbar: Die Arbeit untersucht non-violent shooting, Game Feel, Feedback und die Wahrnehmung von Gewalt in FPS-Systemen. Solche Darstellungen

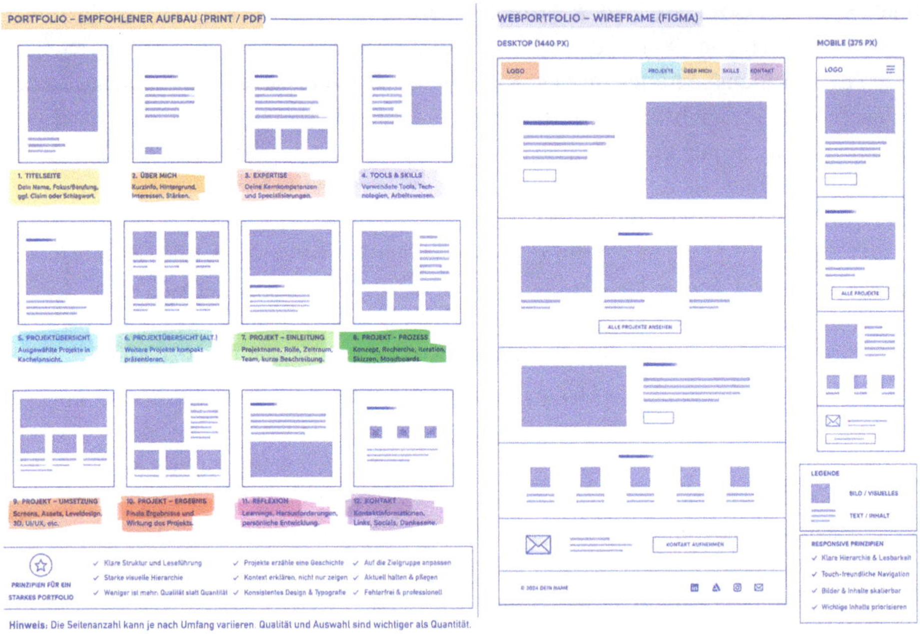

Abb. 23.2 Möglichkeiten zur Strukturierung und Layout eines PDF (links) – und Webportfolios (rechts). (Quelle: Trautzsch 2026)

zeigen nicht nur, dass etwas gestaltet wurde, sondern warum und mit welchem methodischen Bewusstsein.

Für Bewerbungen, Pitches und Kundengespräche ist genau diese Nachvollziehbarkeit entscheidend. Ein Portfolio soll nicht möglichst alles zeigen, sondern das Richtige in einer überzeugenden Reihenfolge. Es sollte Vertrauen darin erzeugen, dass die Person ein Projekt nicht nur ästhetisch denkt, sondern auch umsetzen, kommunizieren und weiterentwickeln kann. In diesem Sinn ist das Portfolio selbst ein Designprojekt: Es gestaltet die Wahrnehmung der eigenen Arbeit. Es zeigt nicht nur Ergebnisse, sondern Haltung, Prozessverständnis und professionelle Verlässlichkeit.

▶ Ein Game-Art-Portfolio beweist nicht nur, dass man gestalten kann. Es zeigt, dass man Gestaltung versteht, Entscheidungen begründen und Ergebnisse in einen spielbaren Zusammenhang überführen kann.

23.2 Schema: Aufbau eines überzeugenden Game-Art-Portfolios

Aus einem Projekt ob als Auftragsarbeit, Projekt Work-in-Progress, Prototyp oder auch fiktiv wird eine kommunizierbare Geschichte. Und zwar im Kontext, mit Ziel, Rollenbeschreibung, Sichtbarkeit des Prozesses und der zugrunde liegenden Designentscheidungen is hin zum Ergebnis und Reflexion (s. Abb. 23.3).

1. Einstieg: Sofortige Positionierung

Ein gutes Portfolio beginnt nicht mit „alles, was ich gemacht habe", sondern mit einer klaren Antwort auf die Frage: Wofür stehe ich als Gestalter:in? Portfolioarbeit ist immer auch Positionierungsarbeit: Das Portfolio soll zu den eigenen Zielen, Fähigkeiten und Wunschkontexten passen und nicht nur Arbeiten sammeln (Walther 2021, 164–201).

Für Game Artists bedeutet das: Auf der Startseite sollte schnell erkennbar sein, welche Künstleridentität oder Designerspezialisierung und Rolle er ausfüllen kann, als Environment Artist, Character Artist, Concept Artist, UI/UX Artist, Technical Artist, Game Designer oder Generalist:i. Dazu gehören ein kurzer Profilsatz, wenige starke Projekt-Teaser und eine klare Navigation. Jede Bewerbung sollte auf die Zielstelle und ihre Anforderungen zugeschnitten werden.

Leitfrage:

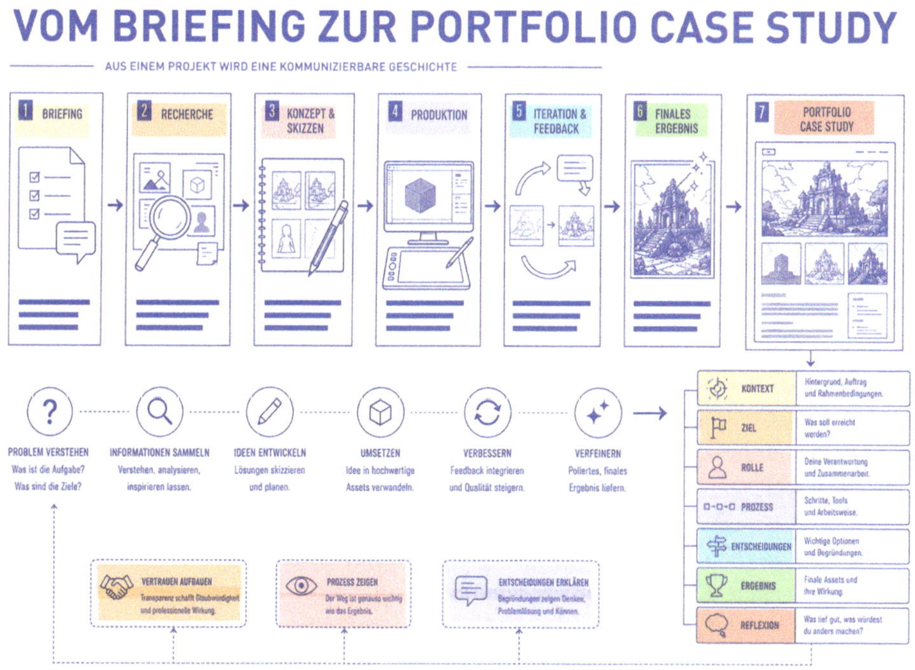

Abb. 23.3 Vom Briefing zur Portfolio Case Study. (Quelle: Trautzsch 2026)

Was soll eine Person nach 20 s über mich verstanden haben?

2. Auswahl: Wenige starke Projekte statt vollständiges Archiv
Ein Portfolio ist kein Lagerraum, sondern eine kuratierte Argumentation. Es sollte diejenigen Arbeiten zeigen, die zur angestrebten Position oder Rolle passen. Walthers Ansatz zielt darauf, Portfolios so aufzubauen, dass sie Kund:innen, Auftraggeber:innen oder Arbeitgeber:innen Orientierung geben und Vertrauen in die eigene kreative Leistung erzeugen (Walther 2021, S. 18–20).

Für Game Art heißt das: Lieber drei bis fünf sehr gut dokumentierte Projekte als zwanzig unkommentierte Einzelbilder. Jedes Projekt sollte eine Kompetenz belegen: visuelle Entwicklung, Umsetzung in Engine, Level-Prototyping, UI-Flows, Character Pipeline, Materialarbeit, Animation, Game Feel oder Teamarbeit.

Leitfrage: Welche Projekte beweisen genau die Arbeit, für die ich beauftragt oder eingestellt werden möchte?

3. Projektseite: Ergebnis zuerst, Prozess danach
Eine gute Projektseite sollte dramaturgisch funktionieren. Zuerst kommt ein starkes Ergebnis: ein Key Visual, ein kurzer Gameplay-Clip, ein Level-Walkthrough, ein Turntable oder ein finaler Screenshot. Danach folgt die Erklärung des Prozesses.

Ein überzeugender Aufbau wäre:

Abschnitt	Funktion
Titel + Kurzbeschreibung	Worum geht es?
Rolle/Verantwortung	Was habe ich konkret gemacht?
Ergebnis	Was ist sichtbar entstanden?
Ziel/Herausforderung	Welches Problem musste gelöst werden?
Prozess	Wie wurde gearbeitet?
Entscheidungen	Warum wurde so gestaltet?
Umsetzung	Welche Tools, Pipelines, Engines?
Reflexion	Was wurde gelernt oder verbessert?

Yoshua Woo macht dies auf seinem Portfolio gut sichtbar: Beim Projekt NVFPS beschreibt er nicht nur das Ergebnis, sondern auch Forschungsfokus, Prototypen, Playtests und Insights zur Wahrnehmung von Gewalt, Game Feel und Feedback in FPS-Systemen (Woo o. D.). Dadurch wird nicht nur gezeigt, was gebaut wurde, sondern warum es gebaut wurde und welche Erkenntnisse daraus entstanden sind.

4. Prozesssicherheit zeigen: Making-of statt nur Hochglanz
Für Bewerbungen, Kundengespräche und Pitches ist Vertrauen entscheidend. Vertrauen entsteht, wenn sichtbar wird, dass jemand nicht nur zufällig gute Ergebnisse erzeugt, sondern einen Designprozess beherrscht. Das Portfolio sollte daher Spuren der Arbeit zeigen:

Skizzen, Moodboards, Referenzanalyse, Blockouts, Varianten, Wireframes, Teststände, verworfene Entwürfe, Iterationen und finale Umsetzung.

Gerade Game Art profitiert von Darstellungsweisen, die den Prozess zeigen:

Medium	Was es beweist
Video-Snippets	Bewegung, Timing, Game Feel
Making-ofs	Prozessverständnis
GIFs	Interaktion und Feedback
Turntables	3D-Form, Material, Silhouette
Level-Walkthroughs	Raum, Orientierung, Flow
Breakdown-Bilder	Pipeline und technisches Verständnis
Tutorials/Kommentare	Reflexion und Vermittlungskompetenz
Prototypen	Umsetzungsfähigkeit und Iteration

Wichtig: Prozessmaterial sollte nicht ungeordnet wirken. Es muss kuratiert sein und eine Geschichte erzählen: Ausgangspunkt, Entscheidung, Umsetzung, Ergebnis.

5. Kontext geben: Arbeiten im angewandten Zusammenhang zeigen

Ein wichtiger Portfolio-Grundsatz aus Walthers Ansatz ist, Arbeiten nicht nur als freie Einzelbilder zu zeigen, sondern in einem Kontext, in dem Kund:innen oder Arbeitgeber:innen ihren Nutzen erkennen können. In einem aktuellen Beitrag zur Portfolioarbeit betont Walther etwa, dass auch fiktive Aufträge helfen können, Marktfähigkeit zu zeigen, wenn sie in dem Kontext präsentiert werden, in dem Auftraggeber:innen die Arbeit später nutzen würden.

Für Game Art heißt das: Ein Charakter sollte nicht nur als Illustration gezeigt werden, sondern idealerweise mit Silhouette, Varianten, Callouts, Turnaround, Materialhinweisen oder In-Engine-Test. Ein Level sollte nicht nur als Screenshot erscheinen, sondern mit Map, Blockout, Gameplay-Ziel, Walkthrough und Lesbarkeitsentscheidungen. Ein UI sollte nicht nur aus Screens bestehen, sondern als Flow mit Interaktionslogik.

Leitfrage:

Sieht man, dass diese Arbeit in einem echten Spielkontext funktionieren könnte?

6. Dramaturgie: Portfolio als geführte Erfahrung

Ein gutes Portfolio führt Betrachtende durch die eigene Arbeit. Es sollte nicht voraussetzen, dass Recruiter:innen, Kund:innen oder Lehrende lange suchen. Die Reihenfolge ist wichtig: stärkstes und passendstes Projekt zuerst. Danach Projekte, die die eigene Bandbreite zeigen, ohne die Positionierung zu verwässern.

Eine mögliche Dramaturgie:

Hero-Projekt: stärkstes, rollenrelevantestes Projekt
Prozess-Projekt: zeigt Denken, Iteration, Entscheidungen
Technik-Projekt: zeigt Pipeline, Engine, Umsetzung
Team- oder Pitch-Projekt: zeigt Zusammenarbeit und Kommunikation

Experiment/persönliche Arbeit: zeigt Haltung und Entwicklung

Yoshua Woos Portfolio arbeitet ähnlich über projektbasierte Einstiege: Projekte wie Hoversword werden direkt als Vertical Slice gerahmt und zeigen dadurch Rolle, Umfang und Produktionskontext klar (Woo o. D.).

7. Kommunikation: Klar schreiben, nicht übererklären

Ein Portfolio braucht kurze, präzise Texte. Sie sollen keine wissenschaftliche Analyse ersetzen, sondern Entscheidungen verständlich machen. Gute Projekttexte beantworten:

Was war die Aufgabe?

Was war mein Beitrag?

Welche Herausforderung gab es?

Welche Entscheidung war elementar?

Was zeigt das Ergebnis?

Schwache Texte sagen: „Ich wollte eine coole düstere Welt machen."

Stärkere Texte sagen: „Ziel war ein lesbares Dungeon-Environment für schnelles Movement. Deshalb wurden starke Silhouetten, kontrastreiche Wegachsen und reduzierte Prop-Dichte eingesetzt."

So wird aus Geschmack professionelle Begründung.

8. Vertrauen aufbauen: Beweisen, dass man es kann

Das Ziel eines Portfolios ist nicht nur Aufmerksamkeit, sondern Vertrauen. In Bewerbungsgesprächen, Pitches oder Kund:innenkontakten muss sichtbar werden: Diese Person versteht den Prozess, kann Entscheidungen treffen, kann umsetzen und kann erklären, warum das Ergebnis funktioniert.

Dafür braucht ein Portfolio drei Ebenen:

Ebene	Frage
Ergebnis	Kann die Person gute Arbeit produzieren?
Prozess	Weiß sie, wie sie zu diesem Ergebnis kommt?
Kommunikation	Kann sie Entscheidungen nachvollziehbar machen?

Ein starkes Portfolio zeigt alle drei Ebenen.

9. Kompaktes Portfolio-Schema für Game Artists

Startseite

Name, Rolle, Spezialisierung

1 kurzer Positionierungssatz

3–5 starke Projekt-Teaser

klare Kontaktmöglichkeit

Projektseite

starkes Hero-Bild oder Video

Kurzbeschreibung des Projekts

eigene Rolle und Verantwortung
Ziel/Designproblem
finale Ergebnisse
Prozessmaterial: Skizzen, Varianten, Blockouts, Tests
technische Umsetzung: Tools, Engine, Pipeline
Reflexion: Entscheidung, Erkenntnis, Lernergebnis
Medienformate
Bilder für Qualität und Stil
Videos für Bewegung und Interaktion
GIFs für Feedback und Game Feel
Making-ofs für Prozess
Breakdowns für Pipeline
spielbare Prototypen für Umsetzungskompetenz
Dramaturgie
stärkstes Projekt zuerst
weniger, aber besser dokumentiert
jedes Projekt beweist eine klare Kompetenz
Prozess sichtbar machen, aber kuratieren
Texte kurz, konkret und entscheidungsorientiert

> ▶ Ein gutes Game-Art-Portfolio zeigt nicht nur fertige Arbeiten. Es zeigt, dass jemand gestalten, umsetzen, reflektieren und kommunizieren kann. Es macht aus Bildern Vertrauen in professionelle Prozesssicherheit.

Gestalterische Professionalität entsteht nicht allein durch technisches Können, sondern durch die Fähigkeit, Entscheidungen bewusst zu treffen, zu begründen und weiterzuentwickeln. Teil VI zeigt, dass Game Art und Game Design als lernende Praxis verstanden werden können: Sie entstehen im Zusammenspiel von Werkzeugen, Erfahrung, Reflexion, Kommunikation und Haltung. Ob im Umgang mit KI, in Ausbildung und Studium, im Berufsalltag oder im Portfolio – entscheidend ist nicht nur, was gestaltet wird, sondern wie Gestaltung gedacht, geprüft und vermittelt wird.

Gestalterische Professionalität zeigt sich daher im Zusammenspiel von Ergebnis, Prozesssicherheit und Urteilskraft. Gute Gestaltung wird nicht nur im fertigen Artefakt sichtbar, sondern auch in der Fähigkeit, offene Situationen einzuschätzen, Feedback produktiv aufzunehmen, Entscheidungen zu begründen und Gestaltung iterativ weiterzuentwickeln. Professionalisierung bedeutet daher, Gestaltung nicht als abgeschlossene Fähigkeit zu begreifen, sondern als kontinuierliche Entwicklung. Wer Game Art macht, lernt fortlaufend: durch Beobachten, Ausprobieren, Scheitern, Überarbeiten, Austauschen und Reflektieren.

Am Ende dieses Teils wird deutlich, dass übergeordnete gestalterische Kompetenz immer auch Vertrauen erzeugt – in Teams, in der Lehre, gegenüber Auftraggeber:innen und im eigenen Portfolio. Sichtbar wird Professionalität dort, wo Ergebnisse nachvollziehbar werden, Prozesse kommuniziert werden können und ästhetische Entscheidungen Verantwortung übernehmen. Teil VI schließt damit den Bogen des Buches: Darstellungsästhetik ist keine reine Frage des Stils, sondern eine Praxis des bewussten, reflektierten und verantwortungsvollen Gestaltens.

Literatur

Trautzsch, N. (2026). *Darstellungsästhetik als Analyse- und Gestaltungsmodell digitaler Spiele: Skizzierung einer Taxonomie.* https://doi.org/10.56250/4117

Walther, F. (2021). *Die gute Mappe: Dein Weg zu einem überzeugenden Portfolio und kreativer Selbstbestimmung.* dpunkt.verlag

Woo, Y. (o. D.). *Game Design Portfolio.* https://www.yoshuawoo.com/

Glossar

Hinweis zur Verwendung:
Dieses Glossar dient als Referenz für bereits bestehende Begriffe und die im Buch entwickelte Terminologie. Die Begriffe sind nicht als abgeschlossene Definitionen zu verstehen, sondern als analytische Werkzeuge zur systematischen Beschreibung visueller Darstellungsästhetiken digitaler Spiele.

Allgemein

Game Asset
Ein einzelnes visuelles, auditives oder funktionales Element eines Spiels, etwa Figuren, Objekte, Umgebungen, Animationen oder Effekte, das in der Engine eingesetzt wird. Manchmal auch als Gamebit bezeichnet.

Bildraum – Virtueller Raum (Ausschnitt durch Kameraperspektive)
Der visuell wahrgenommene Raum, der durch Perspektive, Maßstab, Tiefenstaffelung, Licht und Komposition entsteht. Der Bildraum ist unabhängig von 2D- oder 3D-Technik und beeinflusst Orientierung und Lesbarkeit.

Briefing
Zusammenfassung von Zielen, Rahmenbedingungen und Erwartungen eines Projekts zu einem bestimmten Zeitpunkt. Briefings sind Arbeitsgrundlagen und verändern sich im Verlauf der Entwicklung.

Concept Art
Visuelle Entwurfsform zur Entwicklung und Kommunikation von Atmosphäre, Look and Feel und gestalterischer Richtung. Concept Art dient der Konzeption, nicht der finalen Ausarbeitung.

N. Trautzsch, *Darstellungsästhetiken in Games*,
https://doi.org/10.1007/978-3-658-53102-7

Designprozess
Der iterative Verlauf gestalterischer Arbeit, bestehend aus Analyse, Entwurf, Umsetzung, Überprüfung und Anpassung. Der Designprozess ist nicht linear und entwickelt sich im Dialog mit technischen und inhaltlichen Anforderungen.

Entwurf
Phase gestalterischer Arbeit, in der Ideen in überprüfbare visuelle Formen überführt werden. Entwürfe sind vorläufig, variabel und dienen der Entscheidungsfindung.

Game Feel
Die subjektive Wahrnehmung von Reaktion, Kontrolle und Rückmeldung im Spiel, die sich aus Bewegung, Animation, Timing und visuellem Feedback ergibt.

Iteration
Wiederholter Arbeitszyklus aus Entwurf, Überprüfung und Anpassung. Iteration ist ein grundlegender Bestandteil gestalterischer Praxis und dient der schrittweisen Annäherung an tragfähige Lösungen.

Visuelle Kohärenz
Der Eindruck gestalterischer Zusammengehörigkeit aller visuellen Elemente eines Spiels. Kohärenz entsteht durch konsistente Entscheidungen in Stil, Farbe, Form und Logik.

Look and Feel
Die wahrnehmbare Gesamtwirkung eines Spiels, bestehend aus visueller Gestaltung, Stimmung, Rhythmus und emotionaler Tonalität.

Moodboard
Sammlung visueller Eindrücke zur Darstellung von Stimmung, Atmosphäre und qualitativen Eigenschaften. Moodboards dienen der Orientierung und Kommunikation, nicht der Detaildefinition.

One Page Design (nach Stone Librande)
Verdichtetes visuelles Design-Dokument, das die grundlegende Struktur eines Spiels auf einer einzelnen Seite darstellt. Ein One Page Design kombiniert eine schematische Übersicht der Spielwelt oder Levelarchitektur mit zentralen Informationen zu Gameplay, Figuren, Objekten, Umgebungen und Darstellungsästhetik. Ergänzt wird die visuelle Darstellung durch kurze Textelemente wie Titel, Hookline und Randnotizen. Im Sinne Stone Librandes dient das One Page Design als frühes Arbeits- und Kommunikationsinstrument, das Zusammenhänge sichtbar macht, Entscheidungenbündelt und Diskussionen ermöglicht.

Prototyp
Frühe, vereinfachte Umsetzung einer Idee zur Überprüfung von Funktion, Wirkung oder Lesbarkeit im Spielkontext.

Referenz
Bestehendes Beispiel aus Games oder anderen Medien, das zur Analyse und Orientierung-herangezogen wird. Referenzen dienen nicht der Kopie, sondern der Einordnung.

Stil und Stilhandbuch
Die konsistente Ausprägung gestalterischer Entscheidungen über ein gesamtes Werk hinweg. Stil entsteht aus Wiederholung und Systematik, nicht aus einzelnen Effekten.

Thumbnail
Kleine, schnelle Skizze zur Untersuchung von Komposition, Proportion und Gesamtwirkung. Thumbnails dienen der Variantenbildung und Entscheidungsfindung.

Visual Concept
Kommunikationswerkzeug im Produktionsprozess, das durch Skizzen, Moodboards, Concept Art und Entwürfe eine gemeinsame Vorstellung von Spielwelt, Atmosphäre und Darstellungsmodus im Team etabliert. Dient der Abstimmung zwischen gestalterischer Intention und technischer Umsetzbarkeit.

Wahrnehmung
Aktiver Prozess der Aufnahme und Interpretation visueller Reize. Wahrnehmung ist kontextabhängig und individuell geprägt und kann durch Gestaltung gezielt oder teils nur indirekt beeinflusst werden.

Kernbegriffe der Darstellungsästhetik

Darstellungsästhetik
Die Weise, in der visuelle Darstellung in digitalen Spielen sinnlich erfahrbar wird und wie sie Wahrnehmung, Verhalten und Bedeutung im Spiel strukturiert. Darstellungsästhetik bezeichnet nicht primär den Stil im Sinne formaler Wiedererkennbarkeit, sondern das Zusammenspiel von Form, Oberfläche, Bildorganisation und medialer Inszenierung, durch das Spielwelten sichtbar, lesbar und erfahrbar werden. Der Begriff umfasst sowohl grafische Entscheidungen als auch deren Einbettung in technische, ludische und narrative Kontexte.

Drei-Ebenen-Modell
Analytisches Modell zur Beschreibung von Darstellungsästhetiken, das drei Perspektiven unterscheidet: (1) die formale Darstellungsebene (gestalterische Parameter wie Form,

Farbe, Linie), (2) die mediale und technische Inszenierungsebene (Produktionsbedingungen, Kamera, Darstellungsform) und (3) die Bedeutungs- und Wahrnehmungsebene (Rezeption, Interpretation, Erwartungshorizonte). Diese Ebenen sind nicht hierarchisch, sondern wirken in der Spielerfahrung gemeinsam.

3×3 Analyse-Matrix
Operatives Werkzeug zur systematischen Analyse von Darstellungsästhetiken. Die Matrix verbindet die drei Ebenen (vertikal) mit drei Analysezugriffen (horizontal): theoretische Konzepte (womit wird erklärt?), operative Kategorien (woran wird es festgemacht?) und Analyseparameter (was wird konkret beschrieben?).

Formale Darstellungsebene

Abstraktionsgrad
Kontinuum visueller Darstellungsweisen zwischen naturalistischer Detaildarstellung, ikonischer Vereinfachung und reduzierter Abstraktion (nach Scott McCloud). Der Abstraktionsgrad beeinflusst Lesbarkeit, Identifikationsangebote und den Umgang mit visueller Information. Nicht als binäre Opposition „Realismus vs. Abstraktion", sondern als relationales Spektrum zu verstehen.

Art Style (Kunststil)
In der Praxis verbreiteter Begriff für wiederkehrende Kombinationen von Abstraktionsgrad, Formensprache, Farbkonzept, Detailtiefe und Materialität. Art Stiles werden als Konfigurationen formaler Parameter verstanden, nicht als abgeschlossene Stilkategorien. Beispiele: Low Poly, Pixel Art, Cell Shading, fotorealistisch.

Visuelle Grammatik
System formaler Gestaltungselemente (Linien, Formen, Volumen, Helligkeitswerte, Farben, Texturen) und deren Anordnungsprinzipien (Kontrast, Wiederholung, Proportion). Visuelle Grammatik strukturiert, wie Bildräume gelesen werden und wie visuelle Hierarchien entstehen. Der Begriff betont, dass Bedeutung nicht aus einzelnen Elementen, sondern aus deren Verhältnis zueinander entsteht.

Formensprache
Einsatz und Kombination von geometrischen Grundformen (Kreise, Dreiecke, Rechtecke) und deren expressiven Qualitäten. Formensprache beeinflusst Charakterwirkung, räumliche Organisation und emotionale Konnotation. Spitze Formen werden anders gelesen als runde oder kantige.

Farbkonzept
Systematische Verwendung von Farben zur Differenzierung, Codierung, atmosphärischen Akzentuierung und visuellen Hierarchisierung. Umfasst Farbpalette, Farbkontraste, Sättigung und Helligkeitswerte.

Detaildichte
Grad der visuellen Informationsmenge in Oberflächen, Texturen und Objekten. Beeinflusst Lesbarkeit, Atmosphäre und technische Performance. Reicht von minimalistischer Reduktion bis zu hochdetaillierter Ausarbeitung.

Mediale und technische Inszenierungsebene

Darstellungsform
Technische und mediale Organisation von Raum, Tiefe und Bewegung. Hauptkategorien: 2D (flächige Darstellung), 2.5D (perspektivisch simulierte Tiefe bei zweidimensionaler Bewegungslogik), 3D (frei navigierbarer Raum), sowie hybride Formen. Darstellungsform beeinflusst grundlegend, wie Formen, Volumen und Räume wahrgenommen werden.

Kameraperspektive
Mediale Strategie der Wahrnehmungssteuerung, die Bildraum, Sichtbarkeit und Aufmerksamkeit strukturiert. Hauptkategorien: Ego-Perspektive (First Person), Third Person, isometrisch, Top-Down, Side-Scrolling, feste Kamerapositionen, filmische/freie Kameras. Kameraperspektiven sind nicht nur genretypische Konventionen, sondern bestimmen das Verhältnis zwischen Spielfigur, Spielwelt und Interface.

Mediale Inszenierung
Art und Weise, wie visuelle Darstellungen durch Kamerabewegung, Bildausschnitt, Bilddynamik, Licht und Interface-Integration organisiert und vermittelt werden. Mediale Inszenierung ist prozessual und systemisch, nicht statisch.

Bedeutungs- und Wahrnehmungsebene

Gestaltgesetze
Wahrnehmungspsychologische Prinzipien (nach Wertheimer, Köhler, Koffka), die beschreiben, wie visuelle Informationen zu sinnvollen Ganzheiten organisiert werden. Zentrale Gesetze: Nähe, Ähnlichkeit, Kontinuität, Figur-Grund-Trennung, Geschlossenheit. Relevant für die Analyse, weil sie erklären, wie Blickführung, visuelle Hierarchien und Lesbarkeit entstehen.

Genre (als Wahrnehmungsrahmen)
Kulturell etablierter Erwartungshorizont, der beeinflusst, wie visuelle Informationen interpretiert werden und welche Darstellungsentscheidungen als plausibel erscheinen. Genre ist keine formale Eigenschaft der Darstellung, sondern ein interpretativer Kontext. Beispiele: Action, RPG, Horror, Strategie.

Visuelle Hierarchie
Ordnung und Gewichtung visueller Elemente, die bestimmt, welche Informationen zuerst, prominent oder nachrangig wahrgenommen werden. Entsteht durch Größe, Kontrast, Farbe, Position und Bewegung. In digitalen Spielen situativ veränderbar durch Kamera, Interface oder Spielerhandlungen.

Atmosphäre
Emotionale und stimmungsbezogene Tönung der visuellen Darstellung, die durch Licht, Farbe, Raumwirkung, Bewegungsrhythmus und Materialität erzeugt wird. Atmosphäre ist nicht vollständig kontrollierbar, sondern entsteht im Zusammenspiel von Gestaltung und Wahrnehmung.

Lesbarkeit
Grad, in dem visuelle Informationen schnell, eindeutig und ohne Interpretationsaufwand erfasst werden können. Beeinflusst durch visuelle Hierarchie, Kontrast, Formenklarheit und Erwartungshorizonte. Je nach Spielkontext unterschiedlich gewichtet (z. B. hohe Lesbarkeit in Action-Games, ambige Lesbarkeit in Horror-Games).

Verwandte Begriffe (Abgrenzungen) zu Darstellungsästhetik als Begriff

Game Art
Bezieht sich primär auf die Produktion und Gestaltungspraxis innerhalb der Spieleentwicklung. Umfasst Concept Art, 3D-Modellierung, Texturierung, Animation. Darstellungsästhetik fokussiert demgegenüber auf die Wahrnehmung und Wirkung visueller Gestaltung.

Grafik
Technische Parameter oder visuelle Ausgabesysteme (Auflösung, Rendering-Qualität, Polygonanzahl). Beschreibt das „Was“ der technischen Umsetzung, aber nicht das „Wie“ der Wirkung.

Visual Style/Visual Language (Bildsprache)
Betont die kommunikative und semiotische Dimension visueller Gestaltung. Darstellungsästhetik erweitert diesen Ansatz um mediale Inszenierung, räumliche Organisation und wahrnehmungsbezogene Effekte.

Game Aesthetics
In der Game-Studies-Forschung häufig umfassender Begriff, der visuelle, auditive, ludische und narrative Dimensionen der Spielerfahrung einschließt (z. B. MDA-Modell). Darstellungsästhetik ist eine bewusste Einschränkung auf die visuellen Aspekte.

Methodische Begriffe

Taxonomie (vs. Typologie)
Offenes Ordnungssystem, das ein Untersuchungsfeld entlang analytischer Dimensionen strukturiert, ohne Phänomene auf eindimensionale Klassen zu reduzieren. Im Gegensatz zu Typologien, die auf geschlossene Kategorien zielen.

Operative Kategorien
Benennbare Begriffe aus Praxis und Lehre (z. B. Art Stile, Darstellungsform, Kameraperspektive, Genre), mit denen visuelle Erscheinungsformen beschrieben und verglichen werden können. Dienen der praktischen Anwendbarkeit des Modells.

Theoretische Konzepte
Erklärende Werkzeuge (z. B. Abstraktionsgrad, visuelle Grammatik, Gestaltgesetze), die Wirkungszusammenhänge verständlich machen, ohne selbst Darstellungsformen festzulegen.

Analyseparameter
Konkrete, beschreibbare Eigenschaften visueller Gestaltung (z. B. Form, Farbe, Linie, Volumen, Textur, Raumorganisation, Perspektive), die eine detaillierte Analyse ermöglichen.

Literatur

Arnold, R. & Schüßler, I. (2010). Ermöglichungsdidaktik. Schneider.

Chénais, J.-P. (Hrsg.). (2020). *Moebius.* Köln: Taschen.

Eisner, W. (1985). *Comics and sequential art.* Tamarac, FL: Poorhouse Press.

Engenhart, M., & Löwe, S. (2022). *Design und künstliche Intelligenz: Theoretische und praktische Grundlagen der Gestaltung mit maschinell lernenden Systemen.* Birkhäuser.

GDC Presentations – 2010. (o. D.). https://www.stonetronix.com/gdc-2010/

Graham, L. (2008) Gestalt theory in interactive media design, Journal of Humanities and Social Sciences, Vol. 2, Issue 1, S. 1–11

Habermehl, J. (2024). *KI für Kreative: Künstliche Intelligenz für Grafik und Design. So binden Sie KI sinnvoll in den Designprozess ein.* Mit vielen Praxisbeispielen. Rheinwerk.

Jacobs, A. (2016, September 12). *UX: Creating proto-personas.* UX Collective.

Level Design Book. (2021). *Environmental storytelling.*

Manovich, L. (2001). *The language of new media.* Cambridge, MA: MIT Press.

Manovich, L. (2018). *AI aesthetics. Strelka Press.*

Manovich, L. (2024). *Separate and reassemble: Generative AI through the lens of art and media histories. MATRIZes, 18(2), 7–18. https://doi.org/10.11606/issn.1982-8160.v18i2p7-18*

McCloud, S. (1993). *Understanding comics: The invisible art.* New York, NY: HarperCollins.

One-Page Designs. (o. D.). https://gdcvault.com/play/1012356/One-Page

Procreate (2021). *Procreate Handbook*: Layers. https://help.procreate.com/procreate/handbook/introduction

Salen, K., & Zimmerman, E. (o. J.). *Rules of Play – Game Design Fundamentals.* The MIT Press Cambridge.

Schäfer, E. (2017). *Lebenslanges Lernen: Erkenntnisse und Mythen über das Lernen im Erwachsenenalter.* Springer.

Sentis overview | *Sentis | 2.6.1.* (o. D.). Unity Manual.

Silber, D. (2015b). *Pixel Art for Game Developers.* In *A K Peters/CRC Press eBooks.* https://doi.org/10.1201/b18786

The Etherington Brothers. (o. D.). https://theetheringtonbrothers.blogspot.com/

Theis, T. (2021). *Einstieg in Unity [electronic resource] : 2D- und 3D-Spiele entwickeln.*

Thomas, F., Johnston, O. (1995) *The Illusion of Life: Disney Animation.* Abbeville Press.

Trautzsch, N. (2026c). *Variation, Modulation, Synthese. Gestalterische Originalität visueller Rhetorik in Gestaltungsprozessen mit generativer künstlicher Intelligenz.* In: Trautzsch, N., Burbach, J., Brückerhoff, B. (eds) Generative KI: Handbuch für Praxis und Lehre. Springer Vieweg, Wiesbaden. https://doi.org/10.1007/978-3-658-47898-8_8-1

N. Trautzsch, *Darstellungsästhetiken in Games*,
https://doi.org/10.1007/978-3-658-53102-7

Ludographie

Arnold Rauers. (2015). Miracle Merchant [Video game]. Arnold Rauers.
Askiisoft. (2019). Katana ZERO [Video game]. Devolver Digital.
Blue Manchu. (2019). Void Bastards [Video game]. Humble Bundle.
Campo Santo. (2016). Firewatch [Video game]. Campo Santo.
Creative Assembly. (2014) Alien: Isolation. [Video game]. Sega.
DrinkBox Studios. (2013). Guacamelee! [Video game]. DrinkBox Studios.
Ensemble Studios. (1997). Age of Empires [Video game]. Microsoft.
Extremely OK Games, Ltd. (2018). Celeste [Video game]. Matt Makes Games Inc.
Finji. (2019). Overland. Finji.
Hello Games. (2016). No Man's Sky [Video game]. Hello Games.
Motion Twin. (2018). Dead Cells [Video game]. Motion Twin.
Naughty Dog. (2013). The Last of Us [Video game]. Sony Computer Entertainment.
Nintendo EPD. (2023). The Legend of Zelda: Tears of the Kingdom [Video game]. Nintendo.
Nomada Studio. (2018). GRIS [Video game]. Devolver Digital.
Riot Games. (2009). League of Legends [Video game]. Riot Games.
Rockstar Studios. (2018). Red Dead Redemption 2. New York, NY: Rockstar Games.
Rubber Duck Games. (2024). Evil Wizard [Video game]. Humble Games.
Skrollcat Studio. (2021). Hoa [Video game]. PM Studios, Inc.
SUNNY SIDE UP. (2022). Little Witch in the Woods [Video game]. SUNNY SIDE UP.
Swing Swing Submarine. (2016). Seasons After Fall [Video game]. Focus Home Interactive.
TUNIC Team. (2022). TUNIC [Video game]. Finji.
Ubisoft Montreal. (2014). Child of Light [Video game]. Ubisoft.
Valve. (2007). Portal [Video game]. Valve.
Zoink Games. (2021). Lost in Random [Video game]. Electronic Arts.

www.fsc.org
MIX
Papier | Fördert gute Waldnutzung
FSC® C083411

Kolibri 360 GmbH
Ferdinand-Jühlke-Straße 7
99095 Erfurt, Deutschland
produktsicherheit@kolibri360.de